Sachbuch

Die Gerechtigkeitslücke

Generationenrechtigkeit am Prüfstand

Herausgeberin: Abg. z. NR Silvia Fuhrmann
Redaktion: Bernadett Thaler
Umschlaggestaltung: Andreas Köck

Herstellung: Wiener Zeitung Digitale Publikationen GmbH
ISBN: 978-3-902498-19-9

Inhaltsverzeichnis

Einleitung

Silvia Fuhrmann
Was Politik und Gesellschaft heute für die Alten von morgen tun müssen ___ 9

I
Befunde zur demografischen Entwicklung – was bringt die Zukunft wirklich?

Josef Kytir
Bevölkerungsentwicklung in Österreich: Altern hat Zukunft – ein Ausblick aus demografischer Perspektive ___ 21

Wolfgang Mazal
Generationenvertrag: Ein Solidarpakt mit Ablaufdatum? Über die Zukunft der Solidarität zwischen Jung und Alt ___ 31

Konrad Paul Liessmann
Vom Sinn der Jugend ___ 38

II
Die Konsequenzen des Bevölkerungswandels für Politik und Gesellschaft

Andreas Reiter/Günther Burkert-Dottolo
Alt werden – jung leben: Gesellschaftliche Trends in einer alternden Gesellschaft und deren politische Folgen ___ 47

Werner Pleschberger
Generationengerechtigkeit im politischen Prozess – eine Spurensuche ___ 65

Thomas Uher
Nachhaltigkeit als „Kitt“ zwischen den Generationen ___ 79

Martin Ohneberg/Judith Brunner
Zukunft vereinbar machen ___ 87

Barbara Tóth
In der Demographiedebattenfalle ___ 96

III
Bevölkerungswandel: Was kann der Einzelne tun?

Manfred Prisching
Eigenverantwortung: Ein Prinzip und seine Bedeutung in einer alternden Gesellschaft ___ 109

Wolfgang Rohrbach
Willkommen in der Vorsorgegesellschaft! ___ 120

Elisabeth Stadler
Sichere Zukunft- aber wie? ___ 133

Peter Eichler/ Bettina Kurz
Gesundheit: Sein eigener Coach sein, sicher alt werden ___ 140

Sophie Karmasin
Jung und Alt ist keine Frage des biologischen Alters ___ 148

Einleitung

Silvia Fuhrmann

Was Politik und Gesellschaft heute für die Alten von morgen tun müssen

Noch nie in der Geschichte der Menschheit hatten so viele Menschen die Chance auf ein langes, erfülltes Leben. Dank medizinischem und sozialem Fortschritt steigt die Lebenserwartung in Österreich weiter an. Immer mehr Menschen werden immer älter, der Lebensanteil, der in der Pension verbracht wird, wächst und wächst.

Was mit der demografischen Entwicklung allerdings auch wächst, ist eine Gerechtigkeitslücke zwischen Jung und Alt. Wenn in einem im Umlageverfahren organisierten Pensionssystem immer weniger jüngere Menschen den Lebensstandard von immer mehr älteren Menschen finanzieren müssen und wenn – in demokratischen Prozessen – immer mehr ältere Menschen über immer weniger jüngere Menschen entscheiden, dann können Politik und Gesellschaft die damit verbundenen Herausforderungen nicht länger ignorieren. Die gerechtigkeitspolitische Schieflage ist evident.

Die Pensionsreformen der Jahre 2003 und 2004 in Österreich waren erste wichtige und notwendige Schritte. Gemeinsam mit der Nulldefizit-Strategie der Bundesregierungen Schüssel I und II haben die Pensionsreformen einen ersten Eindruck davon vermittelt, wie demografiekompatible, sozial nachhaltige Politik gestaltet sein muss. Aber der Handlungsbedarf ist weiter gegeben – und er wird immer größer. In diesem Beitrag möchte ich anhand von fünf Thesen aufzeigen, was Politik und Gesellschaft heute für die Alten von morgen tun müssen und was zu tun ist, um die Gerechtigkeitslücke zwischen Alt und Jung zu schließen.

These 1

Politik und Gesellschaft dürfen die Augen vor der demografischen Wirklichkeit nicht länger verschließen – wir brauchen die „Politisierung" des Bevölkerungswandels und seiner Konsequenzen

Die aktuellen Daten der Statistik Austria sind nur in Fachkreisen bekannt: In den nächsten fünfundvierzig Jahren wird die österreichische Bevölkerung weiter wachsen. Ihre Altersstruktur wird sich jedoch dramatisch ändern: Während Zahl und Anteil der Generation 60+ steigen, nimmt die Zahl der Kinder und Jugendlichen unter 15 Jahren ab. Die Zuwanderung federt diesen Prozess nur leicht ab. Im Jahr 2004 lebten in Österreich 1,33 Mio. Kinder unter 15 Jahren und Jugendliche, das sind 16,2% der Gesamtbevölkerung. Infolge der geringeren Geburtenzahlen wird ihre Zahl in den nächsten Jahrzehnten zurückgehen. Bis 2030 wird sie sich auf 1,26 Mio. (–5%) verringern. Im Jahr 2050 werden rund 1,23 Mio. Österreicher unter 15 Jahre alt sein. Gegenüber dem Jahr 2006 entspricht dies einem Minus von 8%. Der Anteil von Kindern und Jugendlichen an der Gesamtbevölkerung wird dann nur mehr 13,6% betragen.

Auch die Zahl der Personen im erwerbsfähigen Alter schrumpft. Ab 2020 werden deutlich mehr Personen ins Pensionsalter übertreten als Jugendliche bzw. Zuwanderer hinzukommen. Nach 2030 wird das Erwerbspotenzial weiter sinken: Der Anteil des Erwerbspotenzials an der Gesamtbevölkerung sinkt bis 2050 von 61,9% auf 52,9%. Zusammengefasst bedeutet dies: Die Leistungsträger des Generationenvertrages von morgen werden immer weniger – die Last für die Finanzierung der Älteren verteilt sich auf immer weniger Schultern.

Im Gegenzug sind kräftige Zuwächse bei der über 60-jährigen Bevölkerung zu erwarten. Die Babyboom-Jahrgänge der 50er und 60er Jahre gehen in Pension. Die Zahl der Über-60-Jährigen wird im Jahr 2015 mit 2,04 Mio. um 14% größer sein als 2004. Bis 2050 steigt ihre Zahl auf 3,01 Mio. (+68%). Das bedeutet: Langfristig wird jeder dritte Bewohner unseres Landes über 60 Jahre alt sein. Massiv erhöht sich auch die Zahl der über 75-Jährigen in der Bevölkerung: 2030 wird sie bereits 969.000 betragen, das ist um 56% mehr als 2006. Bis 2050 steigt ihre Zahl auf 1,44 Millionen um 132% an. Das bedeutet enorme Herausforderungen für Gesundheits-, Betreuungs- und Pflegesystem.

Das alles sind Daten, deren Kenntnis sowie die Kenntnis der damit verbundenen Konsequenzen heute zur „Grundausstattung" jedes Politikers gehören muß. Der Bevölkerungswandel und seine Bedeutung ist eine politische Querschnittsmaterie, die für alle politischen Ebenen relevant ist – vom Bürgermeister bis zum Bundeskanzler. Es kann nicht länger sein, dass hochrangige Parteienvertreter die demografischen Entwicklungen und damit die wachsende Gerechtigkeitslücke zwischen Jung und Alt schlichtweg negieren, wie es etwa in Zusammenhang mit den Pensionsreformen 2003 und 2004 der Fall war. An den Zahlen der Bevölkerungswissenschafter ist nicht zu rütteln – und sie dürfen auch nicht vor der Öffentlichkeit verborgen werden, wie das lange Zeit politische Praxis war.

Das Anerkennen der Dimensionen des Bevölkerungswandels ist aber nur der erste Schritt. Wir brauchen in einem zweiten Schritt eine echte „Politisierung" der Demografie, wir brauchen in der Politik einen Wettbewerb der politischen Zukunftsszenarien hinsichtlich einer demografisch alternden Gesellschaft: Wie sollen, wie wollen, wie können wir in Zukunft in einer demografisch alternden Gesellschaft leben und wirtschaften? Was bedeutet die demografische Entwicklung für unsere demokratischen und rechtsstaatlichen Institutionen? Das sind offene Fragen, für die es kaum politische Zukunftsentwürfe gibt.

In diesem Bereich ist viel politik-programmatische Entwicklungsarbeit notwendig, hier bedarf es neuer politischer Konzepte und Strategien. Im tagespolitischen Wettbewerb ist davon jedenfalls nichts zu bemerken. Die politischen Parteien sind daher aufgefordert, die Demografie programmatisch und politisch zu „verarbeiten" und auch zukunftsweisende gesellschaftspolitische Paradigmen zu entwickeln: So, wie sich in der Wirtschaftspolitik das Standortparadigma durchgesetzt hat, brauchen wir ein Paradigma für die Politik unter den Bedingungen des demografischen Wandels (wozu der vorliegende Sammelband natürlich zahlreiche Impulse bieten soll; Anm. d. Autorin).

Gleichermaßen ist die politische Debatte zu öffnen. Ein Problem der bisherigen Diskussion der Herausforderungen des Bevölkerungswandels ist ihre Reduktion auf Fachkreise und auf den komplexen, schwer kommunizierbaren Begriff des Generationenvertrages. Der Generationenvertrag ist schließlich kein Vertrag im rechtlichen Sinn. Er besagt, dass die aktiv im Berufsleben Stehenden mit ihren Beiträgen für den Unterhalt (das sind die Pensionen) der Pensionisten sorgen. Sie tun dies im Vertrauen darauf, dass später in gleicher Weise für sie gesorgt wird. Von seiner theoretischen Konzeption her umfasst der Generationenvertrag eigentlich drei Generationen: Neben den älteren Menschen, die nicht mehr erwerbstätig sind, ist auch für die Kinder, die noch nicht erwerbstätig sind, vorzusorgen. Während es im Pensionsbereich weitgehend gesicherte Mindeststandards, z. B. den 2005 erhöhten Ausgleichszulagenrichtsatz; gibt und so ein Absinken unter das Existenzminimum verhindert wird, wird – trotz Kindergeld – für die Kindergeneration durch Transferzahlungen für kein Kind dieser Mindeststandard erreicht.

Wissen die Betroffenen, Pensionisten, Erwerbstätige und Jugendliche, über diese Zusammenhänge und den Generationenvertrag bescheid? Wohl kaum, denn in der allgemeinen Wahrnehmung wird unser im Umlageverfahren organisiertes Pensionssystem meist als Versicherungssystem angesehen: Man „zahlt ein", und geht davon aus, später den entsprechenden Betrag „wieder herauszubekommen". Das ist jedoch eine Wahrnehmung, die dem realen System nicht entspricht. Es gibt somit viele Gründe und Notwendigkeiten, die Diskussion um die Auswirkungen der Demografie zu popularisieren und zu politisieren.

These 2

Wir brauchen eine neue Vorsorgekultur – aber die Eigenverantwortung für soziale Sicherheit im Alter kann nicht grenzenlos sein

Wie ist die finanzielle Gerechtigkeitslücke, die sich bei Fortführung des bisherigen Umlagesystems zwischen Jung und Alt auftut, zu schließen? Aus Sicht der Jungen bedeutet dies: Wie ist sichergestellt, dass einerseits die Pensionsbeiträge der Erwerbstätigen für das staatliche Umlageverfahren für den Einzelnen finanzierbar bleiben, während man im Alter aber andererseits ebenso wie die Pensionistengenerationen von heute die Sicherheit hat, sich auf eine Existenz sichernde staatliche Pension verlassen zu können? Das ist die Kardinalfrage, die sich in Zukunft für immer mehr junge Menschen stellt.

Oder sollen sie ohnehin darauf vertrauen, wie manche meinen, dass die Transfers von Alt nach Jung gleich hoch bleiben wie in der Vergangenheit? Oder müssen sich die jungen Menschen als künftige „Generation von Erben" über ihre finanzielle Sicherheit im Alter ohnehin keine Gedanken machen? In diese Richtung argumentieren jedenfalls Schönredner, die davon ausgehen, dass es auf Basis des staatlichen Systems für die jungen Menschen künftig zwar finanziell knapp wird, dass aber andere finanzielle Sicherheitsmittel ausreichend zur Verfügung stünden.

Ich halte nichts davon, solche Perspektiven zu zeichnen:

- Auf der einen Seite zeichnet sich klar ab, dass die Transfers von Alt zu Jung sinken. Die lebenslustige Pensionistengeneration von heute will ihr Geld für eigene Zwecke ausgeben – für Urlaube, Auto, Konsumartikel – und tut dies auch zunehmend. Und dagegen ist auch nichts einzuwenden. Gleichviel oder gar mehr Transfers zu den Jungen wird es aber eben nicht geben.
- Auf der anderen Seite dürfen wir auch die Rolle des Erbens in Zukunft nicht überschätzen. Experten verweisen auf eine besondere Problematik, die sich etwa in Zusammenhang mit vererbtem Immobilienbesitz stellt: Wirft die Generation der Babyboomer in 20, 30 Jahren ihren ererbten Immobilienbesitz auf den Markt, um finanzielle Sicherheit im Alter zu haben und sich Betreuungsinfrastrukturen leisten zu können, dann hätte dies massive Auswirkungen auf den Immobilienmarkt – die Flut von Einfamilienhäusern und Eigentumswohnungen am Markt brächte nur sehr niedrige Verkauferlöse.

Man muss sich also sehr genau überlegen, wie die – richtiger Weise – geforderte Stärkung der Eigenverantwortung in einer demografisch alternden Gesellschaft aussehen soll.

Es steht außer Frage, dass wir – nicht nur aufgrund des demografischen Wandels – gesellschaftliche und politische Signale in Richtung einer Vorsorgekultur setzen müssen. Prävention ist nicht nur eine individuelle Lebensstrategie zur Vermeidung von Risken, Prävention ist auch eine gesamtgesellschaftliche Notwendigkeit für mehr Solidarität in der Gesellschaft. Das zeigt sich gerade im Gesundheitsbereich: Nicht die teure Regenerierung nach Krankheiten, die etwa problematischen Lebensstilen zu verdanken sind (z. B. Rauchen, Trinken, ungesunde Ernähung), sondern der Vorsorgegedanke ist der Schlüssel zu einem leistungsfähigen und leistbaren Gesundheitssystem. Es ist aus meiner Sicht ein wichtiges Ziel für die Gesundheitspolitik, positive Anreize für gesundheitsfördernde Lebensstile zu setzen und gesundheitsschädigende Lebensstile negativ zu sanktionieren. Gerade das Körperbewusstsein vieler junger Menschen und der hohe Stellenwert des Sports ist eine gute Grundlage für die Prävention von Krankheiten. Trotz aller nachweislichen Erfolge, die unser Gesundheitssystem und die moderne Medizin hervorgebracht haben, ist das Potenzial der Krankheitsvermeidung durch Prävention bei weitem nicht ausgeschöpft. Unser Lebensgesundheitszustand ist nach Expertenschätzungen zu zwei Drittel durch unseren Lebensstil beeinflussbar. Warum soll die Solidargemeinschaft der Sozialversicherten es also länger akzeptieren, dass jemand durch einen vorsätzlich gesundheitsschädigenden Lebensstil der Allgemeinheit unnötig hohe Behandlungskosten zur Genesung nach Krankheiten verursacht, die mit einem anderen, gesundheitsförderlichen Lebensstil vermeidbar wären?

Dieser Bereich zeigt für mich sehr klar, wie wichtig das Prinzip der Eigenverantwortung ist – und dass die individuelle Vorsorge in jeder Hinsicht etwas Soziales ist. Wer für sich selbst im Rahmen seiner Möglichkeiten optimal vorsorgt, der reduziert dadurch unnötige Belastungen der Allgemeinheit – und das ist sozial. Insofern brauchen wir tatsächlich einen grundlegenden Kulturwandel hin zu einer Kultur der Vorsorge, die alle Lebensbereiche umfasst – und entsprechende Anreize, die vorsorgliches Verhalten belohnen. Als solche Anreize sehe ich auch die Förderung der dritten Säule der Alterssicherung, wie sie etwa das Zukunftsvorsorgemodell der Bundesregierung gebracht hat, oder die Abfertigung neu.

So wichtig ein Umdenken und Umlenken in Richtung Eigenverantwortung und individueller Vorsorge auch ist, so ist für mich ebenso klar, dass es für den Bereich der sozialen Sicherheit im Alter Grenzen der Eigenverantwortung gibt. Man kann und darf den jungen Menschen von heute und morgen nicht die ganze Last der finanziellen Vorsorge für das Alter aufbürden. Dies würde sich aber abzeichnen, wenn die Nachhaltigkeit des im Umlageverfahren finanzierten Pensionssystems nicht kontinuierlich gesichert wird. Deshalb dürfen wir beides nicht aus den Augen verlieren: Die Stärkung der individuellen Vorsorge im finanziellen und gesundheitlichen Bereich und die Sicherung des staatlichen Pensionssystems. Das staatliche Pensionssystem wird in den kommenden Jahrzehnten wohl nicht mehr den Anspruch erheben können und dürfen, Lebensstandard abzusichern, wie dies heute noch der Fall ist. Es wird eine soziale Grundsicherung bieten – auf die jedoch Verlass sein muss.

Ein Paradoxon der bisherigen politischen Diskussion ist in diesem Zusammenhang übrigens, dass jene, die beim Pensionssystem keinen Handlungsbedarf sahen, gleichzeitig auch die schärfsten Gegner der individuellen Vorsorge sind. Das wäre freilich der beste Weg, um soziale Unsicherheit im Alter zu produzieren.

These 3

Wenn die demografische Mehrheit die demokratische Mehrheit stellt, muss die Jugendverträglichkeit politischer Entscheidungen institutionell abgesichert werden

Die Veränderung der demografischen Relationen zwischen Jung und Alt hat nicht nur für die sozialen Sicherungssysteme unserer Gesellschaft Konsequenzen, sondern auch für demokratische Entscheidungen. Der Bevölkerungswandel bewirkt nämlich nicht nur Änderungen der kulturellen Präferenzen, sondern vor allem Veränderungen in der Verteilung der politischen Macht, die sich aus der geänderten Altersstruktur der Wahlberechtigten ergeben. Für die Demokratie bedeutet dies: Die wachsende ältere Mehrheit bestimmt über die schrumpfende jüngere Minderheit.

Schon der legendäre „Pensionistenbrief" des ehemaligen SPÖ-Vorsitzenden Franz Vranitzky hat deutlich gemacht, dass manche Partei der Verlockung nicht erliegen kann, demografische Verhältnisse zu instrumentalisieren, sprich: eine Generation gegen die andere auszuspielen. Diese Verlockung wird angesichts des wachsenden Anteils älterer Menschen am Elektorat immer größer werden. Man kann es den älteren Menschen natürlich nicht verübeln, dass sie sich jenen politischen Kräften zuwenden, die ihnen die am besten gesicherten und höchsten Pensionen versprechen. Dass auf diese Weise aber Politik auf Kosten der jungen Menschen betrieben wird, ist klar. So warnen Experten in Deutschland immer wieder, dass notwendige Sozialreformen innerhalb der kommenden Jahre vollzogen werden müssen – andernfalls sei die Macht der deutschen Rentner zu groß.

Ich möchte in diesem Zusammenhang nicht die These von der kommenden „Diktatur der Alten" unterstützen, aber es steht außer Frage, dass bei einem Zusammenfallen von demokratischer und demografischer Mehrheit die Wahrscheinlichkeit einer betont altenfreundlichen – und damit tendenziell jugendfeindlichen – Politik sehr hoch ist. Politiker und auch Wähler denken nun einmal an sich selbst und an die nächsten vier Jahre. Ein einprägsames Beispiel aus der Vergangenheit ist die staatliche Schuldenpolitik: Während der SPÖ-Alleinherrschaft von 1970 bis 1986 ist die österreichische Staatschuldenquote um 280% gestiegen. Durch die enorme Neuverschuldung zahlen wir heute jedes Jahr rund 7 Mrd. Euro allein an Zinsen, ohne dabei die Schulden auch nur um einen Euro zu tilgen. Der Vergleich zeigt: Die wichtigsten Ausgaben für Kinderbetreuung, Alterspflege und für die Familie sind genauso hoch, wie die jährliche Budgetbelastung der durch die SPÖ zwischen 1970 und 1986 verursachten Schulden. So könnte man zum Beispiel ohne diese Schulden alleine das Kinderbetreuungsgeld von derzeit 436 Euro pro Monat für alle Bezieher auf 2.310 Euro pro Monat anheben. Es bleibt der Phantasie der Leserin und des Lesers überlassen, wie sich die österreichische Geburtenrate auf dieser Basis entwickeln würde. Wie auch immer: Das Schuldenmachen auf Kosten der Zukunft ist und bleibt eine der großen Verlockungen für eine Politik, die sich auf die Bedienung der demografischen Mehrheit konzentriert.

Wer auf die Problematik demografisch-demokratischer Mehrheiten aufmerksam macht, dem wird in der Regel ein Gegenargument entgegen gehalten. Es lautet: In Wirklichkeit haben die Jungen alle Macht. Sie seien zwar in der zahlenmäßigen Minderheit, würden aber das Geld für die Versorgung der Alten verdienen – und genau das könnten sie in Zukunft verweigern. Dieses Argument geht insofern ins Leere als die Beiträge zur Pensionsversicherung gesetzlich festgeschriebene Zwangsbeiträge sind – dagegen lässt sich im Rechtsstaat zu Recht nichts tun. Zu warnen sind allerdings all jene, die das sozialpolitische Heil in der Hebung der Sozialversicherungsbeiträge sehen: Viele Tätigkeiten, für die heute regulär Steuern und Abgaben entrichtet werden, könnten künftig „schwarz" erbracht werden.

Die Lösung des Demokratie-Demografie-Dilemmas liegt meiner Ansicht nach in einem rechtsstaatlichen Korrektiv: Rechtsnormen sollten künftig einer Jugendverträglichkeitsprüfung unterzogen werden.

In Analogie zur Umweltverträglichkeitsprüfung bei Betriebsansiedelungen sollen negative Auswirkungen von Entscheidungen auf die objektiven Zukunftsinteressen von Jugendlichen (z. B. Umweltschäden, Schulden, Irreversibilität von Maßnahmen) von vornherein ausgeschaltet werden. Wie eine derartige Jugendverträglichkeitsprüfung zu gestalten ist und welche Kriterien dabei im Detail eine Rolle spielen sollen, darüber wird noch zu diskutieren sein. Am

Grundsatz, Entscheidungen von heute auf ihre Bedeutung für morgen zu hinterfragen, führt jedenfalls kein Weg vorbei.

Generell sind die Partizipationsmöglichkeiten junger Menschen zu verbessern. Ich plädiere daher für eine verstärkte Beteiligung Jugendlicher im Entscheidungsprozess auf allen Ebenen – von der Gemeinde bis zur Europaebene. Die Mittel zur Erreichung dieses Ziels sind breit gefächert und sollten ebenso breit und offen diskutiert werden: Sie reichen von der Herabsetzung des Wahlalters auf 16 Jahre bis zur positiven Diskriminierung junger Menschen bei der Besetzung öffentlicher Positionen. Die Senkung des Wahlalters bei Bürgermeister- und Kommunalwahlen auf 16 Jahre ist ein konsequenter Schritt sowohl zur Förderung der demokratischen Mitbestimmung als auch zur Vergrößerung des wahlpolitischen Gewichts Jugendlicher. Daher sehe ich es nun als richtigen und wichtigen Schritt, dass das aktive Wahlalter auf 16 Jahre in der kommenden Gesetzgebungsperiode gesenkt wird. Die bisherigen Erfahrungen der Landtagswahlen (Burgenland, Steiermark, Wien) haben gezeigt, wie die weitere Möglichkeit der Partizipation genutzt werden.

Und wer für Frauenquoten und für die Bevorzugung von Frauen bei öffentlichen Funktionen ist, der sollte auch nichts gegen Jugendquoten in gesetzgebenden Körperschaften und gegen die Bevorzugung junger Menschen bei der Besetzung öffentlicher Funktionen haben.

Das Argument, die „Jugend von heute" – es ist bekanntlich die „Jugend von gestern", die so redet – sei ohnehin nicht politisch und nicht an Partizipation interessiert, entbehrt jeglicher Grundlage. Den vielzitierten und stets als Maßstab hergenommenen „1968ern" ging es um Kritik an einem konservativen, normierten Gesellschaftssystem, das durchaus Druck auf Lebensentwürfe ausgeübt hat. Heute haben wir eine offene Gesellschaft, in der eher die Gefahr besteht, dass alternative Lebensentwürfe zum Vorbild, zur Norm stilisiert werden. Die Jugend hat somit nichts, wogegen sie gesellschaftspolitisch revoltieren könnte – allenfalls den Umstand, dass die Erwachsenenwelt dem Jugendkult verfallen ist und der Jugend das Jungsein streitig gemacht hat. Ich denke, dass die Jugend von heute gelassener, lockerer ist, als die Jugendlichen von früher. Sie steht auch politischen Utopien gegenüber gelassener bzw. kritischer gegenüber. Früher hat man nach der alle selig machenden Ideologie gesucht – heute weiß man, dass das nur in Zwänge und Einengung führt. Dazu kommt: Die Jugend von heute ist „moralischer" als ihre Vorgängergenerationen – sie tut viele Dinge, ohne an ihren eigenen Vorteil zu denken. Darin liegt aber auch ein Problem: Aus lauter Solidarität mit Randgruppen vergisst man auf legitime eigene Interessen.

Die Jugend – das zeigen auch aktuelle Studien – ist viel politischer als noch vor zehn Jahren. Allerdings genießt die Politik in Österreich kein hohes Ansehen und auch die Mitgliederzahlen diverser Organisationen und Vereine gehen zurück. Ich glaube daher, dass wir neue Formen der Partizipation entwickeln müssen. Jugendliche wollen sich nicht langfristig an Organisationen binden, sondern sich projekt- und vor allem ergebnisbezogen engagieren. Auch das ist eine Herausforderung des Demokratie-Demografie-Dilemmas: Wir brauchen endlich eine jugendfreundliche Partizipationsinfrastruktur aller gesellschaftlicher Institutionen. Sie müssen sich für Engagement auf Zeit und in Projekten öffnen, und nicht nur davon reden.

These 4

Wenn wir über die Pflichten der Jungen für den Erhalt der Generationensolidarität reden, müssen wir auch über die Notwendigkeit einer grauen Bürgergesellschaft reden

Der renommierte Altersforscher Leopold Rosenmayr bringt die Herausforderung klar auf den Punkt: „Wer aus dem Beruf ausscheidet, darf sich nicht mehr unbekümmert von sozialen Aufgaben verabschieden. Die Älteren werden sich an der gesellschaftlichen Wertschöpfung durch Hilfe und Selbsthilfe beteiligen müssen. Alternativen und Ergänzungen zum abschlankenden Wohlfahrtsstaat müssen rasch aufgebaut werden. Und für die Alten wird es notwendig, die Attitüde des unbekümmerten, genießenden Seniors durch verstärkt helfende, anteilnehmende und teilende Haltung zu ersetzen. Den Senior des späten 20. Jahrhunderts, der sich nur auf seine Anspruchsberechtigung beruft, wird der »Spät-Lebens-Mensch« des neuen 21. Jahrhunderts mit einem Bündel von Aufgaben und Chancen der gesellschaftlichen Mitwirkung ablösen. Mit der »späten Freiheit« darf für die »Alten« die gesellschaftliche Verpflichtung zu Angeboten für Bildung, Hilfe, Gesundheit und Pflege nicht einfach verschwinden."

Dem ist eigentlich nichts hinzu zu fügen. Wir brauchen gerade aufgrund des demografischen Wandels ein Mehr an Bürgergesellschaft und entstaatlichter Solidarität. Das ehrenamtliche Engagement der Österreicherinnen und Österreich hat nicht zu-, sondern abgenommen, und Studien zeigen zudem, dass sich das ehrenamtliche Engagement ältere Menschen in engen quantitativen Grenzen hält. Es steht außer Frage, dass nicht die jungen Menschen, sondern die älteren Menschen zu mehr Engagement für das Gemeinwohl motiviert werden müssen. Nur so lassen sich wichtige soziale Infrastrukturen aufrechterhalten, nur so ist der Betreuungsaufwand für alte und ganz alte Menschen zu bewältigen. Daher sind Maßnahmen zu setzen, um das freiwillige Engagement älterer Menschen gezielt zu fördern (z. B. steuerliche Anreize, Vergünstigungen) bzw. bestehende Vergünstigungen, die derzeit – und für die Jugend nicht nachvollziehbar – allen älteren Menschen gewährt werden (z. B. Ermäßigungen bei öffentlichen Verkehrsmitteln, Freizeiteinrichtungen), nur ehrenamtlich engagierten älteren Menschen zu gewähren. Die aktuelle Diskussion über die Verbesserung der Rahmenbedingungen für ehrenamtliches Engagement, wie sie in ganz Europa geführt wird, sollte auch dazu genutzt werden, Strategien und Ansätze zu entwickeln, um auch in Sachen Freiwilligkeit mehr Generationengerechtigkeit zu schaffen.

These 5

Leistungsträger/in und jung sein muss sich auszahlen

Um Fairness zwischen Jung und Alt in der Erbringung gesellschaftlich relevanter Leistungen herzustellen, muss es sich auch auszahlen, jung zu sein und etwas zu leisten. Das ist bisher nicht der Fall. Dabei geht es nicht nur um eine steuerliche Entlastung der Leistungsträger. Vor allem das Senioritätsprinzip in der Einkommensgestaltung wirkt vor dem Hintergrund der demografischen Entwicklung besonders kontraproduktiv: Die jungen Menschen haben in jener Lebensphase, in der in der Regel existenzsichernde Investitionen zu tätigen sind (z. B. Familiengründung, Wohnraumbeschaffung), zu wenig Geld, während das Einkommen in älteren Lebensphasen am höchsten ist, wo jedoch in deutlich geringerem Ausmaß derartige Investitionen zu tätigen sind. Deshalb braucht es Maßnahmen, die bei gleich bleibender Lebensverdienstsumme eine flachere Einkommensentwicklung ermöglichen und innerhalb einer Einkommensbiografie das Gehalt von Alt nach Jung umschichten. Eine Umverteilung der Lebensverdienstsumme soll vor allem auch im öffentlichen Dienst zu höheren Einstiegsgehältern bei gleichzeitiger Verflachung der Lohnkurve den Jugendlichen dann finanzielle Ausgaben ermöglichen, wenn sie gehäuft notwendig sind. Ein entsprechendes Modell ist bereits in Oberösterreich und Vorarlberg für Landesbedienstete in Geltung.

Ein weiterer Faktor in der Einkommens- und Vermögensentwicklung sind Schenkungen und Erbschaften innerhalb der Familie. Mit dem Ansteigen der Lebenserwartung wird auch die Generation der Erben immer älter. Sie erbt dann Geld bzw. Vermögen, wenn sie selbst schon in Pension ist. Wir brauchen daher Anreize für Personen, ihr Vermögen ihren Kindern und Enkelkindern bzw. jüngeren Verwandten schon früher zu schenken (altersabhängige Reduktion der Schenkungssteuer). Eine Besteuerung von Vermögen, wie das manche Parteien fordern, ist in jeder Hinsicht kontraproduktiv und ungerecht.

Die hier kurz in Thesenform angerissenen Herausforderungen zeigen jedenfalls: Politik, Gesellschaft und auch jede/r Einzelne sind mehr denn je gefragt, sich mit den Konsequenzen der Demografie auseinanderzusetzen. Die Schere zwischen Jung und Alt öffnet sich – und mit ihr eine Gerechtigkeitslücke, die unsere volle politische Aufmerksamkeit verdient. Wir brauchen Fitness und Fairness für die alternde Gesellschaft, die sich vor unseren Augen entwickelt – und deren Teil wir in nicht all zu ferner Zukunft sein werden.

Zur Person: Silvia Fuhrmann, Bundesobfrau der Jungen ÖVP und Abgeordnete zum Nationalrat

I

Befunde zur demografischen Entwicklung – was bringt die Zukunft wirklich?

Josef Kytir

Bevölkerungsentwicklung in Österreich: Altern hat Zukunft – ein Ausblick aus demographischer Perspektive

Für das Altern einer Bevölkerung ist aus bevölkerungswissenschaftlicher Sicht eine steigende Lebenserwartung nur von untergeordneter Bedeutung. In erster Linie ist dieses Phänomen eine Konsequenz der gesunkenen Kinderzahlen. Man mag dies und den daraus resultierenden Anstieg des Anteils älterer Menschen in der Gesellschaft bejammern. Die Alternative dazu wäre aus einer demographischen Logik heraus allerdings wenig wünschenswert. Denn nur eine ständig stark wachsende Bevölkerung bleibt demographisch jung, verbunden mit all den Problemen, die entstehen, wenn sich die Einwohnerzahl eines Landes in nur 15 bis 20 Jahre verdoppelt.

Globale Sichtweisen

In einer globalen Sichtweise präsentiert sich die Weltbevölkerung immer noch als vergleichsweise „jung". Die Kinderzahl pro Frau ist in der zweiten Hälfte des 20. Jahrhunderts zwar von fünf auf durchschnittliche 2,7 Kinder gesunken, hat sich also nahezu halbiert, weltweit ist derzeit aber nur einer von zehn Menschen 60 Jahre oder älter. Rückläufige Kinderzahlen führen eben nicht sofort zu einem spürbaren Anwachsen des Anteils älterer Menschen, sondern erst mit einer zeitlichen Verzögerung von mehreren Jahrzehnten. Dasselbe gilt für das Wachstum der Weltbevölkerung. Es hat seinen Höhepunkt zwar bereits überschritten, trotzdem nimmt die Bevölkerungszahl in den kommenden Jahrzehnten weiter zu, und zwar – ausgehend von derzeit 6,5 Mrd. Menschen – um immerhin 40 Prozent. Um die Mitte des 21. Jahrhunderts werden dann den Prognosen der UN zufolge rund 9 Mrd. Menschen leben. Danach soll die Bevölkerungszahl allerdings nicht mehr weiter steigen. Der Anteil der 60- und Mehrjährigen wird dann im globalen Durchschnitt 22% betragen.

Den für das Jahr 2050 für die Weltbevölkerung insgesamt prognostizierten Anteil älterer Menschen hat das „alte" Europa bereits heute erreicht. Hier ist schon jetzt jeder fünfte Einwohner 60 Jahre oder älter. Die Vorausschätzungen zeigen, dass im Jahr 2020 jeder vierte Europäer bzw. jede vierte Europäerin dieser Altersgruppe angehören wird, im Jahr 2045 bereits jeder bzw. jede Dritte, und das bei insgesamt sinkenden Einwohnerzahlen.

Tabelle 1: Weltbevölkerung und Bevölkerung Europas nach breiten Altersgruppen 1950 bis 2050

Jahr	Welt				Europa			
	insg.	0-14 Jahre	15-59 Jahre	60+ Jahre	insg.	0-14 Jahre	15-59 Jahre	60+ Jahre
	absolut in 1.000							
1950	2.519.470	864.139	1.449.968	205.363	547.405	143.241	337.816	66.348
2005	6.464.749	1.821.044	3.971.319	672.386	728.389	115.473	462.325	150.591
2030	8.199.104	1.888.907	4.943.547	1.366.650	698.140	100.910	389.624	207.606

Jahr	Welt				Europa			
	insg.	0-14 Jahre	15-59 Jahre	60+ Jahre	insg.	0-14 Jahre	15-59 Jahre	60+ Jahre
2050	9.075.902	1.832.572	5.275.177	1.968.153	653.323	98.111	329.839	225.373
	in %							
1950	100,0	34,3	57,6	8,2	100,0	26,2	61,7	12,1
2005	100,0	28,2	61,4	10,4	100,0	15,9	63,5	20,7
2030	100,0	23,0	60,3	16,7	100,0	14,5	55,8	29,7
2050	100,0	20,2	58,1	21,7	100,0	15,0	50,5	34,5

Quelle: UN World Population Prospects: The 2004 Revision (medium variant)

Alter(n) hat Zukunft. Diese Feststellung wird in ihrer globalen demographischen Bedeutung noch eindrucksvoller begreifbar, wenn man sich die Entwicklung der absoluten Zahl älterer Menschen vor Augen führt. Weltweit sind derzeit knapp 670 Mio. Menschen 60 Jahre oder älter, 150 Mio. davon leben in Europa. In den kommenden Jahrzehnten verdreifacht sich die Zahl auf beinahe 2 Mrd., wobei dann rund 225 Mio. ältere Menschen in Europa leben werden. Für Europa bedeutet dies zwar einen Anstieg um „nur“ 50 Prozent, gleichzeitig steht unser Kontinent aber vor einer zweifachen Herausforderung. Zum einen gilt es, Wirtschaftswachstum trotz sinkender Bevölkerungszahlen zu erzielen. Zum anderen geht es um die Aufrechterhaltung der sozialen Sicherungssysteme für eine demographisch alternde Gesellschaft im Kontext fortschreitender wirtschaftlicher Globalisierung.

Die österreichische Perspektive

Die Einwohnerzahl Österreichs wuchs im 20. Jahrhundert insgesamt um rund 2 Mio. Menschen. Dieser beträchtliche Zuwachs verteilt sich dabei nahezu gleich auf die beiden Jahrhunderthälften und war mit 1,1 Mio. Menschen in der zweiten Hälfte sogar etwas größer als davor (0,9 Mio.). Aus demographischer Sicht beruhte das Wachstum zwischen dem Beginn des 1. Weltkriegs und den frühen 1960er Jahren überwiegend auf einem Geburtenplus, seit Mitte der 1970er Jahre bis zur Gegenwart auf Wanderungsgewinnen. In der dazwischen liegenden Zeitspanne trugen beide Komponenten entscheidend zum Wachstum bei.

Hinter diesen langfristigen Trends verbergen sich zwei sog. „Demographische Übergänge“. Im Zuge des „ersten“ demographischen Übergangs, zwischen dem letzten Drittel des 19. und der Mitte des 20. Jahrhunderts, verdoppelt sich die Lebenserwartung und die durchschnittliche Kinderzahl sank von fünf auf unter zwei Kinder pro Frau. Ein „Zweiter“ Demographischer Übergang begann nach dem Ende des Baby-Booms der 60er Jahre und ließ die durchschnittliche Kinderzahl mittlerweile auf unter 1,5 sinken. Gleichzeitig verloren Heirat, lebenslange Partnerschaft und eigene Kinder zunehmend an Bedeutung bzw. wurden biographisch ins immer höhere Alter verschoben. Zuwanderung wurde nach und nach zum demographischen „Wachstumsmotor“. Die Sterblichkeit sank weiter, insbesondere die Sterblichkeit im höheren Erwachsenenalter.

Das Altern einer Bevölkerung lässt sich auch als eine zeitlich verschobene, nichts desto trotz aber unvermeidbare Folge der beiden „demographischen Übergange“ sehen. Demographisches Altern lässt sich daher in Österreich erst seit dem Ende des Ersten Weltkriegs beobachten. 1923 überschritt der Anteil der älteren Menschen (über 60 Jahre) erstmals die 10%-Marke (und damit den aktuell beobachtbaren globalen Wert für diesen Indikator), während die Bevölkerung in den Jahrzehnten davor stark gewachsen war und tendenziell eher jünger wurde. Hoch war daher damals der Anteil der Kinder und Jugendlichen unter 20 Jahren an der Gesamtbevölkerung. Er betrug vor dem Ersten Weltkrieg beinahe 40% und sank bis zum Jahr 1923 auf 35%.

Tabelle 2: Bevölkerung Österreichs nach breiten Altersgruppen 1880 bis 2005, Prognose bis 2050 (absolut in 1.000)

Jahr	insgesamt	Kinder, Jugendliche		Erwerbsalter				ältere Menschen		
		0-14 J.	0-19 J.	15-59 J.	15-64 J.	20-59 J.	20-64 J.	60+ J.	65+ J.	75+ J.
1880	4.963,1	1.454,9	1.893,9	3.048,6	3.228,1	2.609,5	2.789,0	459,7	280,2	63,9
1910	6.648,3	1.984,3	2.598,2	4.037,9	4.263,4	3.424,1	3.649,6	626,1	400,6	103,2
1923	6.534,7	1.634,3	2.268,0	4.237,4	4.484,7	3.603,7	3.851,0	663,1	415,8	102,1
1970	7.467,1	1.819,3	2.321,0	4.147,7	4.596,8	3.645,9	4.095,0	1.500,2	1.051,1	350,2
2000	8.011,6	1.365,5	1.850,7	4.994,7	5.410,3	4.509,5	4.925,0	1.651,4	1.235,8	567,7
2005	8.233,3	1.317,7	1.806,3	5.108,3	5.577,2	4.619,7	5.088,6	1.807,3	1.338,4	634,2
2015	8.536,6	1.238,4	1.701,5	5.256,8	5.732,2	4.793,7	5.269,0	2.041,4	1.566,1	724,1
2030	8.838,4	1.262,7	1.705,4	4.880,1	5.509,2	4.437,3	5.066,5	2.695,6	2.066,5	969,0
2050	8.986,0	1.225,8	1.665,9	4.749,1	5.302,3	4.308,9	4.862,1	3.011,2	2.458,0	1.442,3

Quellen: Volkszählungen, Bevölkerungsfortschreibung und Bevölkerungsvorausschätzung (mittlere Variante) der STATISTIK AUSTRIA

Tabelle 3: Bevölkerung Österreichs nach breiten Altersgruppen 1880 bis 2005, Prognose bis 2050 (Anteile in Prozent)

Jahr	Kinder, Jugendliche		Erwerbsalter				ältere Menschen		
	0-14 J.	0-19 J.	15-59 J.	15-64 J.	20-59 J.	20-64 J.	60+ J.	65+ J.	75+ J.
1880	29,3	38,2	61,4	65,0	52,6	56,2	9,3	5,6	1,3
1910	29,8	39,1	60,7	64,1	51,5	54,9	9,4	6,0	1,6
1923	25,0	34,7	64,8	68,6	55,1	58,9	10,1	6,4	1,6
1970	24,4	31,1	55,5	61,6	48,8	54,8	20,1	14,1	4,7
2000	17,0	23,1	62,3	67,5	56,3	61,5	20,6	15,4	7,1
2005	16,0	21,9	62,0	67,7	56,1	61,8	22,0	16,3	7,7
2015	14,5	19,9	61,6	67,1	56,2	61,7	23,9	18,3	8,5
2030	14,3	19,3	55,2	62,3	50,2	57,3	30,5	23,4	11,0
2050	13,6	18,5	52,9	59,0	48,0	54,1	33,5	27,4	16,1

Quellen: Volkszählungen, Bevölkerungsfortschreibung und Bevölkerungsvorausschätzung (mittlere Variante) der STATISTIK AUSTRIA

Zwischen 1923 und 1970 stieg die Zahl der über 60-jährigen von ca. 650.000 auf 1,5 Mio. Personen an. Die Zahl der Kinder und Jugendlichen (0 bis unter 20 Jahre) blieb im selben Zeitraum praktisch unverändert (ca. 2,3 Mio.). Gleiches gilt für die Zahl der 20- bis 59-Jährigen (ca. 3,6 Mio.). Das demographische Gewicht älterer Menschen stieg dementsprechend an. Am Beginn der 70er Jahre war bereits jeder fünfte Einwohner Österreichs 60 Jahre oder älter.

Die drei Jahrzehnte ab 1970 stellten für Österreich eine „Zäsur" im langfristigen Prozess der demographischen Alterung dar. Diese „Zäsur" folgt allerdings keiner demographischen Logik, sondern ist das Resultat der politischen Geschichte unseres Landes im 20. Jahrhundert, die zu langfristig wirksamen

„Verwerfungen" in der Altersstruktur der Bevölkerung führten. Dadurch veränderten sich in den 70er, 80er und 90er Jahren Zahl und Anteil älterer Menschen kaum. Um die Jahrtausendwende lebten in Österreich 1,65 Mio. Menschen über 60 Jahre, also nur um 150.000 Personen mehr als 30 Jahre zuvor. Deutlich stärker gestiegen ist im Vergleich dazu die Zahl der 20- bis 59-Jährigen, nämlich von 3,6 Mio. auf 4,5 Mio. Die Zahl der Kinder und Jugendlichen (0 bis unter 20 Jahre) verringerte sich im selben Zeitraum um beinahe 500.000 (1970: 2,32 Mio.; 2000: 1,85 Mio.). Damit erhöhte sich das demographische Gewicht der 20- bis 59-jährigen Bevölkerung (1970: 49%; 2000: 56%) auf Kosten des Anteils von Kindern und Jugendlichen unter 20 Jahren (1970: 31%; 2000: 23%). Der Anteil älterer Menschen an der Gesamtbevölkerung blieb nahezu gleich (20% bzw. 21%).

Aktuelle Entwicklungen

Aktuell leben in Österreich insgesamt 1,81 Mio. (22%) unter 20-Jährige, 4,62 Mio. Personen oder 56% sind im zentralen Erwerbsalter (20 bis 59 Jahre) und 1,80 Mio. Personen (21,9%) im Pensionsalter (60 Jahre und älter). Grenzt man das Erwerbsalter mit 15 bis 64 Jahren ab, so beträgt die Zahl der Personen in diesem Altersbereich 5,57 Mio. (68%) und jene der 65- und Mehrjährigen 1,33 Mio. (16%). Die Zahl der Personen im Erwerbsalter stieg damit absolut gesehen in den vergangenen Jahren weiter an, der Anteil blieb aber unverändert.

Weiter erhöhten sich in den vergangenen Jahren die Zahl und der Anteil älterer Menschen. Verglichen mit 2000 leben derzeit um über 150.000 mehr 60- und Mehrjährige in Österreich, der Anteil stieg in diesen fünf Jahren um 1,3 Prozentpunkte. Genau entgegengesetzt verlief die Entwicklung bei Zahl und Anteil der Kinder und Jugendlichen unter 15 Jahren. Deren Anteil an der Bevölkerung verringerte sich seit 2000 insgesamt um einen Prozentpunkt, die Zahl ging in diesem Zeitraum um rund 50.000 zurück.

Demographische Trends kommender Jahrzehnte

Wie wird sich die Bevölkerung Österreichs im 21. Jahrhundert entwickeln? Vier Faktoren bestimmen aus demographischer Sicht diese Entwicklung:

1) *Die gegenwärtige Bevölkerungsstruktur (das „demographische Momentum"):* Die Baby-Boom-Generation der frühen 60er Jahre wird noch für einige Jahrzehnte das demographische Bild Österreichs prägen. Die Baby-Boomer werden zunächst die Zahl der Personen im höheren Erwerbsalter und nach 2020 im Pensionsalter stark erhöhen. Das weitere demographische Altern der Bevölkerung ist damit quasi zum Gutteil schon „vorprogrammiert".

2) *Kinderzahl und Ausmaß der Kinderlosigkeit (Fertilität):* Österreich ist und bleibt mit hoher Wahrscheinlichkeit ein „low fertility country". Die Kinderzahl ist seit nunmehr über 30 Jahren unter dem sog. „Reproduktionsniveau" und liegt aktuell bei 1,4 Kindern pro Frau. Aus heutiger Sicht ist ein Anstieg auf zwei oder mehr Kinder pro Frau auszuschließen, dagegen lassen sich sowohl Argumente für einen weiteren Rückgang als auch für einen (moderaten) Anstieg der Kinderzahl finden. Sicher scheinen dagegen ein weiterer Anstieg des durchschnitt-

lichen Fertilitätsalters sowie ein Anstieg des Anteils lebenslang kinderlos bleibender Frauen. So werden die Baby-Boom-Frauen der 60er Jahre zu rund 18% kinderlos bleiben, für die in den 70er und 80er Jahren geborenen Frauen wird dieser Anteil auf zumindest 25% steigen.

3) *Ausmaß der Wanderungsgewinne aus internationaler Migration:* Österreich ist und bleibt ein Zuwanderungsland. Zuwanderungsbooms gab es in den frühen 70er Jahren, in den späten 80er und frühen 90er Jahren sowie seit dem Jahr 2002. Aktuell liegen die jährlichen Wanderungsgewinne ohne Asylwerber bei rund 30.000 bis 35.000 Personen, mit Asylwerbern noch entsprechend höher. Zuwanderung in dieser Größenordnung ist auch für die Zukunft erwartbar. Derzeit leben in Österreich rund 9% Ausländer und rund 14% der Bevölkerung sind im Ausland geboren. Gleichzeitig werden rund 40.000 Personen pro Jahr eingebürgert.

4) *Lebenserwartungsgewinne im (hohen) Erwachsenenalter (Mortalität):* In Österreich hat nach 1970 eine neue Phase des epidemiologischen Übergangs begonnen. So stieg in den vergangenen drei Jahrzehnten die Lebenserwartung bei der Geburt um durchschnittlich 2,5 bis 3,0 Jahre pro Jahrzehnt, die fernere Lebenserwartung 60-Jähriger um 1,6 bis 1,7 Jahre pro Jahrzehnt. Bei Frauen hat die Lebenserwartung damit bereits 82,2 Jahre, bei Männern 76,6 Jahre erreicht. Die Prognosen für die kommenden Jahrzehnte gehen von einer Abschwächung des Trends aus, für das Jahr 2050 wird bei den Männern eine Lebenserwartung von fast 85 Jahren, bei den Frauen von fast 90 Jahren angenommen. Dies entspricht einem Anstieg von 1,8 (Männer) bzw. 1,5 (Frauen) Jahren pro Jahrzehnt. Offen bleibt, wo die Grenzen der durchschnittlichen Lebenserwartung liegen und wann diese erreicht werden.

Alterndes Österreich

Alter(n) hat Zukunft. Dieser Satz gilt aus dem Blickwinkel der Demographie heraus natürlich nicht nur unter globaler und europäischer Perspektive sondern auch für Österreich. Unser Land hat derzeit rund 8,2 Mio. Einwohner. Die Bevölkerungszahl unseres Landes wird in den nächsten Jahrzehnten weiter wachsen, den jüngsten Prognosen zufolge sogar in einem überraschend großen Ausmaß. Denn für die 1. Hälfte des 21. Jahrhunderts ist ein Anstieg der Einwohnerzahl auf fast 9 Mio. vorhersehbar. Dieses Wachstum wird trotz der dabei unterstellten Zuwanderung jüngerer Menschen von weiteren deutlichen Veränderungen der Altersstruktur begleitet sein.

Ganz allgemein verlieren die unter 50-Jährigen bis 2050 zahlenmäßig kontinuierlich an Bedeutung. Derzeit leben noch 5,4 Mio. Menschen in dieser Altersgruppe, im Jahr 2050 dagegen nur mehr 4,8 Mio. Eine konträre Entwicklung zeigen die Prognosen für die Generation 50+. Deren Zahl wird von derzeit 2,8 Mio. auf 4,1 Mio. Menschen steigen. Generell gilt dabei: Je älter die betrachtete Altersgruppe, desto relativ stärker fällt der Zuwachs in den Prognosen aus. So steigt die Zahl der 60+-Jährigen von 1,80 Mio. auf 3,01 Mio. Für die 75+-Jährigen lässt sich ein Zuwachs von derzeit 633.000 auf 1,44 Mio. Personen voraussehen. Noch gravierender stellt sich die Entwicklung für die Hochbetagten (85+ Jahre) dar. Deren Zahl wird sich bis 2050 voraussichtlich von 134.000 auf mehr als eine halbe Mio. Menschen (524.000) erhöhen.

Im Vergleich dazu werden sowohl die Zahl der Kinder und Jugendlichen als auch die Zahl der Menschen im Erwerbsalter zurückgehen. Für die unter 20-Jährigen zeigen die Prognosen einen Rückgang auf 1,66 Mio. (derzeit: 1,81 Mio.) Personen. Die Zahl der potentiell Erwerbstätigen (20 bis 64 Jahre) sinkt bis 2050 von derzeit 5,08 Mio. auf 4,86 Mio. Menschen.

Setzt man die verschiedenen Altersgruppen in Beziehung zur Gesamtbevölkerung, so zeigt sich das absehbare Verschieben der demographischen Gewichte sehr deutlich. Statt bisher 22% wird der Anteil der Kinder und Jugendlichen unter 20 Jahren im Jahr 2050 nur mehr 18% betragen, und der Anteil der Personen im Erwerbsalter sinkt im gleichen Zeitraum von 62% auf 54%. Der Anteil der 60+-Jährigen steigt dagegen von 22% auf 34% und jener der 65+-Jährigen von 16% auf 27%. Während derzeit in Österreich lediglich 8% der Bevölkerung 75 Jahre oder älter sind werden es 2050 bereits 16% sein.

Abhängigkeits- und Unterstützungsraten

Aussagen darüber, wie sich das zahlenmäßige Verhältnis der Generationen im Verlauf des demographischen Alterungsprozesses verändert hat bzw. noch verändern wird, lassen sich durch die Berechnung der Relation bestimmter Altersgruppen zueinander treffen. Darin kommt das relative Verhältnis von breiten Altersgruppen in der Bevölkerung zum Ausdruck. Die in der Bevölkerungswissenschaft gebräuchlichsten Maßzahlen sind in diesem Zusammenhang die sog. „demographischen Lastquotienten". Die Zahl der noch nicht erwerbsfähigen („Jugendlastquote") bzw. jene der nicht mehr erwerbstätigen Bevölkerung („Altenlastquote") wird hier getrennt oder gemeinsam („Gesamtlastquote") auf 100 Personen der dazwischen liegenden Altersgruppe (hier: 15- bis 64-Jährige) bezogen.

Tabelle 4: Demographische Abhängigkeits- und Unterstützungsraten für Österreich 1880 bis 2005, Prognose bis 2050

Jahr	Jugendquotienten		Altenquotienten		Gesamtquotienten		Unterstützungsrate [1])
	0-14 J./ 15-59 J.	0-14 J. / 15-64 J.	60+J. / 15-59 J.	65+ J./ 15-64 J.	0-14 J., 60+ J./ 15-59 J.	0-14 J., 65+ J./ 15-64 J.	
1880	47,7	45,1	15,1	8,7	62,8	53,7	29
1910	49,1	46,5	15,5	9,4	64,6	55,9	22
1923	38,6	36,4	15,6	9,3	54,2	45,7	26
1970	43,9	39,6	36,2	22,9	80,0	62,4	8
2000	27,3	25,2	33,1	22,8	60,4	48,1	5
2005	25,8	23,6	35,4	24,0	61,2	47,6	4
2015	23,6	21,6	38,8	27,3	62,4	48,9	4
2030	25,9	22,9	55,2	37,5	81,1	60,4	3
2050	25,8	23,1	63,4	46,4	89,2	69,5	2

[1]) Auf eine Person im Alter von 80+ Jahre entfallen ... Personen im Alter zwischen 50 und 64 Jahren

Quellen: Volkszählungen, Bevölkerungsfortschreibung und Bevölkerungsvorausschätzung (mittlere Variante) der STATISTIK AUSTRIA

Die so definierte „Altenlastquote" reagiert generell zeitlich verzögert auf Veränderungen des Fertilitätsniveaus, da die jüngsten Altersgruppen nicht in die Berechnung eingehen. So zeigt der historische Rückblick, dass sich dieser Wert bis 1923 kaum erhöhte. Umgekehrt stieg der Wert in den 60er Jahren trotz hoher Geburtenzahlen weiter an und begann ab Mitte der 70er Jahre, als die stark besetzten Geburtsjahrgänge das Erwerbsalter erreichten, wieder zu sinken. Der Blick auf die Prognoseergebnisse macht deutlich, dass das in den späten 70er Jahren bereits erreichte Niveau der „Altenlastquote" (24 Personen über 64 Jahre auf 100 Personen im Alter von 15 bis 64 Jahren) in den nächsten Jahren erneut überschritten werden wird. Insbesondere nach 2025, wenn die Baby-Boom-Jahrgänge der frühen 60er Jahre ins Pensionsalter kommen, wird sich das zahlenmäßige Verhältnis älterer Menschen zu den Personen im Erwerbsalter deutlich ändern. Im Jahr 2050 werden dann auf 100 Personen im Alter zwischen 15 und 64 Jahren bereits 46 Personen über 65 Jahre entfallen.

Keinen einheitlichen Trend weist in der Vergangenheit die Entwicklung der „Gesamtlastquote" auf. Sie war aufgrund des hohen Anteils von Kindern und Jugendlichen im frühen 20. Jahrhundert vergleichsweise hoch, sank in der Zwischenkriegszeit ab und übertraf in den frühen 1970er Jahren das Niveau der Jahrhundertwende. Seither befindet sich Österreich in einer Phase sinkender bzw. stagnierender demographischer Lastquoten. Den Prognosen zufolge wird die „Gesamtlastquote" parallel zur „Altenlastquote" in den kommenden Jahrzehnten ansteigen und nach 2030 einen historischen Höchststand erreichen. Im Jahr 2050 entfallen dann auf zehn Personen im Erwerbsalter (hier: 15 bis 64 Jahre) sieben Personen außerhalb des Erwerbsalters. Da keineswegs alle 15- bis 64-Jährigen erwerbstätig sein werden, wird sich die Belastung für die sozialversicherungspflichtig Beschäftigten voraussichtlich noch stärker erhöhen, als die Analyse der Gesamtlastquote nahe legt.

Demographische Maßzahlen zur quantitativen Abschätzung der Entwicklung des familialen und gesellschaftlichen Unterstützungspotentials für ältere Menschen sind im deutschen Sprachraum insgesamt immer noch wenig gebräuchlich. Wie die Berechnung von Maßen wie der „intergenerationellen Unterstützungsrate" (80+-Jährige auf 100 Personen zwischen 50 und 64 Jahren) immerhin zeigen kann, werden die potentiellen familialen und intergenerationalen Netze in unmittelbarer Zukunft keineswegs schwächer. Insbesondere durch das Hineinwachsen einer verhältnismäßig kinderreichen Generation – die Eltern des Baby-Booms der frühen 60er Jahre – ins Pensionsalter wird sich das zahlenmäßige Verhältnis zwischen potentiell hilfs- und pflegebedürftigen älteren Menschen und ihrer potentiell pflegenden Kindergeneration in den kommenden Jahrzehnten jedenfalls nicht verschlechtern. Das ändert sich erst nach 2020. Unter rein quantitativen Aspekten werden die generationsübergreifenden Netze älterer Menschen dann deutlich schwächer sein als heute.

Regionale Aspekte

Auf politischer Ebene werden die demographischen Umwälzungen der kommenden Jahrzehnte vorrangig unter zwei finanziellen Aspekten diskutiert, der schwieriger werdenden Pensionsfinanzierung und den steigenden Ausgaben für das öffentliche Gesundheitswesen. Beides ist zweifellos wichtig. Zu kurz kommen dabei allerdings manchmal jene Herausforderungen, die für die Regional- und Kommunalplanung bzw. -politik absehbar sind.

In den strukturschwachen Regionen Ost- und Südösterreichs, also im Waldviertel, im nördlichen Weinviertel, im Mittelburgenland, in der Obersteiermark sowie in Teilen Kärntens wird die Zahl der alten Menschen zwar vergleichsweise wenig ansteigen, der jetzt schon hohe Anteil älterer Menschen wird allerdings weiter wachsen und in manchen diesen Regionen auf über 40% klettern. Dieser Trend wird möglicherweise in Zukunft noch dadurch verstärkt, dass die landschaftlich attraktiven Teile der Peripherie als (zusätzliche) Wohnsitze für die noch mobilen alten Menschen der städtischen Ballungsräume genutzt werden.

Abbildung 1: Veränderung der Bevölkerung im Alter von 65 und mehr Jahren bis 2031 nach politischen Bezirken

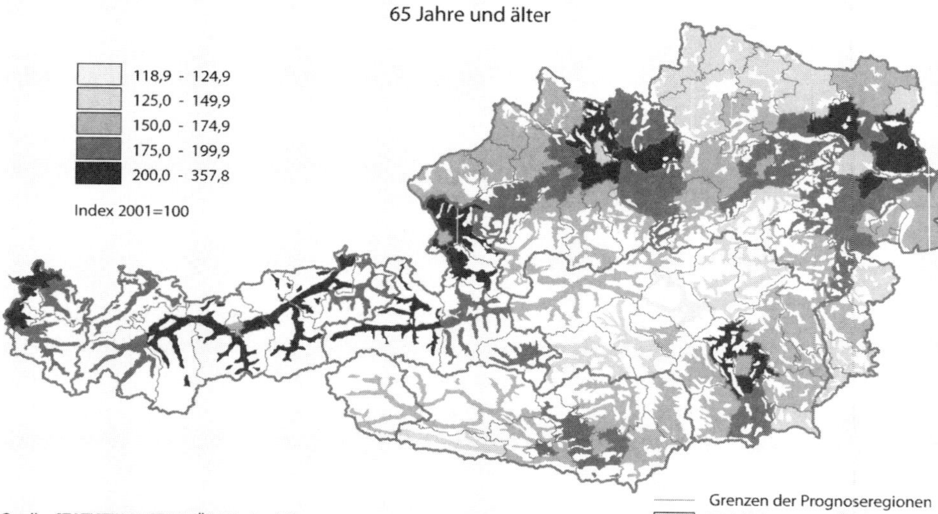

Quelle: STATISTIK AUSTRIA/ÖROK - Bevölkerungsprognose 2006

Als demographischer Gegenpol zu den peripheren Regionen fungiert das Umland der großen Städte. Die Bezirke im Stadtumland sind die eigentlichen „Gewinner" der beobachtbaren und zukünftig zu erwartenden Bevölkerungsentwicklung. Auf der anderen Seite wird gerade in den suburbanen Regionen, aber auch in weiten Teilen Westösterreichs, die absolute Zahl der älteren und hochbetagten Menschen besonders stark steigen. Der Bedarf an entsprechender medizinischer und pflegerischer Infrastruktur wird die Kommunalpolitik der betroffenen Gemeinden in einigen Jahrzehnten nachhaltig dominieren.

Neue Blickwinkel

Die Demographie ist als empirisch ausgerichtete Disziplin gezwungen, die Altersphase chronologisch gegenüber anderen Lebensphasen abzugrenzen. Sie kann dafür unterschiedliche Altersgrenzen wählen. Das ändert allerdings wenig an der grundsätzlichen Problematik der Festlegung einer starren Altersgrenze für eine Lebensphase, die sozial vielschichtig definiert und in ihren Übergängen zum mittleren Erwachsenenalter äußerst heterogen ist. Die Kritik an den starren Altersgrenzen der Demographie ist bereits bei Analysen der Gegenwartsgesellschaft berechtigt. Noch viel problematischer erscheint es unter diesem Gesichtspunkt, die quantitativen Ergebnisse historischer Langzeitvergleiche des Wandels der Bevölkerungsstruktur in qualitativer Hinsicht zu interpretieren. Lässt sich ein 65-jähriger Mann, eine 65-jährige Frau im späten 19. Jahrhundert mit einer Person gleichen chronologischen Alters heute bzw. im Jahr 2050 vergleichen? Die Verknüpfung von historischen Reihen und Prognosen über die Entwicklung von Zahl und Anteil einer über das Lebensalter immer gleich definierten Gruppe „älterer Menschen" suggeriert diese Vergleichbarkeit und fordert unreflektierte Interpretationen über gesellschaftliche Folgen geradezu heraus.

Die Demographie kann für dieses Dilemma keine befriedigenden Lösungen anbieten. Sie produziert zwar in erster Linie quantitative Ergebnisse, kann sich aber einer qualitativen Interpretation ihrer Ergebnisse nicht verschließen. Demographische Maßzahlen stellen jedenfalls immer nur eine erste Annäherung an dahinter stehende bzw. vermutete Problemstellungen dar. Vor einer unkritischen Interpretation demographischer Indikatoren ist daher generell zu warnen.

Abbildung 2: Anteil der Bevölkerung mit einer ferneren Lebenserwartung unter 10 Jahren („dynamische" Altersgrenze) und Anteil der Bevölkerung im Alter von 65 und mehr Jahren („starre" Altersgrenze): Österreich 1969 bis 2005, Prognose bis 2050

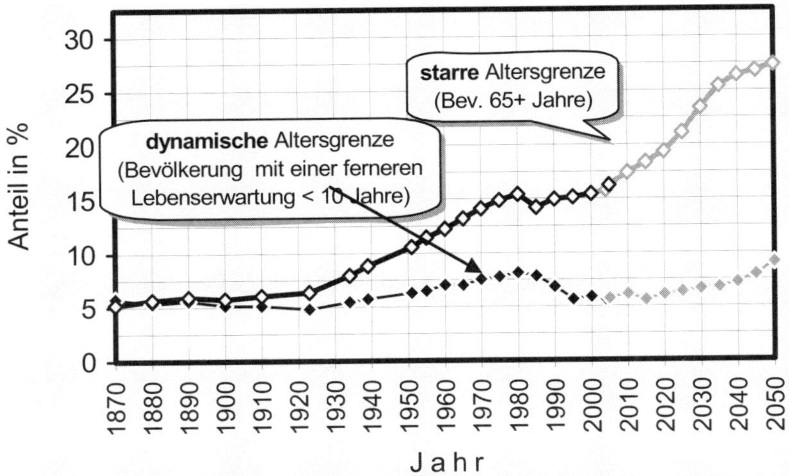

Quellen: Berechnungen auf Basis der Sterbetafeln der österr. Bevölkerung, der Daten der Volkzählungen und der Bevölkerungsfortschreibung sowie der Bevölkerungsvorausschätzung 2005-2050 (mittlere Variante) der STATISTIK AUSTRIA

Ein demographischer Versuch, das Konzept statischer Altersgrenzen zu durchbrechen, ist die Verknüpfung des Wandels der Altersstruktur mit dem Anstieg der Lebenserwartung. Daraus lässt sich ein dynamischer Indikator demographischen Alterns gewinnen. Ausgangspunkt ist dabei die Überlegung, dass die mit dem Alter verknüpften gesellschaftlichen und individuellen Belastungen in erster Linie in der letzten Lebensphase auftreten. Die auf diese Weise definierte „problematische" Altersphase beginnt also jeweils bei jenem chronologischen Alter, bei dem die restliche Lebenserwartung einen bestimmten Wert unterschreitet. Nimmt man als diesen Schwellenwert für die restliche Lebenserwartung einen Wert von 10 Jahren, so sieht man, dass „Alter" in Österreich für einen Mann im späten 19. Jahrhundert im Durchschnitt bei 65, für eine Frau bei 66 Jahren begann. Heute liegen diese Schwellenwerte bei 76 Jahren für Männer und bei 79 Jahren für Frauen. Bei dem in den Prognosen unterstellten Sterblichkeitsrückgang steigen die entsprechenden Werte bis zum Jahr 2050 für beide Geschlechter um weitere vier Jahre (Männer: 80 Jahre; Frauen: 83 Jahre).

Die „Dynamisierung" der Altersgrenze hat erhebliche Konsequenzen für die demographische Analyse des Alterungsprozesses. Denn auf diese Weise lässt sich zeigen, dass der so definierte Anteil „älterer" Menschen in Österreich aufgrund der gestiegenen Lebenserwartung mit derzeit rund 6% keineswegs höher ist als vor 100 Jahren. Im gleichen Zeitraum erhöhte sich der Anteil der Bevölkerung über 65 Jahre von 5% auf 16%. Blickt man in die Zukunft, so wird Österreich unter dem Blickwinkel einer „dynamischen", an die Entwicklung der Lebenserwartung gekoppelten Altersgrenze demographisch nur vergleichsweise wenig altern. Denn im Jahr 2050 werden mit knapp 9% nur geringfügig mehr Menschen als schon in den frühen 80er Jahren jenen Altersgruppen angehören, deren fernere Lebenserwartung weniger als zehn Jahre beträgt. Der Anteil der über 65-jährigen Bevölkerung wird bis dahin bereits auf 27% gestiegen sein. Allerdings entkommt man auch hier der grundsätzlichen Problematik historischer Langzeitvergleiche nicht völlig. Denn die durchschnittliche Zahl gesundheitlich belasteter Lebensjahre in der letzten Phase des Lebens wird sich in Zukunft möglicherweise zusätzlich verringern. Die befürchteten negativen Effekte der demographischen Alterung könnten so zumindest teilweise kompensiert werden.

Resümee

Aus dem Blickwinkel der Demographie betrachtet, ist das Altern der Gesellschaft unausweichlich. Der Wandel der Altersstruktur, die demographische „Revolution", ist dabei mehr als das Phänomen steigender Zahlen und Prozentsätze. Sie bietet einerseits Chancen, birgt aber auch große Herausforderung. Demographie und Politik sollte sich generell hüten, mit wertenden Begriffen wie „Überalterung" oder „Vergreisung" der Gesellschaft zu operieren. Denn die zukünftigen Altengenerationen, also die Menschen des jungen und mittleren Erwachsenenalters heute, werden dafür sorgen, dass das „alte" Europa grau und bunt zugleich erscheinen wird.

Zur Person: Univ.Doz. Dr. Josef Kytir, Direktion Bevölkerung, Statistik Austria

Wolfgang Mazal

Sozialstaat und Generationenverhältnis

Über den Begriff des Sozialstaats wurden Bibliotheken gefüllt. Dabei ist aus meiner Sicht und für Zwecke dieses Beitrags unerheblich, welche der vielen Spielarten sozialstaatlicher Strukturen man betrachtet: Blickt man innerhalb Europas beispielsweise auf das skandinavische, das mitteleuropäische oder das mediterrane Modell zeigt sich, dass es sich zwar um unterschiedliche Ausformungen des Sozialstaats handelt, die in ihren Effekten durchaus differieren und mit einander konkurrieren; ebenso unbestreitbar ist jedoch, dass diese Systeme auf den selben Paradigmata aufbauen: nämlich der Verantwortung des Staates dafür, dass Chancengleichheit und gesellschaftliche Kohärenz durch Eingriffe in die Privatautonomie und Rechtsansprüche auf Sozialleistungen gewährleistet werden, die ihrerseits durch staatliche Umverteilungsmaßnahmen finanziert werden. Dass dies auf unterschiedlichen Niveaus und mit unterschiedlichen Maßnahmen geschieht, ändert nichts daran, dass diese Modelle vergleichbaren Grundmustern folgen und sich von anderen Staaten und Systemen unterscheiden, die diesen Anspruch auf Gestaltung nicht haben. Sowohl von Systemen, die zwar dem Einzelnen in seiner Entfaltung wenig Regulierung setzen, ihn gegebenenfalls in seinen bittersten Nöten ein unterstes soziales Netz gegen Verelendung ziehen, die jedoch nicht den Anspruch haben, Chancengleichheit einzuräumen und den Einzelnen in seiner Entfalt bewusst zu fördern; als auch von Systemen, die zwar soziale Not verhindern wollen, jedoch in bewusster Gleichmacherei der individuellen Entfaltung klare Schranken setzen.

Freiheit, Wohlstand und Demokratie

Um es vorweg klarzustellen: Ich halte den Sozialstaat für eine ultimative kulturelle Errungenschaft, die Basis für ein Zusammenleben von Menschen unter Respektierung ihrer personalen Würde sein kann. Unter diesem Blickwinkel können Sozialstaaten, wie wir sie kennen, Sicherheit, Freiheit, und Wohlstand des Einzelnen wie der Gemeinschaft in idealer Weise ermöglichen und verbinden. Mit diesen Effekten bieten Sozialstaaten auch ideale Voraussetzungen für die Erringung und Stabilität demokratischer Strukturen.

Diese besondere Wertschätzung des Sozialstaats legt nicht nur ein Blick in die jüngere Geschichte Europas, sondern auch ein weltweiter Vergleich nahe: Die Schnittmenge aus persönlicher Freiheit, Wohlstand, gesamtstaatlicher innerer wie äußerer Sicherheit und Wohlstand ist in jenen Regionen und in jenen Gesellschaften am größten, die sozialstaatliche Strukturen ausgebildet haben. Allerdings zeigen dieser Blick und Vergleich auch, dass dies relativ junge Phänomene sind: Zwar gab und gibt es viele Systeme, die Verantwortung der Gemeinschaft für soziale Nöte Einzelner zeigen, doch ist der Sozialstaat, der darüber hinaus Teilhabechancen eröffnen will, ohne das Individuum in seiner Entfaltung zu blockieren, historisch gesehen ein junges und weltweit keineswegs flächig verbreitetes Phänomen.

Stimmungslage

Die Teilnahme an zahlreichen Podiumsdiskussionen und Informationsveranstaltungen im Zuge der Pensionsreformen 2000/2001, 2003 und 2004 vermittelte mir überaus interessante Einblicke in die Sorgen vieler Menschen, die an diesen Veranstaltungen teilgenommen haben. Dabei spielten in den Publikumsmeldungen und den persönlichen Gesprächen naturgemäß auch Probleme des Generationenverhältnisses eine große Rolle und es war auffallend, dass beide Generationen verunsichert sind: Wenngleich die Wortmeldungen aus dem Publikum verbal grundsätzlich von großem Verständnis für die Reformen getragen waren, schimmerten doch klar Angst und Misstrauen durch: Ältere Menschen sahen durch die Pensionsreformen ihren Lebensstandard gefährdet, jüngere signalisierten, dass sie überhaupt nicht mehr damit rechnen, dereinst eine Pension zu erhalten. Latent fühlte sich jede der beiden Gruppen zum einen überfordert und zum anderen von der jeweils anderen übervorteilt. Im Gegensatz sowohl zum Jugendkult als auch zum Bild von der starken „Generation 50+", die die Werbung vermitteln, dominierte in beiden Gruppen Angst vor der Zukunft das Denken und eine pessimistische Grundstimmung die Wortmeldungen.

Diese Stimmung ist durchaus paradigmatisch für einen durchgängigen Grundton, den ich erfahren habe: Einem wachsenden Unbehagen, das aus der zunehmenden Undurchschaubarkeit des Systems resultiert. Für die Zukunft des Sozialstaats kann dieser Grundton gefährlich sein: Wenn die künftigen Generationen die Mechanismen des Sozialstaats nicht durchschauen, können sie sie auch nicht akzeptieren.

Die Reflexion der in diesen Begegnungen gewonnenen Eindrücke zeigt für mich, dass es dabei um eine zentrale Herausforderung an den Sozialstaat geht, die für mich grundlegender ist als alle tagespolitischen Gestaltungsfragen und alle Finanzierungsfragen; hier geht es um die grundsätzliche Frage der Akzeptanz, die für die Aufrechterhaltung von Sozialstaatlichkeit entscheidend ist: erst wenn der Sozialstaat die Nagelprobe der Akzeptanz in der Generationenabfolge bestanden hat, kann er als dauerhaftes Erfolgsmodell gelten.

Um dazu beizutragen, dass dies gelingt, möchte ich im Folgenden Ursachen für das erwähnte Unbehagen am Sozialstaat beschreiben, wie ich sie in meinen Begegnungen mit den Menschen erfahre; im Anschluss daran möchte ich aufzeigen, welche remedia ergriffen werden könn(t)en.

Wachsende Komplexität

Die zentrale Ursache des Unbehagens ist die immer größer werdende Undurchschaubarkeit des Systems durch seine immer größer werdende Komplexität: Das Zusammenspiel von Sozialleistungen auf Bundes- und auf Landesebene, von Beiträgen und Steuern in der Finanzierung, bleibt vielen ebenso verborgen wie die Ursache dafür, warum Beamte gerade zu in Frühpension gedrängt wurden, während gleichzeitig für andere der vorzeitige Pensionsantritt erschwert bzw. schließlich gänzlich abgeschafft wurde: Dass die Effekte für den

Steuerzahler günstig sind, wenn Beamte vorzeitig pensioniert werden und Privatangestellte später, verstehen die Menschen allerdings sofort, wenn man es ihnen erklärt. Nicht leichter wird diese Situation dadurch, dass manche Volten, die das System schlägt, in sich sachlich nicht erklärbar sind, wie zum Beispiel jene bei der krankheitsbedingten vorzeitigen Pensionierung: Hacklerregelung I, Hacklerregelung II, Schwerarbeiterregelung und ihr Zusammenspiel mit der Invaliditätspension sind besondere Blüten, die zeigen, dass eine der wesentlichen Ursachen für die Komplexität Populismus und das Bestreben ist, Forderungen kleiner Gruppen in immer mehr Nuancen Rechnung zu tragen.

Problematisches Institutionengefüge

Dies hängt unter anderem mit dem Institutionengefüge zusammen, das dazu führt, dass manche Interessen gut, andere hingegen weniger gut organisiert und vertreten sind. Nicht der Umstand, dass sich Lobbys lautstark artikulieren, sondern der Umstand, dass die Rechtsordnung mehrere Mitwirkungsinstrumente offeriert, die in unterschiedlicher Weise politisch Einfluss nehmen können, ist dabei problematisch: Neben den Gebietskörperschaften, sind auch Kammern und freiwillige Berufsvereinigungen, Sozialversicherungsträger und andere Selbstverwaltungskörper tätig. Sie alle sind durch das Meta-Netz der politischen Parteien und ihrer Vorfeldorganisationen zusätzlich verwoben.

Diese Vielfalt hat zwar zweifellos positive Aspekte, ist jedoch unter zwei Gesichtspunkten für das Akzeptanzproblem relevant:

- Zum einen haben in dem durch diese Institutionen gebildeten Netzwerk etablierte Player die Möglichkeit, für ihre Klientel relevante Interessen mit hoher Effektivität durchzusetzen; neue Problembereiche sind hingegen institutionell unterrepräsentiert.
- Zum anderen agieren die Institutionen meiner Erfahrung nach ausschließlich zugunsten der Interessen der durch sie Vertretenen und blenden Fragen des Gemeinwohls sowie Interessen Dritter aus ihrem Aktionshorizont weitestgehend aus. Dies führt zu einer interessenbezogen einseitigen Kommunikationskultur, die manchmal von Desinformation nicht weit entfernt ist.

Beide Blickwinkel wirken sich insofern problematisch aus, als damit einerseits gerade neuen Fragen und den für die künftigen Generationen relevanten Themen tendenziell nur eine schwache institutionelle Verankerung offen steht, und andererseits die oft schrillen Informationen die Gegensätze der Interessenpositionen in der öffentlichen Wahrnehmung verstärken.

Verwirrung durch die Dominanz der Zahlen

Unübersehbar ist meiner Erfahrung nach weiters, dass viele Menschen durch die Zahlenfriedhöfe, mit denen sie regelmäßig konfrontiert sind, verwirrt sind. Dies hängt zum einen damit zusammen, dass sie mit Finanzvolumina konfrontiert werden, deren Wertigkeit die Alltagserfahrung weit übersteigt und zum anderen damit, dass ihnen die Relativität von mit statistischen Verfahren gewonnenen Größen nicht bewusst ist. Aussagen über Aufwandsgrößen – wie beispielsweise von voraussichtlichen Ausgaben – können daher im Regelfall weder in ihrer volkswirtschaftlichen Relevanz ermessen werden, noch kann beurteilt werden, welche Auswirkungen dies in einer konkreten Biographie haben kann. Und was den Durchschnittswert vom Medianwert unterscheidet, ist ebenso wenig Allgemeinwissen wie der Umstand, dass statistisch untermauerte Aussagen in der Regel auf Basis bestimmter Annahmen getroffen wurden, die für sich genommen diskussionswürdig sind. Dass deswegen verschiedene Aussagen neben einander legitimen Bestand haben können, es sich aber lohnen würde, über eben diese Annahmen zu diskutieren, geht bereits im dumpfen Gefühl, letztlich doch immer belogen zu werden, unter, oder scheitert am mangelnden Detailwissen.

Geringes Wissen um Elemente des Sozialstaats

Mit all diesen Phänomenen eng korreliert ist der Umstand, dass Menschen aller Altersschichten und unabhängig von ihrer sozialen Stellung und von regionalen Gegebenheiten nicht einmal über Grundlagen des Sozialstaats informiert sind: Zwar ist bekannt, dass es Kranken- Unfall-, und Pensionsversicherung gibt; innerhalb der Pensionsversicherung ist jedoch beispielsweise die Unterscheidung zwischen vorzeitigen Alterspensionen und der Regelpension nicht flächig bekannt, geschweige denn, dass die Voraussetzungen der jeweiligen Pensionsarten geläufig wären. Ebenfalls weitgehend unbekannt sind Spezifika des Invaliditätspensionsrechts und die Unterscheidung zwischen Invaliditätspension und Unfallrente.

Auch Arbeitslosengeld und Notstandshilfe verschwimmen als Begriffe in vielen Gesprächen mit Sozialhilfe; dass Pflegegeld zur Finanzierung von Leistungen der Grundbetreuung dient bzw. *nicht* dazu, Verwandte zu unterstützen, damit sie regelmäßig „bei der Omi vorbeischauen", hat sich ebenfalls keineswegs flächig herumgesprochen; und dass die Vielfalt der Beilhilfen schon sprichwörtlich als Dschungel bezeichnet wird, darf getrost als Indikator für die Unmöglichkeit gesehen werden, ohne Spezialisten einen Pfad zu kennen.

Will man Sozialstaatlichkeit erhalten und seine intergenerative Tradition nicht gefährden, bedarf es vieler konkreter Veränderungen.

Komplexitätsreduktion

Eine zentrale Forderung für die künftige Entwicklung muss angesichts all dessen in der Reduktion der Komplexität des Gesamtsystems liegen; und zwar sowohl des Leistungsrechts wie der Institutionen. Dabei sollte allerdings nicht das Prinzip des Abschaffens, sondern die Förderung von Systemklarheit Handlungsmaxime sein: Es geht darum, neu zu definieren, in welchem Maß und für welche Lebensrisiken der Einzelne bzw. die Gemeinschaft aufzukommen hat und die Zuständigkeiten für bestimmte Lebensrisiken zwischen Bund, Ländern und Gemeinden und den Einrichtungen der sozialen Selbstverwaltung neu zu verteilen.

Nur dadurch kann sichergestellt werden, dass das System effizient und in seinen Effekten nachvollziehbar wird, und gleichzeitig eine seriöse politische Auseinandersetzung wieder möglich wird. Diese wird jedenfalls notwendig sein, um die Implementierung neuer Risiken ins System zu ermöglichen: Zusätzliche Aufwendungen werden in Zukunft zur Bewältigung des Pflegerisikos, der steigenden Kosten des medizinischen Fortschritts vermehrter Anforderungen im Bereich inneren und äußerer Sicherheit sowie der Integration von Migranten notwendig sein. Gelingt es nicht, das gegenwärtige System zu vereinfachen, würde seine Adaptierung schier unmöglich werden und die nächsten Generationen in ihrer Handlungsfähigkeit finanziell und institutionell massiv eingeschränkt sein.

Menschenbild als Politikansatz

Ausgangs- und Endpunkt jeder politisch relevanten Handlung muss dabei ein reflektiertes und offen gelegtes Menschenbild sein: Will man Politik nicht zum Spielball beliebiger Interessen reduzieren, muss sie vor dem Hintergrund einer Vorstellung vom Menschen und seiner Stellung im relevanten sozialen Gefüge gelebt werden. Nur auf diese Weise wird vermieden, dass politische Entscheidungen in Klientelismus abgleiten.

Ich selbst gehe davon aus, dass der Mensch als zoon politikon einerseits zur Individualität berufen ist, dass er aber andererseits seiner Individualität als Mensch nur gerecht werden kann, wenn sie in soziale Bezüge eingebettet gelebt wird. Die Findung einer Balance von Individualbezügen und Gruppenorientierung vor dem Hintergrund der jeweiligen ökonomischen Realität ist für mich die eigentliche Herausforderung der Humanität.

Unter diesem Blickwinkel sehe ich sowohl die Überbetonung der Individualität als auch die Überbetonung der Sozialität als Fehlentwicklungen an: Entscheidend für mich ist, die Spannung zwischen der Eigenverantwortung und Solidarität aufrecht zu erhalten.

Diese Spannung ist zum einen als Herausforderung zu sehen, die letztgültig nicht bewältigt werden kann: Ein Zustand totaler Individualität bei gleichzeitig totaler Solidarität kann als Paradies gesehen werden, das uns allerdings erst für später versprochen ist. Die Spannung ist zum anderen aber auch notwendig, um die gesellschaftliche Entwicklung voranzutreiben: Auch in den Rechtsregeln geronnene Niveaus von Eigenverantwortung bzw. von Solidarität müssen verändert werden, wenn Veränderungen der Realität eine Neubestimmung von Eigenverantwortung und Solidarität erfordern.

Diese grundsätzliche Offenheit des Systems gegenüber der Gewinnung immer neuer Balancen stellt vor allem komplexe Sozialsysteme in demokratischen Staaten vor besondere Herausforderungen, weil sie bei einer Vielzahl mit einander konkurrierender Interessen geradezu zwangsläufig dazu führen muss, dass konkrete Veränderungen den Wünschen der einzelnen Interessengruppen immer weniger entsprechen. Dies erklärt zwar, warum die Vertreter etablierter Interessen gegen Veränderungen grundsätzlich Sturm laufen und bei Neubewertungen von Interessen im Gesetzgebungsakt die meisten Forderungen nur teilweise berücksichtigt werden können; genau hier müsste allerdings die weitere Entwicklung der Institutionen und des Leistungsrechts ansetzen und zu einer radikalen Vereinfachung führen.

Veränderung als Chance, nicht als Bedrohung sehen

Wichtig wäre auch, in jeder Veränderung eine Chance auf gesellschaftliche Weiterentwicklung zu sehen und zu kommunizieren: Die Frage ist ja, ob im politischen Diskurs eher jene Aspekte, die als Chance zu sehen sind, oder jene Aspekte, die als Gefahr gesehen werden, in den Vordergrund gestellt werden. Ich bin jedenfalls sicher, dass eine politische Diskussion, die nicht reflexartig zu begründen vermag, warum eine Veränderung zu ungewünschten Effekten führt, sondern die positiven Potenziale von Veränderungen aufzeigt ohne Gefahren zu verschweigen, verhindern würde, dass sich bei den interessierten Beobachtern der Eindruck verdichten muss, dass sämtliche politischen Akteure Stümper und Falotten sind. Nicht „nein, weil ......", sondern „ja, wenn ......" sollte der Grundtenor der politischen Auseinandersetzung sein.

Letztlich bedarf es damit einer neuen Kompromisskultur und der Bereitschaft, im Interesse einer gedeihlichen Entwicklung des Ganzen auch von eigenen Vorstellungen Abschied zu nehmen: Das Verfehlen von Maximalzielen darf nicht als Versagen gewertet werden, sondern als Beitrag zur gesellschaftlichen Weiterentwicklung.

Wenn Veränderung vor Populismus kapitulieren muss, kann à la longue die Humanität der Gesellschaft gefährdet sein, weil der Mensch sowohl in Eigenverantwortung leben können als auch auf die Solidarität vertrauen können muss. Beides ist aus meiner Sicht in einer Demokratie nur möglich, wenn eine der jeweiligen Situation adäquate Balance zwischen diesen Polen gefunden wird und die systemimmanenten Defizite gegenüber – immer denkmöglicher – noch größerer Eigenverantwortung und noch größerer Solidarität als Ergebnis eines demokratischen Kompromisses akzeptiert werden.

Wissensvermittlung

Während in den Auseinandersetzungen um die Reform des Sozialstaats heute oft die Notwendigkeit einer Wertedebatte in den Vordergrund gestellt wird, kommt aus meiner Sicht zunächst der Wissensvermittlung eine allzu oft vernachlässigte Bedeutung zu. Eine wertorientierte Debatte kann erst auf dem Fundament des Wissens aufsetzen; fehlt das Wissen um die rechtlichen, kulturellen, religiösen und philosophischen Wurzeln und Dimensionen des Sozialstaats, degeneriert eine Generationendebatte zwangsläufig zum Schlagabtausch von interessenpolitisch ausgerichteten Floskeln im Verteilungskampf.

Ohne entsprechende wissensmäßige Grundlagen besteht die Gefahr, dass mit Scheinargumenten, deren Tragweite nicht begriffen wird, das Gesamtsystem in den Augen der Bevölkerung madig gemacht wird. Umgekehrt kann nur, wer sich auf der Basis von Wissen positiv für die Weiterführung der Wertegrundlagen entscheidet, den Sozialstaat auch dort bejahen, wo die Konsequenzen für ihn selbst als Individuum unangenehm sind. Ohne Wissen wird jegliche Reform zum Anlass für schmutzigen Schlagabtausch zwischen Interessengruppen und damit der Sozialstaat selbst à la longue zum Selbstbedienungsladen effektiver Lobbys verkommen.

Die Aufrechterhaltung des Sozialstaats setzt so gesehen bereits in der Vermittlung von Wissen und Werthaltungen durch Familien, Schulen und anderen gesellschaftlichen Kräften an, wobei Wissensvermittlung nicht als vordergründige Indoktrinierung zur Interessenverfolgung degenerieren darf, sondern im Zentrum das Bemühen um Einsicht in die Zusammenhänge der menschlichen Gesellschaft stehen muss; dass dabei eine besondere Aufgabe und Verantwortung auch den Medien und der Ausbildung von Journalisten zukommt, muss nicht gesondert betont werden.

Sozialstaatlichkeit als Prinzip, nicht als Niveau

Wie auch immer die gesellschaftliche, wirtschaftliche und politische Entwicklung weiter gehen mag: Für mich ist es ein wesentliches Ziel, Sozialstaatlichkeit zur Ermöglichung einer humanen Gesellschaft auch den nächsten Generationen zu hinterlassen. Dies wird – vor allem angesichts der Effekte der Globalisierung – freilich nur möglich sein, wenn man Sozialstaatlichkeit nicht als bestimmtes Niveau begreift, sondern als Gestaltungsprinzip, das auf unterschiedlichen Niveaus verwirklicht werden kann.

Wenn es nicht gelingt, dieses Verständnis zu forcieren, in der politischen Debatte zu realisieren und damit in die Bevölkerung zu transportieren, ist es wahrscheinlich, dass der Sozialstaat an finanziellen und strukturellen Problemen scheitert und der nächsten Generation als Chance der Humanität verloren geht.

Ich gehe jedoch davon aus, dass sich der Sozialstaat letztlich als zukunftsfähiges System erweisen wird, wenn alle Akteure sich der Verantwortung für die Zukunft auch bewusst werden: Letztlich geht es nicht nur darum, die Gegenwart zu bewältigen, sondern die Gegenwart als Fundament der weiteren Entwicklung zu sehen und zukunftsfähig zu gestalten.

Zur Person: Univ. Prof. Dr. Wolfgang Mazal, Universitätsprofessor für Arbeits- und Sozialrecht an der Universität Wien

Konrad Paul Liessmann

Vom Sinn der Jugend

Wer heute nach der Bedeutung von „Jugend“ in unserer Zeit fragt, sieht sich vorab mit einem höchst widersprüchlichen Befund konfrontiert: Die moderne, westliche Gesellschaft selbst gibt sich in ihren ästhetischen und alltagskulturellen Dimensionen ein extrem jugendliches Erscheinungsbild, das Gesicht, die Gesten und die Sprache der Jugend dominieren die Titelseite der Magazine, die Werbung, die Kultur- und Kunstseiten, den Sport und einen Großteil der Unterhaltungsmedien. Wollte man nach diesem Erscheinungsbild auf den Zustand der Gesellschaft schließen, müsste man zu dem zwingenden Ergebnis kommen, dass es sich zweifellos um eine auch in einem demographischen Sinne junge Gesellschaft handelt: Weil sich fast alles um die Jugend dreht und offenbar an der Jugendlichkeit ausgerichtet ist, werden es wohl junge Menschen sein, von denen und für die das alles gemacht wird. Dies ist, wie wir wissen, ein fundamentaler Irrtum.

Es gab, demographisch gesprochen, noch nie eine so alte Gesellschaft wie die unsere. Und es ist zweifellos ein historisches erstmaliges Phänomen, dass sich eine Gesellschaft von Alten nicht um deren Rolle und Funktion, um deren Chancen, Grenzen und Möglichkeiten bekümmert, sondern sich alles in einer Weise um die Jugend dreht, die nur mit einen hochgradigen Willen zur Verkennung der eigentlichen Probleme unserer nahen Zukunft erklärbar ist. Während die politische, soziale, medizinische und ökonomische Frage der nächsten Jahre und Jahrzehnte die nach dem Sinn des Alters und des Alterns sein wird, thematisieren die Betroffenen verzückt die Jugend und ihre Sinnsuche. Probleme der Jugend zu reflektieren scheint umso verlockender, je weniger Probleme diese Jugend schon aufgrund ihrer demographischen Schwäche tatsächlich bereitet. Aber über Jugend zu sprechen zehrt selbst vom Nimbus der Jugendlichkeit. Und da niemand, vor allem nicht die Alten, alt werden wollen, macht nur Jugend, nicht das Alter Sinn. Sieht man von Frank Schirrmachers unter dem missverständlichen Titel *Das Methusalem-Komplott* [1] veröffentlichten Versuch, die Frage des Alters angemessen zu thematisieren, einmal ab, ist „Jugend“ entgegen der sozialen Realität nach wie vor die zentrale Kategorie unserer Gesellschaft, vor der sich Märkte und Medien tanzend verneigen.

Die kulturelle und gesellschaftliche Bedeutung der Jugend verhält sich verkehrt proportional zur ihrer demographischen und sozialen Position. Alles scheint sich, auch und gerade in der Wirtschaft um sie zu drehen, nicht um die wesentlich einkommensstärkeren Über-40-Jährigen. Zumindest für die Werbeindustrie fungiert die Jugend als Katalysator, der dazu dient, den Eltern und Großeltern das Geld aus der Tasche zu ziehen, mit dem dann trendige Markenkleider, Computerspiele, Fun-Sport-Geräte und Mobiltelefone finanziert werden. Über

---

[1] Frank Schirrmacher: Das Methusalem-Komplott. München: Blessing 2004

die Jugend macht der Markt Druck auf die Erwachsenen: mit dieser ökonomischen Funktion ist ein wesentliches Moment, aber natürlich nicht das einzige von Jugendlichkeit heute benannt. Der Sinn von Jugend, so könnte man ganz einfach formulieren, liegt in der Erschließung neuer Märkte, in der Konfiguration neuer Bedürfnisse, in der Kreation neuer Produkte, in der Bildung neuer Konsumenten. Und diesen Sinn muss Jugend nicht lange suchen, er wird ihr Tag für Tag vorgebetet und es gab wohl noch selten eine Jugend, die williger war, diesen oktroyierten Sinn zu akzeptieren wie die gegenwärtige. Kein Grund zur Sorge also.

Aber auch im Zeitalter der triumphalen Jugendlichkeit bleibt Jugend offenbar etwas, das Gegenstand der kritischen Betrachtung, der Besorgnis und der gleichermaßen angst- wie hoffnungsvollen Erwartung ist: Wohin wird sich unsere Jugend entwickeln? Hat die Jugend noch Werte? Wird sie die Probleme lösen können, die auf sie zukommen? Wie sucht und wo findet die Jugend ihren Sinn? In der Arbeit, im Sex, im Spaß, in der Familie, womöglich gar in der Sucht? Feiert die Jugend zu viele Partys, pflanzt sie sich zu wenig fort? Ist die Jugend schlicht eine Herausforderung, womöglich gar Überforderung für die nicht mehr ganz so Jungen? Diese und ähnliche Fragen signalisieren vorab erst einmal ein von Erwachsenen vorgetragenes Unbehagen an der Jugend, das sich nicht mehr als offensive Kritik der Jugend artikulieren darf. Woher aber rührt dieses Unbehagen in einer Welt, die alles verehrt und affirmiert, was in irgendeiner Weise jung ist, mit Jugend zu tun hat oder an die Jugend adressiert ist? Der seit der Antike gepflegte Hass der Alten auf die Jugend, der Hass der wenigen Etablierten gegen die vielen Nachdrängenden darf und kann es ja nicht mehr sein – dazu sind wir zu offen und in unseren Herzen oder wenigsten in unserem *Outfit* selbst noch viel zu jung. Wenn in Schnitzlers Drama *Das weite Land* der alternde Friedrich Hofreiter den jungen Rivalen Otto im Duell erschießt und dies mit folgenden Worten verteidigt: „Wie er mir gegenübergestanden ist mit seinem frechen, jungen Blick, da hab' ich's gewusst ... er oder ich“ [2] – dann symbolisiert das auch einen erbitterten Kampf der Generationen um Macht und Sexualität, der in dieser Schärfe längst obsolet geworden ist. Dennoch bleibt Jugend eine Quelle der Irritation, ohne das sich die alten Schemata von Generationenkonflikten dafür noch als Erklärung heranziehen ließen.

Je älter unsere Gesellschaft wird, desto höher wird auch der soziale Stellenwert der Jugend. Jugend ist ein knappes Gut geworden, das nicht beliebig erzeugt oder vergrößert werden kann. Was knapp ist, ist kostbar, und was kostbar ist, scheint vielen ein erstrebenswertes Gut. Deshalb müssen Ältere immer jünger werden, während andererseits Jungsein schon eine Qualität an sich wird. Gerne wird dabei übersehen, dass Jugend per definitionem das ist, was vorübergeht. Während alle Kulturen bislang die entschwindende Jugend besungen und ihr nachtrauerten, adorieren wir die Jugend, als handelte es sich dabei um eine stabile soziale Formation. Allein: der Schein trügt. Nichts verschwindet so schnell wie die Jugend. Es genügt, die letzten Jahrzehnte Revue passieren zu

---

[2] Arthur Schnitzler: Das weite Land, V/3

lassen, um die Probe aufs Exempel zu machen. Wo ist eigentlich die rebellische Jugend der 60er Jahre, die die Welt verändern, zumindest aber das Establishment erschüttern wollte und die Parole ausgegeben hatte: „Trau' keinem über Dreißig"? Sie ist längst über 50, fest etabliert und regiert, wenn nicht schon Österreich, dann immerhin die Bundesrepublik Deutschland. Und wo ist die vielbeklagte, eine ganze Reihe von Eltern, Pädagogen und Jugendforschern beschäftigende Nofuturegeneration hin, die in den späten 70er und frühen 80er Jahren antriebslos und ohne im Leben einen Sinn zu sehen vor sich hin dümpelte und auf die atomare bzw. die ökologische Apokalypse wartete? Sie schaltet und waltet heute in den Gen- und Biotechkonzernen, dass es nur so seine Zukunftsfreude hat. Und auch die Generation X ist mittlerweile in die Jahre gekommen und höchst erfolgreich. Und was sich derzeit jung nennt und zur Generation Golf gehört, hat ohnehin keine Probleme mehr, spekuliert an der Börse und sorgt für eine prosperierende Freizeit-, Medien- und Unterhaltungsindustrie.

Jugend vergeht – noch immer – und mit ihr die Epitheta, mit denen man sie belegte. Wobei, dies sei noch angefügt, solch pauschale Charakterisierungen von Generationen ohnehin an der Grenze zur Fahrlässigkeit operierende Verallgemeinerungen sind, die mehr an den von Trendforschern ausgegeben Trends orientiert sind als an soziologischen Befunden. Die große Mehrzahl etwa der Menschen, die in den 60er Jahren jung waren, demonstrierte nicht, lebte nicht in Kommunen, wusste nichts vom Wiener Aktionismus, sondern begnügte sich damit, gegen den Willen der Eltern Schallplatten von den Beatles zu hören, und der Großteil der Jugendlichen der Nofuturegeneration schloss brav die Schule ab, trat ins Erwerbsleben ein und legte den Grundstein für das, was wir heute Zukunftsindustrien nennen. Ist von Jugend die Rede, dann also immer weniger von den nach sozialer Lage, Region, Geschlecht und ethnisch-religiöser Identität höchst unterschiedlichen Lebenswelten Jugendlicher, sondern immer mehr von einem mediengenerierten Phantasma, das „Jugend" als kulturelle Leitidee mit einer Reihe zugehöriger Accessoires und Eigenschaften im gesellschaftlichen Zentrum positioniert, das allerdings den Kreis der ursprünglichen Adressaten, die real existierenden Jugendlichen, womöglich nur am Rande tangiert. Zu diesem Phantasma gehören übrigens auch die negativen Schlagzeilen, die aus einigen Drogentoten, die etwa gegenüber den bei Verkehrsunfällen getöteten Jugendlichen statistisch kaum ins Gewicht fallen, eine fundamentale Wertekrise und apokalyptische Visionen fabrizieren.

Die Etablierung von Jugend als eigene soziale und kulturelle Lebensform ist an sich schon eine späte Erfindung der modernen Gesellschaft. Vormoderne Gesellschaften betrachteten Kinder einfach als kleine Erwachsene, und wer geschlechtsreif war, war damit auch wirklich erwachsen. In traditionalen Gesellschaften war dann auch die Heirat und die Vater- bzw. Mutterschaft das entscheidendes Merkmal für den endgültigen Eintritt in die Welt der Erwachsenen. Die „Erfindung der Kindheit" als eigene, besondere Aufmerksamkeit verdienende Lebensphase sowie die daran anschließende Konstruktion von Jugend als Lebensform eigenen Rechts mit besonderen Ansprüchen und Qualitäten –

nimmt man den „Sturm und Drang“ als erste authentische Jugendbewegung, kann man diese Entwicklung auf das ausgehende 18. Jahrhundert datieren – erlaubten es erst, in Jugend mehr zu sehen als eine Übergangsphase und an das Jungsein eine ganze Reihe ästhetischer, sozialer und politischer Utopien zu knüpfen, was sich noch in Bezeichnungen wie „Junges Deutschland“ oder „Jugendstil“ niederschlägt, auch wenn deren Vertreter dem Älterwerden nicht entrannen. Dass solche an Jugendlichkeit gebundene Hoffnungen sich immer wieder zerschlugen, änderte ebenso wenig etwas am Nimbus der Jugend, wie die Tatsache, dass Jungsein allein kein Garant für einen menschlicheren Zugang und Umgang mit der Welt ist. Auch wenn wir es nicht gerne hören: auch und gerade der Nationalsozialismus war eine Jugendbewegung par excellence.

Gegenwärtig ist die Sache allerdings noch komplizierter. Den hohen Prestigewerten von Jugendlichkeit korrespondieren auf der anderen Seite die Wünsche der Jugendlichen oder ihrer selbst ernannten Vertreter danach, möglichst rasch den Erwachsenen gleichgestellt zu werden. Man kann diesen Sachverhalt auch folgendermaßen formulieren: Je höher Jugend als ökonomischer, kultureller und sozialer Wert im Kurs steht, desto schwieriger ist es, tatsächlich jung zu sein. Denn einerseits wollen und sollen Jugendliche so bald als möglich wie Erwachsene agieren und behandelt werden, andererseits wollen die Erwachsenen so lang als möglich jung bleiben. Jugend ist so ein unendlich geschrumpfter Prozess – irgendwo zwischen der späten Kindheit und der Frühpubertät findet „Jugend“ gerade noch schnell für ein, zwei Jahre statt. Dann beginnt wenn nicht der Ernst, so doch der Spaß des Lebens mit Sexualität, „lebensnahem“ Lernen, Geld und Karriere und dem Wahlrecht für Halbwüchsige. Dem entspricht aber auf der anderen Seite, dass die Erwachsenen, um den Eindruck der Jugendlichkeit so lange wie möglich zu bewahren, immer mehr Anzeichen von Infantilität bis ins hohe Alter mitschleppen – vom restringierten Jargon über Freizeitgewohnheiten bis hin zum kulturellen Konsumverhalten. In unseren Gesellschaften, so Frank Schirrmacher, ist ein „erwachsener Infantilismus“ entstanden, es „wimmelt von 40-Jährigen, die wie Kinder reden“. [3]

Als ideologisches Leitbild ist Jugend so ganz im Gegensatz zu ihrer empirischen Realität zu einer weit gedehnten Lebensspanne geworden, die vom minderjährigen Model bis zur sportlich-attraktiven Mitvierzigerin reicht. Die Möglichkeit, Fragen der Familienplanung, oft auch der Erwerbsarbeit sehr weit hinauszuschieben, verschafft auch die Möglichkeit, die damit verbundenen Vorteile von Jugendlichkeit zumindest teilweise bis ins dritte, gar vierte Lebensjahrzehnt zu leben. Die Sozialforschung hat dafür die schönen Begriff „Postadoleszenz“ geprägt – nicht mehr ganz jung, aber noch immer nicht erwachsen. [4] Und da alles in einer modernen Gesellschaft käuflich ist, ist es auch die Jugend. Mit entsprechenden Investitionen in die Gestaltung des Körpers, die Wahl der Kleidung und das Arrangement von Freizeitaktivitäten kann es gelingen, bis ins

---

3 Schirrmacher, Das Methusalem-Komplott, S. 68

4 Michael Mitterauer: Jung sein heute – historisch betrachtet. In: Didaktik. Unabhängige Zeitschrift für Bildungsforschung 2/2001, S. 16

hohe Alter jung zu bleiben. Gleicht man seine kulturellen Konsumgewohnheiten darüber hinaus noch denen der vermeintlichen Jugend an, dann könnte man zu dem Schluss kommen, dass Jugend schon deshalb ein immer geringeres Problem darstellt, weil sich die Grenzen zwischen den Generationen verwischen und Jugendlichkeit schlechthin zur Lebensform einer hedonistischen Gesellschaft geworden ist, die Spätpubertierende und frühe Senioren unter ein Lebenskonzept versammelt.

Jugend: das ist für viele so etwas wie der zeitgemäße, moderne Lebensstil, ein Basar von Lebenskonzepten, aus dem je nach Lust und Laune das passende gewählt wird. Was die 13. Shell Jugendstudie „Jugend 2000" als tatsächliche Lebensform der Jugendlichen vorgestellt hatte, entpuppt sich bei näherer Betrachtung allerdings als Ideologie der Erwachsenen: „Jeder Jugendliche wird heute zum flexiblen Konstrukteur seiner eigenen Biographie mit einem persönlichen Wertekosmos, er muss und kann sich seine Identität und seine Wertorientierungen aus Versatzstücken selbst und eigenverantwortlich zusammenbasteln, sozusagen sein eigenes biografisches und ethisches >Gesamtkunstwerk< schaffen und inszenieren, ein Kunstwerk, dessen Inhalt er selbst ist." [5] Tatsächlich ist dieses Programm, dessen Realisierung angeblich den Jugendlichen keinerlei Probleme bereitet, natürlich von Erwachsenen erfunden worden, und wird nun, da die Erwachsenen damit offenbar wieder einmal gescheitert sind, auf die Jugendlichen projiziert. Von der Ästhetik der Existenz und vom Leben als Gesamtkunstwerk war im Anschluss an die letzten Arbeiten von Michel Foucault in den späten 80er Jahren und in der Postmoderne viel die Rede: nun ist diese also offenbar bei den Jugendlichen gelandet. Was dies für junge Menschen in einer sozial sich wandelnden Gesellschaft in der Lebenswirklichkeit bedeutet, ist die eine Sache. Ob sich lehrstellensuchende Schulabgänger, jugendliche Arbeitslose und sekundäre Analphabeten ihre Identitäten tatsächlich lustvoll nach ästhetischen Gesichtspunkten konstruieren, bleibe einmal dahingestellt. Dass sich hinter solchen Vorstellungen die Sinnvorgaben der Erwachsenenwelt verbergen, ist die andere Sache. Tatsächlich wächst die heutige Jugend in eine Gesellschaft hinein, die wie kaum eine vor ihr von einer nahezu alle Lebensbereiche umfassenden Dynamik erfasst ist. Ob es Sinn macht, in diesem Karussell der Beschleunigungen nach Sinn zu suchen, bleibe deshalb ebenfalls einmal dahingestellt.

Tatsächlich könnte die vielbeklagte „Spaßgesellschaft" als eine angemessene psychosoziale Reaktion auf diesen Sachverhalt interpretiert werden. Dahinter zeichnet sich nicht der allgemeine Werteverfall ab, sondern sie ist das ästhetisch-emotionale Korrelat zu den neuen Werten, die ja nicht von den Jungen verkündet werden: Flexibilität, Mobilität, Globalisierung. Es ist vollkommen absurd, von jemandem, dem man zumutet, seinen Arbeitgeber alle paar Monate zu wechseln, einmal in diesem, dann in jenem Land zu arbeiten, sich ständig für das Neue offen zu halten und dem Fluss des Kapitals zu folgen, Werte und

---

[5] Arthur Fischer u.a. (Hg.): Jugend 2000. 13. Shell-Jugendstudie. Opladen: Lesek+Budrich, 2000, Band 1, S. 95

Tugenden wie Prinzipienfestigkeit, Beständigkeit, Treue, Solidarität oder Verbundenheit mit lokalen Traditionen einzufordern. Solches ist, wenn überhaupt, nur mehr als Folklore aufrechtzuerhalten. Der Trend zu lockeren Beziehungen, flüchtigen Strukturen und einem permanenten inneren Vorbehalt gegen Bindungen aller Art ist nicht so sehr Ausdruck einer neuen Jugendkultur, sondern eine erzwungene Grundausstattung jenes von Richard Sennett so genannten „flexiblen Menschen“, ohne den der globale Kapitalismus nicht funktionieren könnte. [6]

Die emotionalen Voraussetzungen für Flexibilität und Mobilität sind Unmittelbarkeit, Gesichtslosigkeit und die spontane Bereitschaft, nur mehr flüchtige und kurzfristige Beziehungen aller Art einzugehen. Der Spaß und das Verlangen nach Spaß ist die angemessene Form, sein Einverständnis mit diesen Voraussetzungen zu signalisieren. Denn dort, wo andere Maßstäbe fehlen, kann man sich nur an den Parametern Lust/Unlust orientieren. In diesem Sinne leben wir tatsächlich und notgedrungen in einem hedonistischen Zeitalter. Natürlich stehen deshalb Werte wie Schönheit, rascher Erfolg und Spaßhaben bei Jugendlichen ganz oben. Drogen und Alkohol mögen dabei als verstärkende, stimulierende und im Zusammenhang mit rascher Triebbefriedigung positiv konnotierte Stoffe eine nicht unwesentliche Rolle spielen. Und dass vor allem die Schönheitsideale der Mediengesellschaft bei Jugendlichen zu einer exzessiv betriebenen Körpergestaltung führt, bis hin zur Anwendung plastischer Chirurgie in der Frühpubertät, [7] unterstreicht den Zusammenhang zwischen den Traumwelten der Hochglanzmagazine und den mitunter verzweifelten Versuchen der jungen Menschen, den Einlass dafür zu finden. Die Jugend geht den Weg, den die Erwachsenen vorgezeichnet haben. Nicht sie sucht sich einen Sinn, sondern der Sinn ist ihr in einer kaum mehr zu transzendierenden Weise vorgegeben.

Dass die Jugend vorrangig nach Unterhaltung und materiellen Werten strebt, bedeutet übrigens nicht, dass nicht andere Wertvorstellungen zumindest als mehr oder weniger versteckte Sehnsucht nach einer anderen Welt artikuliert werden könnten. Man spürt geradezu die Erleichterung in der Erwachsenenwelt, wenn wieder einmal bei der Jugend „Werte“ entdeckt werden. So gilt längst nicht mehr wie in den Zeiten der 68er die Promiskuität als Ideal des Sexuallebens, sondern der Wunsch nach stabilen, wenn auch zeitlich befristeten Zweierbeziehungen dominiert. Rein abstrakt hat auch „Familie“ bei vielen Jugendlichen durchaus ihren Stellenwert, wenngleich die Realisierung dieser Lebensform relativ weit in die Zukunft verschoben wird. Und auch spirituelle Werte können trotz oder wegen der Krise der traditionalen Großkirchen durchaus Bedeutung haben. Zwar liest in der BRD nur mehr 1% der Jugendlichen regelmäßig in der Bibel, aber das Interesse für im weitesten Sinn transzendente Fragestellungen artikuliert sich in unterschiedlichen Weisen. Die Attraktivität von nichtchristlichen Religionen und exotischen Sekten hat darin sicher eine

---

[6] Richard Sennett: Der flexible Mensch. Die Kultur des neuen Kapitalismus. Berlin: Berlin Verlag 1998

[7] Narziß und Schmollmund. In. Der Spiegel, 22/2001, S. 115ff.

ihrer Wurzeln. Die Jugend hat also durchaus auch in einem traditionellen Sinn ein Interesse an *Sinn*, aber anders als in Form von leicht konsumierbaren Gütern am globalen Markt der Sinnangebote können diese Sehnsüchte oft nicht mehr befriedigt werden.

Allerdings: immer wenn Jugend zum Gegenstand eines euphorischen oder besorgten Diskurses wird, ist Vorsicht angebracht. Jugend war seit der romantischen Aufklärung, seit Rousseau, ein Projektionsfeld für die Wünsche, Phantasien und Ängste der Erwachsenen. Die Jugend sollte die Fehler der Erwachsenen nicht wiederholen, sie sollte die Welt besser machen, sie sollte die Zukunft neu gestalten. Die Frage, wohin sich die Jugend wirklich entwickelt, ist nicht frei von solch besorgter Projektion. Paradox wird dies allerdings in einer Zeit, in der die Jugend zum Modell für die angestrengten Bemühungen der Erwachsenen werden, den Anschluss nur nicht zu verpassen. Die Sorge um die Zukunft der Jugend wird man denjenigen nur schwer abnehmen, die sich selbst krampfhaft bemühen, es der Jugend gleichzutun. In der Sorge um die Jugend schwingt so immer die Identitätskrise mit, unter der Erwachsene leiden: Einerseits erwarten sie von der Jugend, dass diese die Probleme, die selbst hinterlassen, lösen werden – in der Politik, in der Ökologie, in der Fragen der Migration und in der Sache des Friedens. Jugend soll also alles anders machen. Erwachsene setzen gerne auf die Jugend, weil dies es ihnen erspart, ihre Probleme selbst zu lösen. Andererseits gibt es seit der Antike die Befürchtung, dass Jugend tatsächlich alles anders macht und die Werte der Älteren ignoriert. Jugend – und darin liegt vielleicht ihr entscheidender Sinn – ist eine Lebenspanne, in der Menschen mehr Möglichkeiten vor sich als Wirklichkeiten hinter sich haben. Was aus diesen Möglichkeiten gemacht wird, welcher „Sinn" dann tatsächlich gelebte Wirklichkeiten selektiert, ist nicht nur ein Problem der Jugend. Es ist die Welt der Erwachsenen, in die jedes Kind immer schon hineingeboren wird, die diese Sinnangebote in hohem Maß immer schon konfiguriert hat. Vielleicht sollten sich Erwachsene, die über eine sinnsuchende Jugend schreiben, einmal fragen, ob das, was sie selbst tun und getan haben, eigentlich Sinn gemacht hat.

Hinweis: Artikel aus „Jugend Sucht Sinn" (Ueberreuther 2004)

Zur Person: Univ. Prof. Dr. Konrad Paul Liessmann, Professor für Philosophie an der Universität Wien

II

Die Konsequenzen des Bevölkerungswandels für Politik und Gesellschaft

Günther R. Burkert-Dottolo/Andreas Reiter

Alt werden – jung leben: Gesellschaftliche Trends in einer alternden Gesellschaft und deren politische Folgen

Gesellschaftliche Veränderungen sind nichts Neues. Die Zusammensetzung der Gesellschaft verlief schon in der Vergangenheit höchst unterschiedlich: so gab es nach den Weltkriegen aufgrund der vielen im Krieg Gefallenen einen plötzlich signifikant höheren Frauenanteil. Gleichzeitig nahmen die Geburten nach den grausamen Jahren des Mordens wieder massiv zu. Zukunftsoptimismus machte sich breit. Trotzdem stellt die Situation nach dem Zweiten Weltkrieg in der Langzeitentwicklung unseres Raumes eine gewisse Ausnahme dar: Die sogenannte „Aufbaugeneration" nach 1945 konzentrierte ihren Optimismus auf wachsende Anteile am Zugewinn des Bruttoinlandsprodukts und verbrachte ihr ganzes Leben zufrieden in einem Beruf. Abgesehen von der Ölkrise in den 70er Jahren war der Wirtschaftsboom allgegenwärtig und damit selbstverständlich, materielle Wohlhabenheit ging mit Individualisierung und Säkularisierung einher. Die Möglichkeit privater Geburtensteuerung ermöglichte hier eine Festigung des Erreichten. Deutschland und Österreich haben nach 1945 – anders als etwa Frankreich – auf eine staatlich gelenkte Bevölkerungspolitik verzichtet und sind damit – wie viele andere Staaten im südlichen Europa – an das Ende der Geburtsstatistik gerutscht.

Auswirkungen des Alterns

Österreich ergraut in den nächsten Jahrzehnten dramatisch: machen die über 50-Jährigen derzeit rund 1/3 der Bevölkerung aus, so steigt ihr Anteil bis 2030 auf 47%. Besonders rasant wächst der Anteil der Betagten: die Altersgruppe der 75–85-Jährigen nimmt von heute 400.000 auf rund 1 Mio. im Jahr 2035 zu, die Zahl der über 85-Jährigen vervierfacht sich. In Tirol wird sich die Zahl der über 60-Jährigen bis 2050 verdoppeln. Auch wenn die österreichische Bevölkerung massiv altert, so nimmt sie jedoch – im Gegensatz etwa zur deutschen – erst nach 2027 ab, 2026 leben in Österreich rund 8,4 Mio. Menschen. [1] Doch die einzelnen Regionen entwickeln sich sehr unterschiedlich: während die drei westlichen Bundesländer sowie die großen Stadtregionen bis 2031 überdurchschnittlich stark wachsen (Tirol um 13%), verlieren Regionen wie z. B. die östliche Obersteiermark um fast 16% an Bevölkerung [2].

Die langfristig prognostizierten Zuwanderungs-Gewinne von durchschnittlich 80.000 Migranten können die Geburtendefizite bis 2025 zwar kompensieren – das Wirtschaftswachstum wird aber auf einem niedrigen Niveau stagnieren.

---

1 Q.: ÖROK, Statistik Austria

2 ebenda

Aufgrund der privaten Altersvorsorge nimmt die Sparquote [3] nämlich stark zu (für 9 von 10 Österreichern ist die Eigen-Vorsorge wichtig), was wiederum den privaten Konsum der Haushalte deutlich schwächt. Gleichzeitig boomt der Diskont-Lifestyle, womit die Lebenshaltungskosten auf gleichem Level gehalten werden können.

Notwendige Maßnahmen

Der Wohlstand auch eines alternden (ab 2010 viel stärker ethnisch gemischten) Österreichs kann daher bis 2025 – bei nur knapp steigender Geburtenrate – nur mehr aufrecht erhalten werden, wenn

- eine intelligente Zuwanderungspolitik, die jungen *skilled migrants* (= qualifizierte Migranten) dank der hohen Standortqualität anzieht (Image Österreichs als Wissensstandort mit hoher Freizeit- und Lebensqualität). Die neuen Migranten-Ströme – die deutlich über den 90.000 Personen des Jahres 2003 liegen – bringen High Potentials aus Russland, der Ukraine und Asien (China, Indien, Malaysia etc.) ins Land. All diese neuen Migranten werden als Brückenköpfe in Human Ressources für die wachsende Exporttätigkeit in diese wachsenden Märkte (auch anderer emerging countries) eingesetzt.
- frauen- und familienfreundliche Arbeitszeit-Modelle (lebenszyklische Arbeitszeiten etc.) entwickelt werden und flächendeckende Betreuung für Kinder von 3–15 Jahren garantiert wird. Gleichzeitig führt ein früherer Schuleintritt (mit 4 Jahren) und damit früherer Ausbildungs-Abschluss zu einem rascheren Aufstieg im Beruf. Damit sinkt auch wieder das Erstgeburtsalter. Der Frauen-Anteil an den Erwerbstätigen nimmt bis 2021 um 9% zu.[4]
- ein verstärkter Einsatz von IT, Robotik, Automation etc. erfolgt, der auch ein Absinken des BIP verhindert.

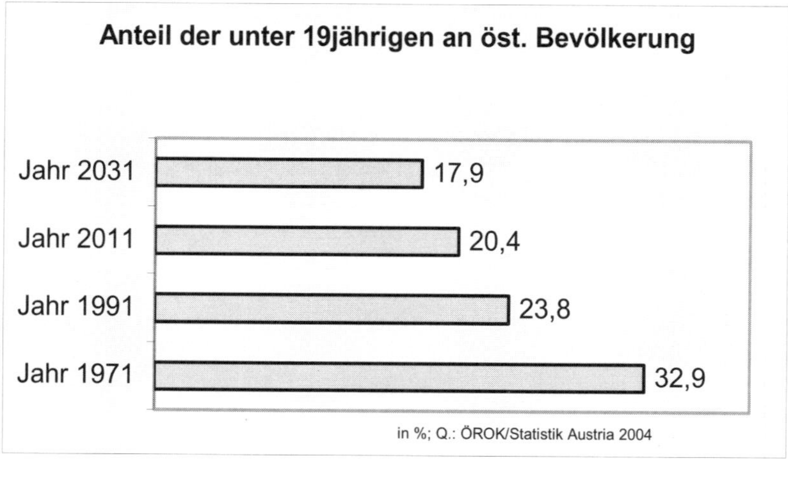

[3] Ausgaben für Privat-Vorsorge 2003: 601 Euro/Haushalt, Q.: Fessel GfK 2004
[4] Q.: ÖROK 2004

Neue alte Arbeitswelt

Die Wettbewerbsfähigkeit eines Landes beginnt im Klassenzimmer und hört im Altersheim auf. Da die neue Arbeitswelt eine alte sein wird, bringt sie eine neue Kultur der Arbeit im Alter hervor. Die über 50-Jährigen (derzeit rund 1/3 der österreichischen Bevölkerung) werden in den nächsten Jahren zur dominanten Bevölkerungsgruppe, zum Motor der Wirtschaft, zum Angelpunkt sozialpolitischer Innovationen. Und: sie bieten eine ideale Folie für gesellschaftliche Projektionen im Spannungsfeld zwischen Jugendwahn und Altersrassismus:

- Als Best Agers werden sie von Werbung und Wirtschaft immer mehr als attraktive und kaufkräftigste Zielgruppe umworben. Schließlich verfügt die Generation der Erben (Erbalter 55 Jahre) heute über 1/3 am Gesamtvermögen in Österreich, ca. die Hälfte hat ein monatliches Haushaltseinkommen von mehr als 1.450 Euro, weitere 24% 2.050 Euro. [5]
- Andererseits hält die Alters-Diskriminierung der Generation 50 PLUS am Arbeitsplatz – mit Ausnahme weniger weitsichtiger Human Ressource-Manager – die nächsten Jahre noch an: Österreich ist bei den „silver workers" Schlusslicht der EU.

Der Personalabbau bei älteren Arbeitnehmern ist auch mit Folge eines – in einer hyperdynamischen Informationsgesellschaft – überholten Senioritätsbonus. Hier ist ein Paradigmen-Wandel in den nächsten Jahren zu erwarten: künftige Entlohnung richtet sich nicht an den absolvierten Jahren aus, sondern an der absolvierten Leistung.

Damit im engsten Zusammenhang steht eine schwere Beschädigung des Selbstbildes älterer Arbeitnehmer: 82% der über 50-Jährigen in Österreich glauben, in ihrem Alter am Arbeitsmarkt nicht mehr gefragt zu sein. [6] Die gleichzeitige Mythen-Pflege von den angeblich hedonistischen Power-Oldies bzw. den angeblich nicht mehr jobtauglichen Älteren verschärft die Bruchlinien zwischen den Generationen. Die Front zwischen den „Rentenkaisern" [7] und den Jungen, die sich um ihre Zukunft betrogen fühlen, wird schärfer, der Generationenvertrag steht auf dem Spiel. Dies zeigt auch eine Umfrage, bei der sich 54% der Österreicher/innen unter 30 Jahren für eine Aufkündigung des Generationen-Vertrags aussprachen, während von den über 60-Jährigen ihn 81% beibehalten wollten. [8]

Politische Folgen

Setzt sich die Alterungswelle – bei weiterhin sinkenden Geburtenraten – in diesem Ausmaß fort, wird das Verhältnis von Gesellschaft und Individuum ebenso neu zu definieren sein wie jenes zwischen den Generationen. Der Hauptkonflikt wird an der Linie zwischen Rentenhöhe und Beitragshöhe ge-

---

[5] Derzeit beziehen ca. 230.000 Österreicher/innen eine Ausgleichszulage, Q.: ÖGB 2004

[6] Q.: Fessel GfK 2004

[7] Q.: FORMAT 36/2003

[8] 4% sind für Aufkündigung, 15% o.A.; Q.: OGM 2003

führt werden. Einzelne Rufe: „Weniger Pension für die Alten“ [9] werden schon laut, radikalere Forderungen können folgen. Insbesondere vor dem Hintergrund sinkender staatlicher Versorgungsleistungen und entsprechend steigender Eigenleistungen. Der Unmut der Jungen äußert sich auch schon mit der Androhung von Steuerstreik und ähnlichen Maßnahmen. Auch die Forderung nach „Rationierungen für Ältere“ – in der deutschen politischen Diskussion schon zu hören [10] – passt in diese radikalere Richtung politischer Konfliktaustragung.

Viel massiver betroffen sind die Staaten aber durch einen schleichenden Konflikt: Junge haben immer mehr Jobchancen im Ausland und finden dort für sie bessere Arbeitsbedingungen vor: Skandinavien, England und Australien, das massiv seine Einwanderungspolitik verstärkt, profitieren von den jungen, gut ausgebildeten Auswanderern. Auch die USA und Kanada locken immer noch mit Karrieren, die im europäischen System der lebenslangen Hierarchiepyramide nicht möglich sind. So werden weiterhin die intelligentesten Ratten als erste das sinkende Schiff verlassen. [11] Die defensive Einwanderungs-Politik in fast allen EU-Staaten, sowie mangelnde – z. B. von einer Standort-Agentur [12] strategisch gelenkte – Zuwanderung von High Potentials erhöhen bis 2011 (und weit darüber hinaus) den Mangel qualifizierter Arbeitskräfte für die Wirtschaft. Wer heute noch glaubt, dass in China nur „unintelligente“ Produkte erzeugt werden, wird bald eines Besseren belehrt. Die neuen geistigen Eliten werden an den Universitäten bereits ausgebildet und sie beherrschen – im Unterschied zu den Japanern in den 70er Jahren – bereits perfekt Englisch. Amerikanische Konzerne stellen so ganze Absolventen-Jahrgänge gleich in ihre Dienste vor Ort.

Verantwortung in jungen Jahren für riesige Forschungsprojekte und damit Gelder gibt es in Europa kaum. Neue Karriereverläufe sind daher dringend gefragt. Dies würde auch Frauen neue Karrieremöglichkeiten nach den Kindern ermöglichen. Sehr frühe und sehr späte Möglichkeiten des Karriereeinstiegs würden eine männlich/weibliche Veränderungskurve in den Unternehmen ermöglichen. Allerdings bedeutete das auch finanziell stark schwankende Lebensläufe, an die sich vor allem Männer erst gewöhnen müssen. Hier wären die Gewerkschaften – allzu oft noch immer männlich dominiert – gefordert.

Verschärfung der sozialen Situation

Zudem verschärft sich – vor dem Hintergrund erodierender Familienstrukturen, lebenszyklischer Beziehungen und notwendigerweise sinkender staatlicher Transfers – die soziale Situation eines Teiles der Alten (vor allem der über 80-Jährigen). Abgesehen von der eher provokanten Frage „Wer pflegt die dritte Ex-Schwiegermutter?“ gehen Familien-Transfers in Form von Betreuung und

[9] Forderung von 60% der jungen Österreicher/innen, Q.: OGM, a.a.O.

[10] www.fdp-koeln.de

[11] Günther R.Burkert/Andreas Reiter: Die Mayflower-Strategie. Neue Märkte-Neue Produkte-Neue Ziele. München 2005 S.

[12] eine eigene, dem Wirtschaftsministerium unterstellte Agentur, die für die Aquisition von Human Ressources zuständig ist und mit der Austria Business Agency eng kooperiert

Pflege der Alten jedenfalls sukzessive zurück. Gerade durch die vermehrte Berufstätigkeit der Frauen werden diese Leistungen zunehmend outgesourct: an professionelle Dienstleister bzw. immer stärker an informelle soziale Gemeinschaften (z. B. Seniorengenossenschaften). Andererseits ergibt sich durch die immer häufiger auftretenden Patchwork – Familien auch die Chance der zahlreichen Großeltern, die auf die zukünftigen Enkelkinder abwechselnd aufpassen können. Die beruflich engagierten Eltern können hier mehr Unterstützung erwarten.

Selbstverantwortung als zentraler Wert

In einer individualisierten Gesellschaft ist Selbstverantwortung ein zentraler Wert. Der Selbst-Unternehmer (Selbstzahler, Selbstversorger usw.) wird zum Leitbild in der Gesundheits-Ökonomie. Gesundheits-Investitionen werden als Investment in das „Unternehmen Ich" verstanden, in die Ich-AG. Es ist daher nur systemlogisch, dass in den USA Übergewichtige ihre Diät als medizinische Sonderausgabe von der Steuer absetzen können. Investment in das „Unternehmen Ich" funktionieren auch in die andere Richtung: durch Kostenaufschläge für ungesunden Lebensstil usw. Auch in Deutschland hat bereits ein Gesundheitsexperte gefordert, Übergewichtige (BMI ab 25) sollen höhere Beiträge in die Krankenversicherung zahlen. Empowerment heißt die Leitstrategie im liberalisierten Gesundheitswesen, postmoderne Lebensunternehmer vollziehen den Wertewandel weg von der Reparatur-Medizin hin zu einer Präventiv-Medizin (Salutogenese). Wer auf sich hält, investiert in seinen Körper: die Investitionen in Wellnessprogramme, in Sportarten (von den Nordic Sports bis hin zum Laufen), in Anti-Stress-Management und in Workouts, in Power Food und Vitamin-Cocktails usf. nehmen ständig zu.

Forever Young wird zum Mantra der alternden Gesellschaft. Dieser Wert wird in Gesundheits-Tempeln, Anti-Aging-Farmen und auf Laufpfaden inszeniert. Der Kampf gegen das Altern wird mit allen Mitteln aufgenommen, von Frauen wie – immer stärker – auch von Männern (die männliche Andropause wird künftig zu einem boomenden Lifestyle-Zweig der Männermedizin). Angesichts steigender Lebenserwartung und wachsender Selbstbehalte ist die proaktive Gesundheitsvorsorge ein strategischer Pfeiler individueller Lebensführung.

Die Frage nach der modernen Solidarität

Die umfangreichen Investitionen, die heute bereits von den einzelnen in seinen gesunden Lebenswandel getätigt werden, finden bei uns – wie das amerikanische Beispiel zeigt – noch nicht die gemeinschaftliche Anerkennung. Solidarität hat in den letzten Jahrzehnten zu sehr das Schwergewicht auf die Beteilung möglichst aller aus dem gemeinsamen Topf bekommen. Dass moderne Solidarität gerade das Verschonen des staatlichen Topfs bedeutet, wird wohl die Diskussion der nächsten Jahre bringen müssen. Ansammeln von Guthaben, wenn man staatliche Solidaritäts- und Transferzahlungen nicht in Anspruch nimmt, könnte eine Überlegung sein. Jedenfalls muss die Zukunft den Trans-Fair-Zahlungen gehören, also nicht nur den Nutznießer, sondern vor allem auch den Beitragszahler im Visier haben.

Die gesamte Entwicklung passiert vor dem Hintergrund, dass die alternde Gesellschaft subjektiv immer jünger wird. Es ist paradox: unsere Gesellschaft wird biologisch immer älter und dabei mental immer jünger. Generell gilt: je älter, desto jünger fühlt man sich. So fühlen sich z. B. die 60–69-Jährigen im Durchschnitt um 10,1 Jahre jünger [13], sie sehen nicht nur jünger aus, sie sind es auch. Werbung – das heißt auch politische Ansprache – macht noch in hohem Maße den Fehler, 60-Jährige wirklich als 60-Jährige anzusprechen. Zwei Modelle bieten sich für diese absurde Situation an: das Beispiel Mercedes und der Wahlkampf eines Grünen Spitzenkandidaten. Mercedes geht davon aus, dass seine Sportwagenfahrer meistens der älteren Generation angehören. Sie werden das Auto aber nicht als „Oldtimer" im wahrsten Sinne des Wortes anpreisen, sondern ergänzen das Auto stillschweigend um Dinge, die einem älteren Fahrer das Gefühl der Jugend geben. So wird etwa der im Alter eingeschränkte Gesichtskreis durch spezielle Spiegel ausgeglichen.

Der für jung und alt gleichzeitig interessante politische Zugang in einem Wahlkampf wurde vom Grünen Spitzenkandidaten im Berliner Nobelbezirk Prenzlauer Berg gefunden: selbst 68 Jahre alt (oder jung?) verwendete er ein Plakat, das Jugendstil-Anklänge hatte. Die Folge war, dass dieses Plakat für die Jungen einen Kultstatus erlangte, die Plakate zum Sammelobjekt und oft zu Hause aufhängt wurden. Die älteren Wähler konnten der Erinnerung an die gute alte Zeit nachhängen. So erreichte ein „Alter" seinen Wiedereinzug in den Deutschen Bundestag.

Dieser Alt-68er – ein Kind von Marx und Coca Cola, von Woodstock und St.Germain – revolutioniert genauso wie die später geborenen Baby Boomer (1956–1964) die Alters-Kultur von morgen. Jugend wird von ihnen quasi lebenslänglich inszeniert. Bisher galt in der Entwicklungs-Psychologie die lineare Dramaturgie: Kindheit – Jugend – Erwachsenenalter – Alter. Das Entwicklungs-Script der Zukunft dehnt sich auf fünf Lebensabschnitte aus:

0-29	30-45	46-60	61-74	75-X
Kindheit/Jugend/ Ausbildung	Postadoleszenz/ Early Adults	Reife Erwachsene	Ältere Erwachsene	Alter/ Ruhestand

Der Altersbegriff verschiebt sich immer weiter nach hinten, in den vierten, ja fünften Lebensabschnitt. Die erlebnis- und genussorientierte Phase des Lebens wird damit weiter ausgedehnt, Selbstverwirklichung ist auch im dritten und vierten Lebensabschnitt ein zentrales Leitmotiv.

---

[13] Q.: Emnid, Umfrage für Focus, 2005

Best Age

Für immer mehr Menschen wird der dritte Lebensabschnitt zum best age – dank steigendem Wohlstand, steigender Lebenserwartung [14] bei ständig verbesserter Gesundheit (nur 8% der 65–70-Jährigen Österreicher/innen bezeichnen ihren Gesundheitszustand als „schlecht" bzw. „sehr schlecht") und der höchsten Kaufkraft (29 Milliarden Euro), die eine Altengeneration je hatte.

Die Altersarmut ging glücklicherweise in den letzten Jahrzehnten zurück, heute gelten bei uns rund 10% der alten Menschen als arm (sie haben weniger als die Hälfte des Pro-Kopf-Durchschnittseinkommens zur Verfügung). Zum in den nächsten Jahren noch hohen frei verfügbaren Einkommen – die Kinder sind außer Haus, das Haus/die Wohnung ist abbezahlt (der Kreditbedarf ist also äußerst gering) – fallen zudem die Erbschaften an. Laut Wifo hinterlassen die Alten den Jungen durchschnittlich 89.000 Euro pro Haushalt. Das Erbantrittsalter klettert aufgrund der höheren Lebenserwartung von heute 55 Jahren weiter nach oben. Es wird künftig später und mehr vererbt.

Die erlebnis- und genussorientierte Phase des Lebens wird immer weiter ausgedehnt. Der Altersbegriff verschiebt sich weiter nach hinten – heute bezeichnen sich Menschen erst mit im Schnitt 74 Jahren als alt. Das hat auch damit zu tun, dass sich die bedrohlichen Alters-Szenarien – schwere Krankheit, Demenz, Pflegebedürfigkeit etc. – dank medizinischen Fortschritts immer weiter in den vierten Lebensabschnitt verschieben, dann aber, ab dem 80. Lebensjahr, treten die Beeinträchtigungen (Multimorbidität etc.) meist massiv auf.

Fessel GfK kommt bei der Generation der über 50-Jährigen zu folgenden Typologien:

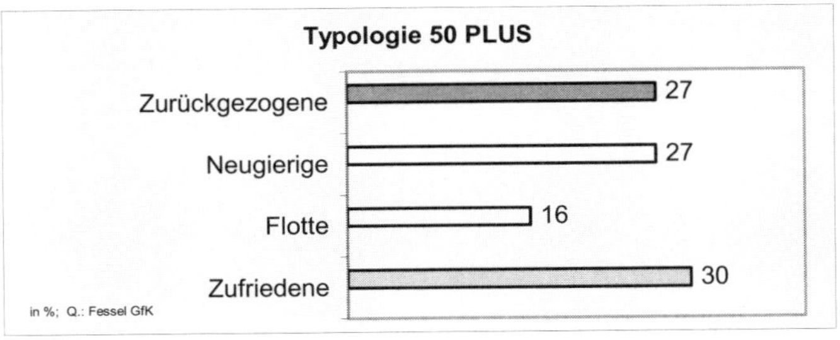

Der Kampf gegen das Alter wird mit allen Mitteln aufgenommen, nicht nur von Frauen, sondern immer mehr auch von Männern. Die Zahl der Schönheitsoperationen steigt um 10–15%, in Österreich unterziehen sich 40.000 Menschen jährlich einer kosmetischen Operation.

Dieses Phänomen ist in der Politik längst sichtbar geworden. War es noch vor wenigen Jahren die Diskussion um das Färben der Haare durch den deutschen

[14] Prognose der durchschnittlichen Lebenserwartung (2025): Männer über 80 Jahre, Frauen über 85 Jahre

Bundeskanzler Gerhard Schröder, der dies – warum eigentlich? – noch empört zurückwies, so gibt es schon längst einen bekennenden Nutzer der modernen Schönheitschirurgie: Silvio Berlusconi. Mit diesen Roll-Models werden sich immer mehr ältere Menschen zu ihren chirurgischen Veränderungen bekennen und den Boom damit weiter antreiben. Ist damit eine neue weise Generation zu erreichen, die von den Jungen verehrt wird, wie im asiatischen Raum? Oder bedarf es des äußeren sichtbaren Zeichens der würdevollen Falten im Gesicht?

Die All-Age-Kultur

In einer hybriden Gesellschaft ist alles transitorisch, alles geht ineinander über – auch die einzelnen Lebens-Alter. Die Grenzen zwischen jung und alt verschwimmen: „seriösen", traditionsbewussten 18-Jährigen stehen erlebnissüchtige 40-Jährige gegenüber, die cool sein wollen. Oder, wie es ein Jungabgeordneter im Deutschen Bundestag formulierte: „Es gibt Junge, denen der Kalk aus der Hose rinnt und elanvolle Senioren. Die Kompetenz muss der Maßstab sein." Diese All-Age-Kultur wirkt sich – insbesondere für die Jugend – entwicklungspsychologisch nicht nur positiv aus: Die Jungen von heute können nicht mehr so recht – und nicht mehr so schnell – erwachsen werden. Sie halten sich viel länger als früher in Komfortzonen und geschützten Lebensphasen auf, schieben z. B. die Studienzeit möglichst lange hinaus, bekommen (wenn überhaupt) viel später (Frauen mit 29 Jahren) das erste Kind. Andererseits aber können junge Leute auch nicht mehr so richtig jung sein. Denn jung sind ja schon ihre Eltern, die Baby Boomer. Diese haben nicht nur die guten Jobs besetzt, sondern auch die ewige Jugend.

Für viele Erwachsene wiederum ist ihre inszenierte Jugendlichkeit so etwas wie ein Schutzschild, ein Firewall vor den gesellschaftlichen Umwälzungen. Die dynamische Veränderungskultur in Wirtschaft und Gesellschaft überfordert heute viele Menschen. Sie regredieren, schützen sich mit „infantilem" Verhalten, umgeben sich mit Retro-Produkten und richten es sich in einer „verlängerten Kindheit" ein. Die Erfolge der Wicki, Slime und Paiper-Parties, auf denen sich die damals Sozialisierten treffen, kommen nicht von ungefähr.

In unserer alterslosen Gesellschaft spüren Jugendliche heute vielfach keine Grenzen mehr, die sie einreißen, kaum noch Tabus, die sie verletzen können, keine Spielwiese (außer der Konsum- und Popkultur), in der sie gegen die Erwachsenen revoltieren und damit Identität gewinnen können. Deswegen haben sich junge Leute in den letzten Jahren vermehrt auf das Body Design zurückgezogen, auf den Körperkult und seine modische Übersetzung. Über die Inszenierung des Körpers (Mode, Piercings, Tattoos, aber zunehmend auch über Schönheits-OP's) inszenieren sie ihre biografischen Sehnsüchte. „Wenn die Außenwelt nicht mehr kontrollierbar ist, kapriziert man sich auf die Gestaltung des äußeren Ich." [15]

---

[15] Interview mit dem Soziologen Peter Gross, in: Weltwoche 7/2003

Die optionale Gesellschaft

Dass die Gesellschaft einen offensiveren Begriff des Alterns entwickelt und starre Verhaltens-Grenzen zwischen den Generationen aufhebt, ist – insgesamt gesehen – zweifellos mehr als erfreulich. Zum einen wird damit die Gesellschaft offener, optionaler, zum andern wird die Wirtschaft stimuliert. Je älter die Gesellschaft wird, desto stärker drehen sich die Märkte. Schon heute wird z. B. jedes fünfte Fruchtgläschen des Babynahrungsherstellers Hipp nicht von einem Kleinkind gegessen, sondern von Eltern oder Senioren. Die strategische Aufmerksamkeit der Wirtschaft verschiebt sich zunehmend hin zu den älteren Konsumenten. Erstmals in der Geschichte der Menschheit sind nicht mehr die Jungen der Mainstream, sondern die Alten. Masse ist Macht.

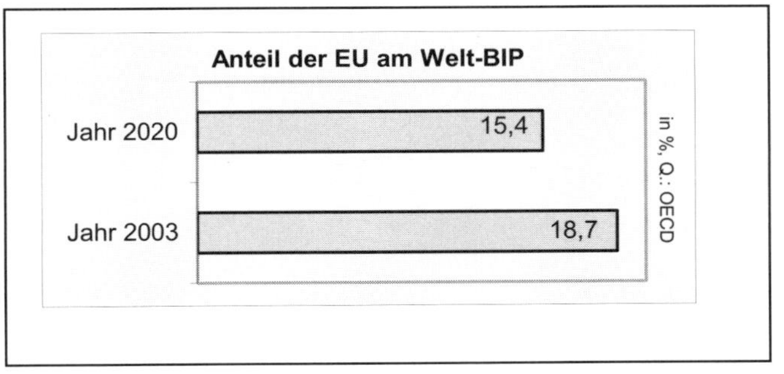

Doch die gut verdienenden Baby Boomer, die ab 2020 in Rente gehen, werden womöglich im Alter Abstriche machen müssen: sie haben es verabsäumt, ihre Kapitalanlagen international zu diversifizieren (Asset Meltdown).

Mittelfristig hängt der demografische Wandel wie ein Damoklesschwert über ganz Europa, immerhin nimmt die Bevölkerung in den EU-Ländern bis 2050 um rund 11% ab. Im alten, schrumpfenden Europa sinkt das Binnenmarktvolumen. Der Standort Europa verliert an Attraktivität, Investoren wandern verstärkt ab in junge, dynamische Wachstumsmärkte. So hat Nestlé sein Headquarter bereits nach China verlegt, da sich der Umsatzanteil innerhalb der EU von 60% auf 40% verringert hatte. Volkswirtschaftliche Prognosen sehen das Wachstumspotenzial im alternden Europa bis 2050 auf 1–1,5% zurückgehen. [16]

Aber nicht dass die westlichen Gesellschaften stark altern, ist das zentrale gesellschaftliche Problem, sondern die Tatsache, dass immer weniger Junge nachkommen. Das demografische Beben – dramatischer Anstieg der Alten bei gleichzeitig sinkender Geburtenrate – wird damit zu einem sozialpolitischen Zündstoff der Zukunft.

Das pessimistische Zukunftsszenario

Die Alten von morgen, so heißt es da meist, würden auf Kosten der Jungen leben und diesen die Zukunft vermiesen. Apokalyptiker mit beschränkter Haftung rufen gar den Generationenkrieg aus, sehen eine „graue Armee" aufmarschieren und Gerontokraten das Ruder übernehmen. Pragmatisierte Pessimisten und parlamentarische Hinterbänkler verschanzen sich hinter beunruhigen-

[16] Q.: Deutsche Bank Research, *Die demografische Herausforderung*, 2003

den Statistiken. Als Kriegsgewinnler werden 120-Jährige Power-Typen ausgemacht, die mit ihrem Personal Trainer über den Rasen bewachter Luxus-Resorts joggen, während Heerscharen von 25-Jährigen die große Masse der Alten über Wasser halten müssen und selbst immer mehr Geld in ihre private Altersvorsorge stecken müssen.

Ist dieses Bild natürlich bewusst übertrieben, so werden die Forderungen auch im politischen Umfeld schon gestellt: So weist der Chef der Senioren-CDU, Professor Dr. Otto Wulff (70) darauf hin, dass weniger als ein Prozent der deutschen Bundestagsabgeordneten über 65 sind, obwohl diese Jahrgänge bald 19 Prozent der Wähler stellen". [17] Allerdings lehnt er eine eigene Seniorenpartei ab.

Soziale Altersvorsorge

In Zukunft wird die soziale Altersvorsorge an Bedeutung gewinnen, informelle soziale Gemeinschaften werden stark zulegen. Selbstorganisierte lokale Gemeinschaften werden die frühere Großfamilie reinszenieren: intergenerative Initiativen (z. B. Seniorengenossenschaften, gemeinschaftliche Wohnprojekte etc.), Nachbarschafts-Börsen, die Freiwilligen-Dienste zwischen Jungen und Alten vermitteln, Zeit verschenken usf.

Neue strategische Beziehungen zwischen den Generationen werden entstehen, intergenerative Win-win-Modelle, informelle Transferleistungen komplementär zu den öffentlichen (stark reduzierten) Ressourcen. Die pensionierte Lehrerin, die Kinder aus der Nachbarschaft betreut, die berufstätigen Mütter, die dafür im Wechsel der alten Dame im Haushalt helfen, der Consultant im Ruhestand, der Jungunternehmer unterstützt usf. – Möglichkeiten der aktiven Teilnahme am sozialen nachbarschaftlichen Leben gibt es genug. Der Hyper-Individualismus (Ich-AG) des frühen 21. Jahrhunderts wird von einem pragmatischen Netzwerk-Denken abgelöst, einer stärkeren Balance zwischen Ich und Wir.

Damit einher gehen auch die bei den älteren Generationen immer stärker ausdifferenzierteren Lebensstile. Die Flexibilisierung der Lebensstile wird auch im dritten und vierten Lebensalter zur Norm. Die lineare Biografie gibt es künftig auch im Alter nicht mehr. Eine bunte Vielfalt an Lebens- und Wohnformen im Alter entsteht. Die Neuen Alten (oft WG-erprobte Baby Boomer) werden die Ghettoisierung durchbrechen und vermehrt gemeinschaftliche Wohnformen praktizieren. Die Erosion der Familie, die Mobilität der eigenen Kinder und die drohende Einsamkeit machen Haus- und Siedlungsgemeinschaften für ältere Menschen attraktiv. Gemeinschafts-Projekte verlangen eine hohe soziale Kompetenz – aber die haben ja die heute jüngeren Alten bereits in starkem Maß.

Daher sind Ghetto-Modelle wie Altenheime, Seniorenstifte usf. auf der Grünen Wiese Auslauf-Modelle. Die Werte haben sich geändert, wir haben es bereits heute mit außenorientierten älteren Menschen zu tun, die auch im Alter nicht auf Kommunikation mit der Außenwelt verzichten wollen. Motto: Intimität auf

[17] Zu viele Lasten für die Jüngeren. Rundschau-Streitgespräch zwischen dem Chef der Senioren-CDU und einem jungen FRD-Politiker; http:www.fdp-koeln.de

Distanz. Das heißt: die Zukunft gehört zentrumsnahen Wohnwelten, die alte Menschen an das Alltagsleben anbinden und ihnen die Interaktion mit der Nachbarschaft ermöglichen.

Nach 2020 werden mehr als 20% der österreichischen Bevölkerung über 80 Jahre alt sein. Ab dem 81. Lebensjahr sind rund 20% der Bevölkerung pflegebedürftig. Bis 2010 steigt der Anteil der Pflegebedürftigen von 540.000 auf 800.000. Schon heute ist jeder 4. Österreicher über 80 dement! Da künftig der Anteil der innerfamiliären Pflegeleistungen drastisch abnehmen wird – Berufstätigkeit der Frauen, Erosion der traditionellen Familien – entsteht hier ein enormer Bedarf an privaten Dienstleistungen und Sozialdiensten. Die politische Forderung nach einem Qualitäts-Gütesiegel für diese Dienstleistungen steht im Raum. Die soziale Altersvorsorge wird zu einem zentralen Instrument, um den Alterungsprozess der Gesellschaft positiv zu managen.

Industrialisierte Altenpflege

Eine – ethisch zu diskutierende – Alternative zu Haus- und Betreuungsgemeinschaften [18] ist die künftig zunehmende industrialisierte Alten-Pflege. Arbeitsintensive (Routine-) Bereiche werden durch High Tech (z. B. Tele-Monitoring) und Robotik ersetzt (Medikamenteneinnahme etc.). Pflegeroboter sind in Japan schon länger Alltag, der Matsushita-Electric-Industrial-Konzern baute in Osaka ein Altersheim, in dem sich die Bewohner mit je einem Haustierroboter das Zimmer teilen. Der Pflegeroboter Care-O-bot kann neben einfachen Hausarbeiten Pulsschlag und Kreislauf, Medikamenteneinnahme überwachen (Preis-Barriere: 15.000 Euro). Wir werden wohl mindestens 15 Jahre darauf warten müssen, bis wir winzige Wegwerf-Roboter im 10er-Pack kaufen, die uns die Bude putzen oder die E-Mails laut vorlesen. Intelligente Kleider mit eingewebten Chips und Sensoren hingegen sind schon bald serienreif: So schlagen z. B. Sensoren Alarm, wenn hilfsbedürftige Menschen auf der Straße oder im Haushalt verunglücken. Sie alarmieren den Notarzt, wenn bestimmte Körperwerte (Blutfettwert, Herzfrequenz etc.) in den Gefahrenbereich kommen. Digitale Fußfesseln hindern z. B. demente Bewohner beim Verlassen des Pflegebereichs usf. Als Horror-Szenario denkbar ist ein Offshoring der Altenbetreuung: Betreuungsbedürftige (und mittellose) Alte werden aus Kostengründen ausgelagert in Altenheime in Billiglohnländer wie Moldau, Rumänien, Ukraine etc. Die Japaner führten das in den 90er Jahren vor, indem sie Altenheime in Indonesien errichteten und japanische Alte dorthin auslagerten.

Österreich hat aber schon ein Vorzeigebeispiel: Das erste Modell eines smart home bietet z. B. seit einigen Jahren der Bauträger Hefel-Wohnbau in Dornbirn an. Ein intelligentes Haus-Management (EIB Hausbussystem), mit Sprach- und Lichtsteuerung des Haushalts – von den Jalousien über Beleuchtung, Herd, Waschmaschine, Unterhaltungs-Elektronik bis hin zu verstellbaren Betten, die auf Sprachbefehle reagieren. Die Neuen Medien und ein verbesserter technologischer Zugang – bis 2010 sollen ¾ aller Haushalte in Österreich ans Breitband

---

[18] Benchmark sind hier die über 1.400 *Abbeyfield*-Hausgemeinschaften in Grossbritannien

angeschlossen sein[19] – ermöglichen auch älteren (immobileren) Menschen die Kommunikation und garantieren auch im hohen Alltag Kontakt zur Außenwelt. Die nächste Altengeneration wird selbstverständlich ständig (und kabellos) vernetzt sein: derzeit nutzen 46% der heute 50–59-Jährigen das Internet.

Gerade diese Szenarien verlangen aber eine stärkere Einbindung der Erfahrung der Alten in den politischen Prozess. Insbesondere die Großelterngeneration hat Verständnis für die Sorgen der Enkel. Politisch gefährlich ist jeweils die mittlere Generation, die jeweils gerade an der Macht ist und die Lasten auf die jüngere Generation verschieben kann und die Alten entsorgt. Eine Koalition zwischen Jungen und Alten erscheint daher nur systemlogisch. Ob sie unter Ausschluss der mittleren Generation erfolgen muss, scheint zumindest diskussionswürdig.

Innovation ist nicht mehr jung

In einer alternden Gesellschaft ist die anthropologische Rolle der Jungen als Innovatoren bedroht. Künftig werden wir verstärkt die Alten als Agenten des Wandels erleben. Noch vor kurzem hat man die über 60-Jährigen als Kukident-Generation belächelt, als Grufties und Kompostis – die Älteren galten als Synonym für Entschleunigung, als Bremser der Turbo-Gesellschaft. Das wird morgen schon anders sein. Die Neuen (immer mobileren und gebildeteren) Älteren werden nicht nur zum Katalysator von Wirtschaft und Politik, sie werden auch zum Träger von Innovationen, von Produkt- wie auch von sozialen Innovationen.

Zahlreiche Studien belegen bereits heute den Werte-Wandel im dritten Lebensabschnitt: der Anteil der aktiven, genussorientierten Menschen stieg in den letzten Jahren in dem Maß an, in dem der Anteil der passiven Älteren zurückging. Als Richtwert gilt: rund $^2/_3$ der Älteren sind aktiv, $^1/_3$ ist passiv. Die allmählich alternden Baby Boomer wissen: ein proaktiver Lebensstil ist Leitbegriff des „erfolgreichen" Alterns. Lebenslanges Lernen, Investments in die Gesundheit, körperliche und geistige Fitness sind eine Voraussetzung, um die Existenz auch im Alter absichern zu können.

Es ist paradox: je älter die Menschen werden, desto fitter werden sie sich künftig halten. Age Fitness wird zum zentralen Antrieb der ergrauenden Baby Boomer. Die jungen Alten werden kulturelle Revolutionen oder zumindest Evolutionen lostreten. Vor allem im Bereich von Arbeit und (Weiter-)Bildung sind hier in den nächsten Jahrzehnten nachhaltige Veränderungen zu erwarten. Heute studieren bereits 36.000 deutsche Rentner/innen an den Universitäten. In Zukunft wird das aber nicht mehr die Belohnung für ein lebenslanges Warten auf die Beschäftigung mit seinem Lieblingsfach sein, sondern zur Ausbildung für den letzten Berufseinstieg und -umstieg dienen. Das Schlagwort vom Lebenslangen Lernen wird zur Realität, da man in einem Leben mehrere Berufe erlernen und da ältere Menschen künftig länger berufstätig sein müssen.

Flexible Arbeitsformen (Teilzeit, selbständige Projektarbeit, Manager auf Zeit etc.) begünstigen eine erhöhte Beschäftigtenquote Älterer und auch gleitende Übergänge in die Pensionierung (semi-retirement). Weiterbildung (ob Senior

---

[19] Q.: Prognos 2002

Students oder firmeninternes Lebenslanges Lernen) wird damit ebenso unverzichtbar für die Alters-Fitness wie Work-Outs und Fitness-Programme. Allein in Deutschland arbeiten 6.000 Senior Experts – alles ehemalige Fach- und Führungskräfte. Sie beraten ehrenamtlich Firmen und Organisationen in 145 Ländern, meist Schwellen- und Entwicklungsländer. Intergenerative Transfers zwischen Alt und Jung werden immer beliebter. Eine Emnid-Umfrage zeigt: 64% der (deutschen) älteren Generation würden gerne ihre Berufserfahrung an Jüngere weitergeben. Die neuen Alten wollen keinen Ruhestand, sondern einen kreativen Unruhestand. Wir werden – allein schon aufgrund der demografischen Schieflage – künftig die älteren Arbeitnehmer mehr denn je brauchen. Nach Schätzung der OECD wird die Alterung Europas das Wachstum des Lebensstandards von 2040 an um jährlich 0,5% verringern.

Die demokratiepolitische Dimension

Die geschilderten – durchaus teilweise – dramatischen Veränderungen bleiben nicht ohne Auswirkungen auf die Politik und damit auf die Parteienlandschaft. Die grundsätzliche Frage stellt sich hier wie beim Aufbrechen des Umweltthemas in den späten 70er Jahren: ergeben neue Konfliktlinien auch neue Parteien? Sind diese Konfliktlinien scharf genug, um deutlich abgrenzbares Zielgruppenmanagement zuzulassen?

In manchen Bereichen – etwa in den Medien – gibt es die klare Trennung bereits. Eine sich deutlich abzeichnende Bruchlinie ist die mediale Nutzung für politische Informationen. Jugendliche sehen Fernsehen als reines Unterhaltungsmedium und besorgen sich ihre Informationen fast ausschließlich über das Internet. Daher ist die Kommunikation für Jugendliche anders zu gestalten. Neben den Nachrichtensendungen sind auch alle „klassischen" Politikjournale für Jugendliche wertlos. So war die meistgesehene Sendung vor den deutschen Bundestagswahlen der Entertainer Stefan Raab, der einen Erstwählercheck durchführte und damit Millionen Jugendliche ansprach. Gleichzeitig wurde diese Sendung aber auch von einer Mehrheit der älteren Altergruppen gesehen, die diese Sendung normalerweise vollkommen ablehnt.

Eine weitere Neuerung brachte der deutsche Wahlkampf: zum ersten Mal gab es kein Versprechen für eine Rentenerhöhung mehr. Diese Zurückhaltung im Verständnis einer nachhaltigen Politik auch für die nächsten Generationen wäre auch für den österreichischen Wahlkampf nur zu wünschen. Daran entzündet sich auch die Diskussion der professionellen Politikbeobachter. Bedeutet eine ältere Gesellschaft eine Ausrichtung der Politik und damit der Wahlkämpfe auf die Mehrheit der Bevölkerung oder ist gerade diese Bevölkerung an einer nachhaltigen Politik auch für die Jugend interessiert? Österreichische Meinungsforscher konstatieren jedenfalls bei der Jugend weitgehendes Desinteresse an Politik.[20]

Die Diskussion über die Sicherung der Sozialsysteme, die für Junge von besonderer Bedeutung ist, spiegelt natürlich auch bei den Alten Handlungs- und Zukunftsfähigkeit von Politik wieder: wenn nämlich die Pensionssysteme für

---

[20] Die Presse v. 3.1.2006, S.4

die Jungen gesichert sind, dann brauchen sich die heute Alten wohl keine Sorge mehr um ihre Zukunft zu machen. Vor einer eindimensionalen Ausrichtung der Politik auf die scheinbare Mehrheit ist daher eher zu warnen.

Auch die Frage nach der Ansprache von älteren Menschen ist aufgrund ihrer geschilderten geänderten Eigeneinschätzung mit Vorsicht zu beantworten. Werbefilme mit alten Menschen sprechen alte Menschen mit Sicherheit nicht an. Diskussionen in Bankenkreisen, ob die Betreuung von älteren Kunden durch ältere Betreuer erfolgen müsse, haben eher gezeigt, dass es gerade Junge sind, denen ältere Menschen mehr Aufmerksamkeit schenken. Der erfolgreiche Versuch der ADEG-Handelsgesellschaft, einen 50+-Markt zu initiieren, widerspricht dem nicht: dort geht es um die Lupe am Regal, damit für normalsichtige Menschen das Kleingedruckte auf den Packungen lesbar wird, dort geht es um groß beschriftete Regale u. ä. Politik kann davon sicher in ihrer Vermittlung lernen: die Verwendbarkeit und Verwertbarkeit von politischen Botschaften hängt stark mit ihrer Aufbereitung zusammen: sich in diesem Fall nicht zu sehr auf junge, gut sehende Designer zu verlassen, sondern brillentragende Versuchspersonen einzubinden, scheint sinnvoll. Genauso sollten politische Kommunikatoren aus dem „Mercedes-Beispiel" lernen: schneller Bildschnitt und leiser Ton können Botschaften nicht weitervermitteln. Die Möglichkeiten der beschränkten Aufnahmefähigkeit müssen analysiert und darauf muss sanft reagiert werden. Der Wohlfühlfaktor des Mercedesfahrers besteht ja darin, dass er nicht merkt, mit welch perfekter Ausgleichstechnik er umgeben ist.

Tatsache ist, dass die Wahlbeteiligung bei den 60–70-Jähigen am höchsten ist und die älteren Wähler eher parteitreuer sind. Die Jungen der Zukunft sind jedenfalls aus den Migrantenjugendlichen zu rekrutieren, die die Lebenswelt von Jungen in den nächsten Jahrzehnten bestimmen werden. Da die Wahlbeteiligung von Jugendlichen nicht signifikant anders ist, als in anderen Wählergruppen, wird in der Zukunft die Ausrichtung der Jugendlichen auf die politischen Parteien noch genauer beachtet werden. Das momentane Image einer jungen Partei, die damit auch die Zukunft beherrscht, wird sich damit kaum wandeln, da die Ansprache der Alten ja über die Jungen erfolgt. Seniorenvertreter der bestehenden Parteien seien vor dem Rückschluss gewarnt, dass ihre Klientel auch die Themen der Zukunft vorgeben wird.

Alte Zukunft der Parteien

Ein Szenario, das aufgrund der geschilderten Zukunftsentwicklungen durchaus realistisch erscheint, ist die Gründung einer Seniorenpartei als Single-Issue-Partei. Sie lebt von einer gewissen „Pflege" der Radikalisierungslinie zwischen den Generationen und schützt klassischerweise die Rechte der Alten. Die ja auch in Österreich bereits kandidierenden „Grauen Panter" mussten aber schnell zur Kenntnis nehmen, dass sie nur als Privilegienverteidiger in Erscheinung treten und damit ihre Wirkung schnell verpufft.

Internationale Beispiele können allerdings bereits studiert werden: Eine der ersten Seniorenparteien in Europa war der Algemeen Ouderen Verbond [21] (Allge-

---

[21] http:// aov.nl/aov/

meine Partei für die Älteren) in den Niederlanden. 1993 vom damals über 70-jährigen Martin Batenburg in Eindhoven gegründet, richtete sie sich vor allem gegen Pensionskürzungen und Einsparungen im Gesundheitsbereich. Die Forderung nach Einfrieren der Mieten, mehr Sicherheit für die Fußgeher und häufigerer und billigerer öffentlicher Verkehrsmittel und Fürsorge für die Veteranen des Zweiten Weltkriegs und für Teilnehmer an Aktionen der UNO führten dazu, dass die AOV schon bei ihrem ersten Antreten auf kommunaler Ebene 5 Sitze im Gemeinderat von Eindhoven erreichte. Weitaus überraschender war aber, dass sie bei den darauf folgenden Wahlen mit 6 Sitzen in das niederländische Parlament einzog und gemeinsam mit der dort ebenfalls mit einem Sitz reüssierenden „Unie 55+" eine starke Opposition bildete. Die AOV wurde so auf Anhieb unter den 12 antretenden Parteien fünfstärkste mit 327.000 Stimmen. Die Fehleranalyse der politischen Mitbewerber hat sicherlich länger gedauert!

Auch die englische „The Pensioners Party", [22] der eine namensgleiche Partei in Schottland zur Seite steht, bemüht sich, nicht als „single-issue-partei" abgestempelt zu werden. Auch wenn sie sich als überparteilich darstellt und nur auf die 'grey vote' abzielt, will sie mehr sein: typischerweise gegen die EU, den Euro und das metrische Maßsystem, restriktiv in der Asylpolitik, gegen Besteuerung von Pensionisten und viele andere populistische Forderungen brachten aber – nicht zuletzt aufgrund des englischen Wahlrechts – keinen zählbaren Erfolg.

Einen bewusst anderen Zugang wählte die Deutsche Seniorenpartei (DSP) – Die Generationenverbindende, [23] was sie schon in ihrem Namen zum Ausdruck bringt. Ihr Gründungsanlass war die Diskussion um das Ausschließen von gewissen medizinischen Versorgungen für ältere Menschen, die teilweise von der jüngeren Generation begonnen, teilweise aber auch von Politikern unterstützt wurde („Mißfelderismus"). Die DSP verstand sich aber von Anfang an als Solidargemeinschaft, weshalb hier auch Jüngere zur Mitarbeit eingeladen sind. Entgegen den anderen vergleichbaren Parteigründungen verfügt diese Partei auch über Forderungen im Rahmen der Demokratiediskussion: neben „Einsparungen bei der politischen Klasse", ist das vor allem die Beibehaltung der vierjährigen Legislaturperiode und die stärkere Berücksichtigung der Rügen seitens der Rechnungshöfe. Auch Einsparungen bei den Verwaltungen der Rententräger und der Krankenkassen sind in anderen ähnlichen Parteiprogrammen nicht zu finden. Entgegen den Erfolgen der jungen Parteien erreichte die DSP nur bei den Kommunalwahlen in Hamm mit 1,6% einen Sitz. Bei der Landtagswahl von Schleswig-Holstein erzielte sie 2005 nur 0,2% der Stimmen. [24]

Junge Zukunft der Parteien

Doch auch Junge können und wollen generationenübergreifend Politik machen. So definiert sich die „junge partei deutschlands" (jpd) [25] als „ein Zusammen-

---

22 http://www.thepensionersparty.org

23 http://www.deutscheseniorenpartei.de

24 http://de.wikipedia.org

25 http://www.jungepartei.de

schluss junger Menschen aller parteipolitischer Richtungen, die in Deutschland wieder eine Politik sehen wollen, bei der die Bürger im Mittelpunkt stehen. Wir kritisieren an der derzeitigen Haltung aller großen Parteien, dass es das vorrangige Ziel geworden zu sein scheint, dem politischen Gegner zu schaden." Sie behaupten die Bedeutungslosigkeit parteilicher Jugendorganisationen und sehen daher ihre Tätigkeit für Junge als unverzichtbar." Dazu suchen wir den Dialog zu allen Gesellschaftsteilen, um ihre Erfahrungen und Kritik für uns zu gewinnen und einen Konsens zu schaffen, auf dessen Basis gegenseitige Akzeptanz und Fürsprache möglich ist." Bildungspolitik, ein vereinfachtes gerechtes Steuersystem, die Abschaffung aller Subventionen, den Abbau der Bürokratie und die Senkung der Staatsquote, ein Sozialsystem ohne Lücken, eine Rente mit starker Eigenbeteiligung, die Stärkung der EU, eine Außenpolitik im Rahmen der UNO, eine europaweite Berufsarmee, bei Abschaffung der Bundeswehr, Zivildienst für Männer und Frauen, Legalisierung von Cannabisprodukten ab 18, höheres Kindergeld, Niedrigere Einkommenssteuer, Entlastung der Unternehmen durch niedrigere Unternehmenssteuer, mehr Geld für Bildung, Forschung und Kultur, Einstellung von mehr Lehrern und Schuldenabbau stehen als Finanzierungansatz eine Erhöhung der Mehrwertsteuer auf europäischen Durchschnitt, höhere Steuern auf Mineralöl und Tabak, Steuern auf Cannabisprodukte, keine Steuerrückerstattungen, Privatisierungen, Zusammenlegung aller Krankenkassen, Zusammenlegung von Kranken- und Pflegeversicherung, Reduzierung der Verwaltungsbehörden, Verkauf aller Aktienpakete, mehr Eigenbeteiligung bei Rente, Spezialisierungsaufgaben der Bundeswehr in der Europaarmee gegenüber.

Neben diesen das Gute, Schöne und Unmögliche vertretenden Parteien sind es auch bei den Jungen auf der kommunalen Ebene erfolgreiche Parteigründungen, wie beispielsweise „Future – die Jugendpartei" [26]. Sie will, dass die Jugend wieder besser vertreten ist. 14- bis 34-Jährige – mit einem Altersschnitt von 23 Jahren – Schüler, Studenten, Arbeitnehmer, Selbstständige wollen die Jugendlichen wieder in die Politik und die Politik zu den Jugendlichen bringen.

Seit 1997 mit Infoaktionen u. ä. in Sachsen-Anhalt aktiv wurde sie von 72 vorwiegend jungen Leuten in Magdeburg gegründet und trat bei den Landtagswahlen 1998 in Sachsen-Anhalt erstmals an. Bei der Kommunalwahl 1999 in Magdeburg erreichte die Partei 1,6% der Stimmen und damit einen Sitz im Stadtrat, 2004 am bei 3,5% der Stimmen ein zweiter Sitz im Stadtrat dazu. Neben den zu erwartenden Themenfeldern Bildung und Ausbildung,

Arbeit und Wirtschaft, Umwelt und globale Entwicklung sind es vor allem soziale und gesellschaftliche Gleichberechtigung, für die diese Partei eintritt. Und der Wahlaufruf für die Landtagswahl 2006 ist auch schon da. [27]

Eine Berliner Jugendinitiative mit dem Namen „Jetzt Wir! Jugend ins Berliner Abgeordnetenhaus!" konnte allerdings nicht reüssieren. [28] Allerdings zeigen die

---

[26] http://www.jugendpartei.de

[27] Ganz aktuell – Landtagswahl 2006; Sammlung von Unterstützungsunterschriften mit Hilfe eines Internetaufrufes; htp://www.jugendpartei.de

[28] htp:/jetztwir.de; diese Liste war aber auch auf regionaler Ebene erfolgreich: sie erreichten in Lilienthal bei Bremen 4 von 33 Sitzen im Gemeinderat.

jungen Gruppen neue Möglichkeiten der vereinfachten Bürgerkommunikation: sie stellen ihre Flyer einfach als File ins Internet. Sie können so gleich weitergeschickt oder vor einer Verteilaktion immer aktuell heruntergeladen werden.

Ausschließlich kommunalpolitisch orientiert ist die „Wählervereinigung – KIDitiative", [29] ein Zusammenschluss von jungen Wählerinnen und Wählern in Bergisch Gladbach, die sich als Kinder- und Jugendpartei versteht. KIDitiative setzt sich für die Interessen von Kindern, Jugendlichen und jungen Eltern in Bergisch Gladbach ein. Sie beschäftigt sich im Wesentlichen mit jugendpolitischen Themen. Bei der Kommunalwahl 1999 erreichte die KIDitiative immerhin 4,6 Prozent und damit zwei Sitze im Rat der Stadt Bergisch Gladbach. Sie lehnt eine Parteibildung auf Landes- und Bundesebene aber ab. Die KIDitiative will Bergisch Gladbach zur familienfreundlichsten Stadt Deutschlands machen. Etablierte Parteien könnten von einigen Zugängen lernen: etwa Lebensräume sind Spielräume, weil Jugendliche zur gesunden Entwicklung Raum brauchen, nachhaltiger Schuldenabbau, kreativ mehr Geld erwirtschaften.

Eine bereits für die etablierten Parteien beängstigend erfolgreiche Entwicklung nahm PETO [30] (lat. „ich fordere"). 182 größtenteils junge Leute aus Monheim am Rhein erreichten bei der dortigen Kommunalwahl 1999 auf Anhieb 6,1 Prozent aller Stimmen und zogen mit zwei Mitgliedern in den Monheimer Stadtrat ein. Im September 2004 verbesserte sich dieses Ergebnis auf 16,6 Prozent, so dass mittlerweile sieben Ratsmitglieder für PETO die Interessen der Jugendlichen im Ort vertreten. Dabei war die erste Amtszeit im Rat nicht immer von Erfolgen gekrönt. Zwar gelang es der PETOFraktion, für die Einrichtung eines Jugendcafés zu werben und die Stadt dazu zu bewegen, jährlich sowohl am Aktionstag „Autofreier Sonntag" teilzunehmen als auch einen Umweltpreis für kreative Naturschutzideen auszuloben, doch die Forderung nach günstigeren Bustickets für Jugendliche ließ sich genauso wenig umsetzen wie die Einrichtung einer Radspur durch eine Monheimer Fußgängerzone.

Weder CDU noch SPD können ohne PETO klare Mehrheiten zustande bringen und in den Ausschüssen und Gremien der Stadt sitzen Jungpolitikerinnen und Jungpolitiker immer am Tisch, um mitzureden. Der Erhalt von Sportplätzen und Jugendeinrichtungen, aber auch Beiträge in allen städtischen Politikbereichen von der Kultur über die Finanzen bis hin zur Stadtplanung und Sozialem werden eingebracht. Gleichzeitig werden Jugendliche über Kommunalpolitik informiert und sie auf den Geschmack gebracht, selber aktiv zu werden. Wichtigste Programmpunkte sind ein Jugendcafé, ein Jugendparlament, freie Jugendarbeit, Haus der Jugend, Sport- und Spielplätze.

Die internationalen Beispiele zeigen das typische Charakteristikum von Protestparteien: überraschend große Wahlerfolge aufgrund der allgemeinen Unterschätzung einer Proteststimmung folgt sehr bald das Verschwinden der nicht auf festen Parteistrukturen aufbauenden Wahlbewegungen.

---

[29] http://www.kiditiative.de
[30] http://www.petoonline.de

Jung und alte Zukunft der Parteien

Für die bereits existierenden Parteien bedeutet es jedenfalls, dass sie keine einseitige Ausrichtung auf eine Altersgruppe durchführen dürfen. Wollen sie weiterhin überregional von Bedeutung sein, müssen sie auch junge Themen wahrnehmen. Auch wenn die Versuchung aufgrund der Demografie groß ist, der Mehrheit der Wähler – diese wird immer älter – mehr zu versprechen. Ob die Parteien in den Wahlkämpfen ihre Kampagnenformen ändern müssen, wird noch einer Diskussion bedürfen: gezielte Ansprache jugendlicher oder älterer Wähler oder einen Wahlkampf für alle, mit Inhalten, die unverbindlich sind. Eine gegabelte Wahlkampfstrategie – also zielgruppengemäße Aufsplitterung – reicht von einer unterschiedlichen Mediennutzung für verschiedene Altersgruppen bis zu unterschiedlichen Ansprachen in der direkten Ansprache vor Ort mit jeweils eigenen Foldern. Da die Jüngeren bei den privaten Fernsehsendern ihre Heimat haben, die Älteren bei den Kukident-Sendern (öffentlich-rechtlich) sind solche ausdifferenzierte Strategien durchaus zu gestalten, sie sind nur noch kostenintensiver und schwieriger als die schon bekannten Kampagnen.

Reduziert man diese Problematik wieder auf die Grundbefindlichkeit der Bevölkerung, dass „Soziale Balance" das Zukunftsthema der nächsten Jahre ist und alle anderen Themen zurückstehen müssen, hat jedenfalls eine Single-Issue-Partei keine guten Aussichten auf Erfolg. Der Erfolg der Grünen Parteigründungen war ja in den 80er Jahren ein Missachten des damals bedeutenden Umweltthemas durch die bestehenden Parteien. Seitdem sind die traditionellen Parteien schon sensibler für neue Themen geworden, was den Spielraum für Neugründungen massiv einschränkt. Die deutschen Beispiele zeigen nur die Inflexibilität der bestehenden Parteien, offensichtlich vor allem auf kommunaler Ebene „brennende" Fragen rechtzeitig aufzugreifen.

Zur Person: Univ.-Prof. Dr. Günther Burkert- Dottolo, Wahlforscher, Politologe und Zeithistoriker

Zur Person: Mag. Andreas Reiter, Zukunftsforscher

Werner Pleschberger

Generationengerechtigkeit im politischen Prozess – eine Spurensuche

Die Generationengerechtigkeit ist in Deutschland seit den neunziger Jahren zum Thema sozialpolitischer Debatten geworden (Tremmel 2003; von Lucke 2003; Hauch-Fleck 1997), während sie hierzulande erst mit Verspätung präsent wird. Im Hintergrund steht die Vermutung, dass sich zwischen den Generationen eine „Gerechtigkeitslücke" aufgetan habe, was im Sinne von mehr Gerechtigkeit zu lösen wäre. Das macht das Thema für Medien attraktiv, die mit Vorliebe Konfliktlagen thematisieren. [1] Zudem erklären die Trendforscher die Generationengerechtigkeit zum aufsteigenden Schlüsselwort des neuen Jahrzehnts (Opaschowski 2000). Parteipolitische Akteure „testen" die Brauchbarkeit des Themas mit Blick auf die Nationalratswahl im Jahre 2006. [2] Das für Wahlen typische Widerspiel von Regierung und Opposition wird wahrscheinlich die Generationengerechtigkeit zum Thema politischer Streite reifen lassen, in denen die politischen Akteure um die „Hauptkompetenz" für das attraktive gesellschaftspolitische Anliegen ringen werden. Gesamthaft stehen die Signale für den Aufwind der Generationengerechtigkeit in der Politik günstig.

Entstehung eines neuen ethischen Kollektivguts

Bei der Gerechtigkeit geht es prinzipiell um die Ausstattung einer Person oder einer Gruppe mit einem Gut, das politisch beeinflussbar ist. Im Vordergrund stehen dabei die Verteilungs- bzw. Teilhabegerechtigkeit. Die Forschung weist zahlreiche ungleiche Güterausstattungen bzw. Formen sozialer Ungleichheit nach (Berger 2005), die mit guten Gründen als ungerecht bewertet werden können. Sie finden sich in der Wirtschaft, bei der räumlichen Ausstattung von Menschen mit allgemeiner technischer oder sozialer Infrastruktur. Die These von der *Generationenlücke* markiert nun die Entdeckung einer neuen sozialen Ungerechtigkeit bzw. veränderungsbedürftigen sozialen Ungleichheit im Wohlfahrtsstaat, diesmal zwischen Kohorten bzw. Altersgruppen (Dallinger 2005).

Die Maxime der Generationengerechtigkeit lässt sich in ethischer Sicht als „gute Sache" verstehen, der alle nachrückenden und zukünftigen, noch nicht lebenden Menschen teil werden sollen. Sie hat Ähnlichkeiten mit den lange bekannten Kollektivgütern „Menschenrechte" oder „Umweltschutz".

Ein Wegbereiter für die Generationengerechtigkeit (umfassend Tremmel 2003) war der sog. Brundlandt-Bericht (1987), der die Doktrin der *nachhaltigen Ent-*

---

[1] Nach einer Auszählung finden sich in der Süddeutschen Zeitung von 1995/96 bis Anfang 2004 86 Artikel zum Thema Generationengerechtigkeit, ähnlich auch die Frankfurter Allgemeine Zeitung. Dabei nehmen die Artikel seit 2002 deutlich zu. Siehe Nullmeier 2004, S. 9

[2] Vor allem sozialdemokratische Repräsentanten haben das positive Assoziationsfeld der Generationengerechtigkeit entdeckt, um Wahlerfolge mit der von ihnen verantworteten „Politik der sozialen Gerechtigkeit" zu erklären (wie umgekehrt der österreichische Wähler angeblich neoliberale Positionen an der Wahlurne bestrafen würde).

wicklung formulierte, die mit den Beschlüssen der Rio-Konferenz 1992 zum globalen Leitbild mutierte. Im Kern steht die Norm, dass die heute lebenden Menschen ihre Bedürfnisse befriedigen sollen, ohne die Chancen der zukünftigen Generationen zu schmälern (S. 8). Es geht um die Heutigen im Verhältnis zu den Zukünftigen, und sofern hier eine Balance der berechtigten Erwartungen erkennbar ist, spricht man von Zukunftsfähigkeit oder Nachhaltigkeit. Nachdem anfangs umwelt- und ressourcenbezogene Aspekte der Zukunftsfähigkeit im Vordergrund standen, tritt die soziale Dimension langsam aus ihrer Stiefkindrolle heraus (für einen Überblick Littig/Grießler 2004). Damit wird die in der „Basisdefinition" angedeutete Thematik der *intergenerationalen Gerechtigkeit* in den Mittelpunkt gestellt. Einhergehend rückt auch die *intragenerationale Gerechtigkeit* in den Vordergrund (Tremmel 2003).

Der Wohlfahrtsstaat – zwischen uneingelösten alten Maximen und neuen Herausforderungen

Unser politisches System bezieht seine legitimatorische Kraft hauptsächlich aus der Verteilung und Steigerung von materiellen Leistungen an alle Bürger mit dem Ziel, ein Mehr an materieller Gerechtigkeit zu schaffen. Der im zurückliegenden „sozialdemokratischen Jahrhundert" (Ralf Dahrendorf) entwickelte Wohlfahrtsstaat liest sich als epochaler Versuch der Schaffung von sozialer Gerechtigkeit, den alle politischen und gewerkschaftlichen Massenorganisationen mitgetragen haben (Dahrendorf 1992). Parteien und Gewerkschaften können ihre Gerechtigkeitsziele mittels des Staates erfolgreich durchsetzen, was einen bis heute andauernden „sozialstaatlichen Verrechtlichungsschub" (Habermas 1981) sondergleichen entfesselte. Anders als in der kommunistischen Ideologie, die dem vorgeblichen Ziel anhing, die Menschen gleich zu machen, zielt das sozialdemokratische Denken bescheidener darauf, die Menschen etwas weniger ungleich zu machen (Noberto Bobbio). Gerechtigkeit bedeutet anders gesagt die *Vergrößerung* von sozialer Gleichheit gegenüber sozialer Ungleichheit. Weil es in der Gesellschaft aber immer Unterschiede geben wird, die mehr oder weniger mit guten Argumenten als Ungleichheit interpretiert werden kann, wird es nie eine gerechte Gesellschaft geben. Die Wohlfahrtsstaatspolitik korreliert mit objektiven Bedarfen und subjektiven Erwartungen. Die korrigierenden sozialen Leistungen knüpfen mit Ausnahme von beitragsgebundenen Versicherungsleistungen an den individuell spezifizierten Problemlagen und Bedürfnissen an, deren Befriedigung von den individuellen Beitragszahlungen *relativ* abgekoppelt ist. Die Bedarfsorientierung führt zu einem hohen Maß an sozialer Gleichheit bei der *Verteilung* der sozialen Hilfen, nicht bei ihrer Aufbringung. Demgemäß kommt es im heutigen Sozialstaat zur tendenziellen Entkoppelung zwischen dem marktförmig erzielten Einkommen und dem Niveau der sozialen Reproduktion insgesamt. So kann der Fall eintreten, dass Menschen durch Transferzahlungen ein annähernd gleiches oder manchmal sogar höheres Einkommen erzielen als mit ihrer Erwerbstätigkeit, was an den Gruppen der „working poors" oder der Landwirte gezeigt werden könnte.

Die Generationengerechtigkeit kreist um das Verhältnis der heute lebenden Älteren zu den nachwachsenden und zukünftigen Generationen. Das Miteinander zwischen den heute lebenden Älteren und den ihnen Nachwachsenden im Bereich der Rentenleistungen wird durch einen impliziten, nie geschlossenen Generationenvertrag institutionalisiert, der die Zukunft der Älteren mit Hilfe der nachwachsenden Jüngeren absichert (Nolte 2005). Allein die Aufrechterhaltung des heutigen Lebensstandards der Älteren wird in den entwickelten Wohlfahrtsstaaten im Bereich Pensionen oder Renten in einigen Jahrzehnten vielleicht 50 Prozent mehr als heute kosten, die Altenpflege vielleicht vier oder fünf Prozent des BIP (Esping-Andersen 2006). Nun wird der Generationenkompromiss strukturell sowie subjektiv in Frage gestellt. Für die jüngere Generation ist der Kompromiss nicht per se schlecht, sondern weil seine essentiellen Wirkungsvoraussetzungen nicht mehr als gerecht bezeichnet werden können (Diederichs 2004), was ein Indiz ist, dass gesellschaftliche Existenzbedingungen außer Kontrolle geraten. Die Jüngeren spüren oder erwarten steigende Anforderungen aus dem Generationenvertrag, bei zugleich unsicheren eigenen Erwartungen an seine Wohltaten. Im Pensionssystem müssen die demnächst aktiv ins Erwerbsleben Eintretenden mit den schon tätigen Jungen vergegenwärtigen, dass sie im Verlauf ihrer Arbeitskarriere einen steigenden Einkommensanteil zugunsten ihrer Vorläufergeneration werden abgeben müssen, ohne die Gewissheit zu haben, dass im Generationenfluss das Rentensystem für sie selbst noch gleichermaßen profitabel sein wird wie für die sog. „goldene Generation" der um das Jahr 1940 Geborenen. Tatsächlich sind die strukturellen Voraussetzungen für die Fortsetzung des Generationenkompromisses *fraglich* geworden. Nicht mehr sicher ist, ob die heutigen und nachwachsenden Generationen im Rahmen ihrer Wohlfahrtserwartungen bereit sein werden oder objektiv bereit sein können, steigende Zahlungen für ihre Vorgängergeneration zu leisten. Die Jüngeren müssen viele „Brötchen backen": für sich selber und ihre eigene Vorsorge, für ihre Kinder und für die Alten. Dafür werden sie ausreichend hoch bezahlte Erwerbsarbeit haben müssen, um die ihnen abgeforderte Rentenleistungen zu erwirtschaften. Die Krise des Arbeitsmarktes verspricht in der Zukunft vielen keineswegs nur qualifizierte Erwerbsarbeit, sondern auch Arbeit mit geringer Qualifikation auf wenig attraktiven Arbeitsplätzen, was dem objektiv steigenden Bildungs- und Ausbildungsniveau vieler Jüngerer zuwiderläuft und eine neue Quelle für soziale Enttäuschungen nähren wird. Weiters sollen die Nachwachsenden die demografische Basis des nach Konsumentenzahl steigenden Rentensystems sicherstellen. Tatsächlich sinkt in Österreich wie in vielen anderen westeuropäischen Ländern die Fertilität, was die Zahl der Beitrittszahler zum staatlichen Pensionsfonds (freilich in Abhängigkeit vom Pensionseintrittsalter) reduziert. Verantwortlich sind naturgemäß die Jüngeren, doch hat die Reproduktionsflucht schon vor rund 30 Jahren bei ihrer Vorgängergeneration eingesetzt. Offizielle Bevölkerungsprognosen sagen seit langer Zeit – ungehört – vorher, dass in den nächsten fünf Jahrzehnten annähernd Dreiviertel der demografischen Dynamik in Österreich auf die Einwanderung (und mit ihr auf die höhere Reproduktionsbereitschaft der Einwanderer) zurückgehen wird. [3]

[3] Vgl. Presseinformation der Statistik Austria mit dem Titel „Österreichs Bevölkerung wächst durch Zuwanderung. Wanderungsgewinne kompensieren Geburtendefizite" (Oktober 2005).

Wie es scheint ist der Bruch des Generationenvertrages bereits im Gange – man muss ihn nicht noch herbeireden. Wir stoßen heute an Strukturmängel des Systems der sozialen Sicherung, die Solidaritätserwartungen in Richtung Junge zum knappen Gut werden lassen. Eine neue deutsche Untersuchung (Dallinger 2005) zeigt, dass das institutionelle Vertrauen in die Rentenversicherung insgesamt rückläufig ist, was vom Alter nicht unabhängig ist. Das Vertrauen der Jungen ist deutlich niedriger als jenes der älteren Kohorten. Auch findet der Generationenvertrag bei den Jüngeren deutlich weniger Zustimmung, weil sie sich „angesichts der demografischen Entwicklung von den Beiträgen überfordert sehen und sie ihre Chancen gering einschätzen, im Alter abgesichert zu sein" (ebenda, S. 34). Besonders die Älteren über 60 Jahre sehen die Entwicklung dagegen deutlich positiv.

Ansätze zur Institutionalisierung der Generationengerechtigkeit im Staatshandeln

Demokratische Politik ist allgemein das Streben nach Bewältigung der Zukunft, dem die Anerkennung von Freiheit und Gleichheit der Menschen zugrunde liegt. Dabei sollen widrige Bedingungen gegenläufig zur Schicksalshaftigkeit gestaltet werden, sodass ein hohes Maß an Autonomie entstehe, wofür oder wogegen man mehrheitlich ist. Das Postulat der Generationengerechtigkeit „verlangt die Erweiterung der Handlungs- und Entscheidungsspielräume zukünftiger Generationen, mindestens aber die Sicherung gleicher Chancen auf politische Gestaltung" (Nullmeier 2004, S. 10). Zur Erreichung dieses Zieles gibt es interessante Vorschläge:

- *Generationenverträglichkeit als Verfassungsnorm:* Der politische Umgang mit dem Kollektivgut Umwelt zeigt, dass es möglich ist, den Umweltschutz prinzipiell außer Streit zu stellen und ihn in der einen oder anderen Weise als „Verfassungsgut" zu normieren, was viele europäische und außereuropäische Verfassungen belegen. In Österreich wurde mit dem Bundesverfassungsgesetz vom 27. November 1984 über den umfassenden Umweltschutz (BGBl. 491/1984) der Umweltschutz als „Bekenntnis" (§ 1, Abs. 1) in die Verfassung aufgenommen. Wenn man will kann man aus der Verfassungsnorm eine indirekte, moderate umweltbezogene Generationengerechtigkeit heraus lesen, soll doch die natürliche Umwelt als menschliche Lebensgrundlage bewahrt werden (§ 2). In ähnlicher Weise könnte die Generationenverträglichkeit in die Verfassung der Republik Österreich aufgenommen werden. Es gibt eine weltweite Tendenz, dass Verfassungen und Verfassungsentwürfe expressiv verbis die kommenden Generationen inhibieren. Ein Beispiel ist die nach dem Ende der Apartheid im Jahre 1994 verabschiedete Verfassung Südafrikas (Tremmel 2005).

  Es wäre also machbar, die Generationenverträglichkeit als Staatsziel oder weitergehend als Verfassungsprinzip zu normieren, was ihr ein höheres Gewicht geben würde. Würde man sie als subjektives öffentliches Recht (positiv oder negativ) ausgestalten, so wäre die Möglichkeit zur Einklagung beim Staat gegeben. Dies wirft allerdings die Frage der Klagslegitimation auf, d. h.

wer befugt sein soll, gegen die vermutete Verletzung von Interessen der zukünftigen Generationen oder der rechtlich unmündigen Personen aufzutreten. Im Naturschutz sind Klagseinbringungen bei Gericht „im Namen der Natur gegen ..." bisher an der Hürde der Klagslegitimation der Einbringer gescheitert. Weiterhin ist die Frage nicht einfach zu lösen, mit welchen Beweisen (Berechnungen) in einem Streitverfahren Verstöße gegen die Generationengerechtigkeit nachgewiesen werden müssen. Dies setzt die besonders exakte Klärung des Leitbildes voraus.

- *Institutionalisierung advokatorischer Vertreter:* Eine Lösung der angeführten Vertretungsproblematik könnte die gesetzliche Errichtung von Institutionen sein, die als legitimierte Sprecher für die zukünftigen Generationen auftreten. Im Natur- und Umweltschutz wird die Vertretung von Interessen der Natur und Umwelt von verwaltungsnahen „Anwälten" wahrgenommen, die eigene Anstöße geben, Stellungnahmen im Genehmigungsverfahren abgeben oder Kontakte mit interessierten Bürgern pflegen. Ihre Einrichtung begann in Österreich schon Anfang der siebziger Jahre (Pleschberger 1988). Zur Repräsentation des Anliegens der Generationengerechtigkeit im politischen Prozess werden nicht zufällig Einrichtungen wie ein Ombudsmann, eine Dritte Kammer, ein Zukunftsrat und ähnliches vorgeschlagen (Tremmel 2005). In der Schweiz haben prominente Juristen vorgeschlagen, Ombudsleute für die zukünftige Generation sprechen zu lassen. In Ungarn wurde 2002 ein Vorschlag zur Schaffung eines „Ombudsmannes für zukünftige Generationen" (wenn auch verengt auf Umweltschutzanliegen) ins Parlament eingebracht (ebenda). In Frankreich gibt es seit Jahren einen „Rat für die Rechte zukünftiger Generationen". Im Frühjahr 2004 wurde in Deutschland unter aktiver Mithilfe des Vereines „Berlinpolis. Politik für Morgen" ein „Innovationsrat für die nächste Generation" mit dem Ziel gegründet, für die nächste Generation wichtige Reformen im Bereich Bildung und Innovation voranzutreiben. [4] Die Vertretungseinrichtungen sollen Anstöße geben und das staatliche Handeln kontrollieren. Mit Blick auf die Kontrollfunktion hat die israelische Knesset im Jahre 2001 einen ständigen Ausschuss mit der Bezeichnung „Commission for Future Generations" geschaffen, der die Aufgabe hat, die Generationenverträglichkeit der gesetzgeberischen Initiativen zu prüfen. Der Ausschuss ist befugt, Gesetzesanträge einzubringen. Durch Verfassungsänderung richtete das finnische Parlament einen ständigen Zukunftsausschuss ein (seit März 2000), der sich mit allen Fragen beschäftigen kann, die für Finnlands Zukunft interessant sind (dazu zählen die Klimapolitik, Nutzung natürlicher Ressourcen, demografische Fragen, Bewertung wissenschaftlicher Studien etc.).
- *Prüfung der finanziellen Generationenverträglichkeit:* Im Kern der Prüfung der Generationenverträglichkeit steht die Prüfung der finanziellen Auswirkungen staatlicher Maßnahmen für zukünftige Generationen, da im Wohlfahrtsstaat die meisten Maßnahmen finanzielle Folgen nach sich ziehen, die erst in

---

[4] Näheres unter www.berlinpolis.de (aufgerufen am 10. 1. 2006)

der Zukunft schlagend werden. In diese Richtung gehen ambitionierte Initiativen der bundesdeutschen CDU. Auf dem Leipziger Parteitag der CDU am 1./2. Dezember 2003 brachte die Junge Union der CDU einen Antrag für eine „Initiative für mehr Generationengerechtigkeit in der Politik. Ein Beitrag zur Folgenabschätzung staatlichen Handelns" ein. Der Antrag macht den Versuch, die Generationenverträglichkeit näher zu definieren, was mit Hilfe von zwei Definiens erreicht werden soll. Ein definierendes Merkmal ist die *Verstetigung staatlicher Leistungen und Gegenleistungen über die Generationen* hinweg. Das zweite lautet: „*Künftige Generationen müssen bei gleicher Abgaben- und Steuerlast dieselben Leistungen von der staatlichen Gemeinschaft erhalten wie die heute lebenden Generationen. Die Leistungen müssen absehbar und zuverlässig sein*". Im praktischen Teil stellt der Antrag die Forderung nach einer „Generationenverträglichkeitsprüfung" zur Überprüfung der gesamtwirtschaftlichen Folgen von Bundesgesetzen auf. Schon kurze Zeit später brachte die CDU-CSU-Bundestagsfraktion einen Antrag zur „Einrichtung eines Zukunftsausschusses" (Drucksache 15/2387 vom 27. 1. 2004) im Deutschen Bundestag ein, der u. a. ein „Zugriffsrecht" auf sämtliche Gesetzesvorhaben haben sollte. Ihm sind Stellungnahmen zu den Auswirkungen einer Maßnahme auf die Generationengerechtigkeit vorbehalten; bei Maßnahmen mit besonderer fiskalpolitischer Relevanz soll er eine „umfassendere Generationenverträglichkeitsprüfung" vornehmen können. Damit will man vermeiden, dass heute gefällte Maßnahmen auf längere Sicht „immer einschneidendere Reformen nach sich ziehen". Der Antrag von CDU-CSU wurde am 30. 1. 2004 von der Mehrheit des Deutschen Bundestages zugunsten eines konkurrierenden Antrages von SPD und Grünen abgelehnt, der die Einrichtung eines parlamentarischen Beirates für nachhaltige Entwicklung anstrebte.

Zur näheren Umsetzung der finanziellen Generationenverträglichkeit gibt es auch in Österreich interessante Anknüpfungspunkte (Pleschberger 2003). Seit längerem müssen die zu erwartenden finanziellen Folgen von gesetzlichen Maßnahmen ausführlich dargestellt werden. Man kann die wirtschaftspolitisch intendierten EU-Regelungen im Artikel 104 EG-Vertrag zur Vermeidung „übermäßiger Haushaltsdefizite" als Absicht lesen, dass die heute Lebenden und Entscheidenden nicht zu hohe Defizite anhäufen, die später Lebende als Steuerzahler abtragen müssen. Die Einhaltung des EU-Stabilitätspaktes beweist, wie schwierig es ist, selbst moderate Regelungen in die Praxis umzusetzen. Zahlreiche Mitgliedstaaten verfehlen die Referenzwerte, was vom zuständigen Europäischen Rat mehrmals gegen den Willen der EU-Kommission im Interesse wichtiger Mitgliedsstaaten abgefedert wurde, was bedeutet, dass finanzpolitische Referenzgrößen hintangestellt werden können und folglich die Zahllast der zukünftigen Steuerzahler steigt. Der mit dem EU-Stabilitätspakt eng verknüpfte österreichische Konsultationsmechanismus zeigt, wie finanzielle Rücksichtnahmen möglicherweise institutionalisiert werden könnten. Er sieht vor, dass die gesetzgebenden Körperschaften Bund oder Länder nicht mehr widerspruchsfrei Entscheidungen treffen können, die den jeweils anderen sowie die Gemeinden als „Finanzpartner" belasten. Trifft nun, was häufig vorkommt, ein Bundesland eine seine Gemeinden finanziell belastende sozialpolitische Entscheidung (z. B. die Verkleinerung der Kleinkindergruppen im Kindergarten), so können die Gemeinden die Einberufung eines Konsultationsrates verlangen, in dem die Causa verhandelt werden muss, um zu den höheren Betreuungskosten eine einvernehmliche Lösung zu finden. Kommt kein Konsens zustande, muss die geplante Maßnahme zurückgezogen werden, außer die bestellende Körperschaft trägt grundsätzlich die Mehrkosten aus eigenem.

Das Veto-Prinzip, das die „Finanzpartner" im Verhältnis zueinander zulassen, wäre auch ein Gedankenanstoß für die Sicherung von finanziellen Generationengerechtigkeit im Verhältnis zwischen jüngerer und älterer Generation.

Voraussetzungen der Durchsetzung von Generationeninteressen in der politischen Willensbildung

Die Last der Propagierung und der Durchsetzung von Maßnahmen der Generationengerechtigkeit liegt bei den heute Jüngeren, weil die heute Älteren allgemein keinen materiellen Nutzen aus Korrekturen heutiger Verhältnisse erwarten können.

Auf dem Hintergrund mangelnder Solidaritätserwartungen stellen sich schwierige Fragen. Welche Mechanismen bewirken, dass im demokratischen Verfassungsstaat sich eine auf Generationengerechtigkeit gedachte Maßnahme durchsetzen kann? Im modernen Verfassungsstaat gibt es keine positiven Rechte, die Personengruppen exklusiv zuteil werden, sondern es sind in das System der politischen Willensbildung „eingelassene" institutionelle Mechanismen, die entscheiden, ob Bedürfnisse erfolgreich artikuliert werden können oder nicht.

Organisations- und Konfliktfähigkeit

In der Sicht der Theorie des organisierten Pluralismus versuchen organisierte Gruppeninteressen ihre Ziele von „außen" her den Regierenden bekannt zu machen und deren Entscheidungen zu beeinflussen. Die vom Staat gefällten Entscheidungen bilden die Schnittmenge der organisierten Interessen (Sebaldt 1997, S. 46). Zu kurz gekommene Interessen haben im Pluralismus die berechtigte Hoffnung, dass sie ihre Interessen „irgendwann" in der Zukunft stärker durchsetzen können, was eine gefällte Entscheidung legitimiert. Nun erreichen im System des Gruppenpluralismus nicht alle Interessen die Schwelle der Organisierbarkeit, um im pluralistischen „Konzert" teilzunehmen (Berger 1981, S. 21). Mittlerweile kann im Anschluss an Mancur Olson und Claus Offe die beobachtbare asymmetrische Organisations- und Konfliktfähigkeit von gesellschaftlichen Interessen näher erklärt werden (zusammenfassend Willems 2005). Im Olson'schen Dilemma sind große Gruppen schwerer organisierbar als kleine Gruppen, weil die Gruppengröße den Anreiz zur Organisierung vermindert (u. a. weil ein Verbandsmitglied nur einen geringen persönlichen Nutzen erwarten kann und weil unorganisierte Individuen von den Erträgen der Interessenspolitik nicht ausgeschlossen werden). Mit selektiven Anreizen kann die Bereitschaft zur Verbandsmitgliedschaft gestärkt werden (z. B. exklusive Service-Angebote an die Mitglieder). Anders als Olson stellt Offe (Offe 2003) die

Natur der Interessen und deren Chancen im institutionellen Systemkontext in den Mittelpunkt. Leichter organisierbar sind Personengruppen mit einem „Spezialinteresse", das ihnen „hinreichend deutlich und wichtig sein muss, sodass sie bereit sind, die benötigten Ressourcen beizusteuern" (S. 21). Das „starke" Motiv zur Verbandsbildung resultiert aus der Abgrenzbarkeit wirtschaftlicher Primärinteressen (wie Bauern, Arbeitern, Unternehmern u. a.). Allgemeine Bedürfnisse großer Gruppen, die außerhalb der Markt- und Verteilungssphäre liegen (wie Wohnen, Mobilität, Freizeit u. a.), sind im Vergleich schwerer organisierbar.

Auf diesem Hintergrund sind ethische Kollektivgüter schwer organisierbare Interessen. Deren Interessenten bilden eine große und sozial äußerst heterogene Gruppe, die biografisch zudem im Flusse ist. Ins Kalkül fällt auch, dass die Verbandsmitglieder im Regelfall Mitgliedschaftsrollen in konkurrierenden „Spezialverbänden" ausführen.

In der Wirklichkeit der Interessenvermittlung konnten sich vermeintlich schwache, allgemeine Interessen organisieren und es gelang ihnen auch, für ethische Kollektivgüter wie den Umweltschutz zahlreiche Unterstützer zu finden (Willems 2005, S. 30f). Ihr Unterstützerpotential ist wegen der freiwilligen Mitgliedschaft relativ fragil, d. h. die Mitglieder können jederzeit ausscheiden. Organisationen mit ethischen Zielen scheitern auch an innerer emotionaler Erschöpfung (Paris 1989), weil sich die interpersonalen Kontakte durch ständige Wiederholungszwänge zum Anliegen „auslaugen" können.

Die Organisierung der Generationengerechtigkeit ist am ehesten über einen ideellen Dachverband oder über eine Plattform [5] zu erzielen, die Interessierte übergreifend zusammenfasst und in ihrem Namen das verbindende ethische Anliegen „verwaltet" (unter weitgehender Abstraktion von den anderen Mitgliedschaftsrollen ihrer Mitglieder).

Eine wichtige Ressource der Interessendurchsetzung ist die Professionalisierung des Anliegens, d. h. die Anhäufung von Wissen in der Organisation mit der Kapazität, die Problemwahrnehmungen und politischen Lösungen im System von außen her zu beeinflussen. Hier ist die deutsche „Stiftung für die Rechte der zukünftigen Generationen" (gegründet Ende 1997) ein interessantes aktuelles Beispiel. Die Stiftung ist eine kleine, hoch professionalisierte NGO, die mit nachhaltigem wissenschaftlichen und publizistischem Engagement die Thematik der Generationengerechtigkeit verfolgt und von einem wissenschaftlichen Beirat und breit gestreuten Fördermitgliedern unterstützt wird. [6]

Ein organisiertes Interesse, das seine Ziele in der politischen Sphäre durchsetzen will, braucht eine ihm zurechenbare Konfliktfähigkeit, d. h. die „Fähigkeit

---

[5] Ein Ansatz in diese Richtung ist die im Juli 2005 gegründete überparteiliche Plattform *„Generationen. Miteinander..Stark"*, die allerdings gemessen an ihren Forderungen die Absicherung der heute lebenden älteren Menschen ohne erkennbare Zukunftskomponente anstrebt (z. B. laufende Pensionserhöhungen).

[6] Näheres unter http://www.srzg.de/ndeutsch/indndt.htm

einer Organisation bzw. der ihr entsprechenden Funktionsgruppe, kollektiv die Leistung zu verweigern bzw. eine systemimmanente Leistungsverweigerung glaubhaft anzudrohen" (Offe 2003, S. 22). Anders als Wirtschaftsverbände haben jene Interessen, die am Rande des Leistungsverwertungsprozesses stehen, auf der „pluralistischen Interessenbörse" eine verminderte Durchsetzungskraft. Ihre Chance zur Mitwirkung basiert auf der Fähigkeit, für das System brauchbare ethische Symbole zu erzeugen, die zu seiner Legitimation beitragen, weil sich ein demokratisches System nicht allein wirtschaftlich legitimieren kann, sondern einer diversifizierten Gesamtlegitimation mit ethischen Komponenten bedarf. Staatliche Politik fördert sie je nach Bedarf aktiv sowie selektiv. Offe spricht mit Blick auf die Beziehungen zwischen dem Staat und allgemeinen Interessen von einem verbreiteten „Verbandskolonialismus", durch den deren Organisationen in den Dienst der staatlichen Politik genommen werden, den er freilich in den Beziehungen zwischen Parteien und Jugend „weniger augenscheinlich" ausgeprägt sieht (23).

Die Konfliktfähigkeit ethischer Interessen entstünde demnach durch die gezielte Verweigerung systemwichtiger legitimatorischer Ressourcen, hier des Anspruches eines politischen Systems für das Ganze zukunftsorientiert und gerecht zu handeln. In diesem Fall muss eine günstige *„Opportunitätsstrukur"* für Protest vorhanden sein (Eisinger 1973).

Unterstellt sei an dieser Stelle, dass das Anliegen der Generationengerechtigkeit organisatorisch formiert ist und seine Konfliktfähigkeit den staatlichen Akteuren bewusst ist. Folgend müssen sich Maßnahmenvorschläge im operativen politischen Entscheidungsprozess behaupten, durch den alle noch so gut gemeinten Vorschläge hindurch müssen, um eine Chance auf Wirkung entfalten zu können.

Parteien, Parlamente, Wahlen und Mehrheitsregel als Einflussgrößen

Trotz der diagnostizierten Funktionsverluste der Parteien (Pleschberger 2002) bleiben sie die entscheidende Voraussetzung für das Eindringen einer Bedürfnisartikulation in die politische Sphäre (Offe 2003, S. 19). Ihnen kommt die Aufgabe zu, konkrete Interessen aufzugreifen und im Inneren des politischen Entscheidungsprozesses vorzubringen. Dieser Vorstellung entsprach am deutlichsten die Partei auf sozialer Klassenbasis, die die Interessen stabiler sozialer Großgruppen repräsentierte. In dem Maße, wie gesellschaftliche Modernisierungsprozesse zur Bildung pluraler Sozialmilieus mit differierenden Interessenlagen führen, wandeln sich die Parteien zur „Volkspartei" (von Beyme) oder „Massenintegrationspartei" (Poguntke). Für sie stellt sich der politische Erfolg ein, wenn es ihnen gelingt, eine „klassen-, schicht- und interessen-unspezifische breite Attraktivität" (Offe 2003, S. 20) zu erreichen. Dies zwingt sie, originäre Interessengegensätze zu verdrängen oder Interessen, die die Lösung sozialer Gegensätze anstreben, parteiintern nicht aufkommen zu lassen. *Die Chance des Anliegens der Generationengerechtigkeit läge demnach in den großen Parteien darin, dass es als großes, Gegensätze übergreifendes ethisches Anliegen mit Blick auf die Zu-*

kunft artikuliert wird, also einigermaßen allgemein verbleibt. Organisiert als soziales Cleavage, was es faktisch ist, liefe es Gefahr, schnell „ausgefiltert“ zu werden.

Das Parlament hat die Funktion, den politischen Willen des Volkes zu formen und mit Hilfe seiner Gesetzesbeschlüsse das Handeln der Exekutive zu steuern. Nachweislich ist die Initiativfunktion mehrheitlich auf die Exekutive übergegangen, die größtenteils bestimmt, womit sich das Parlament beschäftigt (was mittlerweile sogar auf Grundsatzprogramme zutrifft). Dies hat maßgeblich zur informellen Politisierung der Bürokratie beigetragen. *Die Durchsetzung des Anliegens der Generationengerechtigkeit erfordert es, dass die es verfolgende Organisation in den Vorhof der parlamentarischen Gesetzgebung eindringt und die politikformulierende Sachbürokratie berät und beeinflusst.*

Ein weiterer Filter sind die Wahlen, die in einem geregelten Verfahren den Volkswillen ermitteln. Bei den Wahlen nehmen naturgemäß nur die heute lebenden Erwachsenen mit Staatsbürgerstatus teil. Heranwachsende oder zukünftige Generationen sind bei den Wählern nicht vertreten. Da sie aber höchstwahrscheinlich von den Folgen heutiger Entscheidungen betroffen sein werden, ist es hier angebracht, über die Absenkung des Wahlalters nachzudenken, um die politischen Mitwirkungsrechte der heute lebenden jüngeren Menschen zu stärken, denen nach heutigem Recht altersmäßig erst später die Wahl erlaubt ist. Ein erster praktischer Anknüpfungspunkt ist die Herabsetzung des Wahlalters für Jugendliche bei kommunalen Wahlen auf das vollendete 16. Lebensjahr, was in Österreich und Deutschland (mit jeweils regionalen Ausnahmen) praktiziert wird. Die Reform des Wahlrechts lockert den bisherigen Zusammenhang zwischen dem Erwachsenenstatus und dem Wahlrecht (Pleschberger 2003). In dieser Hinsicht könnte ein erster Schritt sein, die neue Wahlalterregelung bei den kommunalen Wahlen auch bei den nationalen Wahlen anzuwenden. Im Wege eines Familienwahlrechts könnte ein Elternteil für seine Kinder ihrer Kopfzahl entsprechend zusätzliche Stimmen bei einer Wahl abgeben können. Radikaler ist der Vorschlag, Kindern und Jugendlichen im frühen Alter das persönliche Recht zum aktiven Wählen zu erlauben.

Hierher gehört auch die Befragung der Mehrheitsregel, ein weiteres Minimalia der Demokratie. Sie besagt, dass demokratische Entscheidungen darauf basieren, dass eine Mehrheit entscheidet, wobei ihre Entscheidung eine höhere „Richtigkeit“ vermuten lässt als die einer Minderheit. Jede Entscheidung erzeugt eine Minderheit, die mit der Entscheidung nicht einverstanden sein kann. Unter optimalen Umständen wird die Minderheit die Entscheidung nicht obstruieren, weil sie wie die Mehrheit der Ansicht ist, dass beide eine politische Gemeinschaft bilden, in der alle Verantwortung tragen. Wenn eine Mehrheit ihre Stärke missbraucht, würde die Demokratie kollabieren. Hinzu tritt die Annahme, dass nach Wahlen Mehrheit und Minderheit ihre Rollen wechseln können. Die Periodizität macht Entscheidungen für die Minderheit prinzipiell „erträglicher“. Autoren wie Claus Offe haben die Mehrheitsregel mit Blick auf die mit ihrer Hilfe entschiedenen Sachfragen beurteilt. Für Offe können „legitimerweise“ nur Sachfragen entschieden werden, von denen anzunehmen ist, dass „sie jedenfalls im Prinzip revidierbar, reversibel oder hinsichtlich ihrer negativen Konsequenzen korrigierbar sind" (Offe 1984, S. 164). Da es keine irgendwie wichtige politische Sachentscheidung gibt, die vollumfänglich rückgängig zu machen ist, appelliert diese Überlegung daran, Sachfragen nach dem Gewicht ihrer möglichen Folgen zu differenzieren, um den Horizont der Entscheidungen für spätere Entscheider bzw. Betroffene nicht zu weit einzuschränken. Naheliegend trifft dies für Entscheidungen in der Umwelt- oder Energiepolitik zu, die unter Umständen tausendjährige Konsequenzen haben können (z. B. die Endlagerung radioaktiven Abfalls). In letzter Konsequenz kommt hier die Entscheidung zur Nichtentscheidung ins Spiel, um die Zukunft offen zu halten. Realistischer ist die Position der *Mäßigung* bei Mehrheitsentscheidungen.

Die Mehrheitsregel erlaubt prinzipiell, dass eine Mehrheit die einmalige Entscheidung fällt, zukünftig eine ethische Maxime einzuhalten, sei es auch dadurch, dass bestimmte konkrete Entscheidungen nicht mehr zur Abstimmung gestellt werden, weil sie einmal „vorentschieden" wurden.

Politiker und Wähler – kurzfristiges Denken bevorzugt

Das Handeln der politischen Akteure wird von zahlreichen Einflussfaktoren gesteuert, deren Relevanz sich erst im Handlungsprozess herausstellt. Politische Akteure *können* sich an Eigen- oder Gemeinwohlinteressen orientieren, die in der Realität in Konkurrenz stehen und sich mischen werden. Im Rahmen der Neuen Politischen Ökonomie werden politische Akteure (Politiker, Bürokraten und Wähler) als eigennützige politische Akteure modelliert, die nach einer Kosten-Nutzen-Abwägung die Handlung auswählen, die ihnen den größten Nutzen verspricht. Demgemäß beurteilen Politiker eine Handlung bevorzugt in Hinblick auf ihre vermuteten Wiederwahlchancen. Dies führt dazu, dass

- Maßnahmen mit einem kurzfristigen Nutzen, der den Wählern möglichst bei der Wahl noch bewusst ist und die spürbare Vorteile kommunizieren (die möglichst mit einem Politiker personalisierbar sind)
- Belastungen möglichst vermieden werden bzw. Belastungen, die in späteren Zeiten schlagend werden bzw. spätere Generationen betreffen,

präferiert werden, sodass – wenn überhaupt – langfristige Ziele ebenfalls nur dann eingenommen werden, wenn Politiker glauben, mit ihnen ihre Wiederwahl sichern zu können.

Boettcher/Tremmel (2005) haben untersucht, welche Umsetzungschancen eine Politik mit dem Ziel hätte, die beliebte Politik der kreditfinanzierten Staatsverschuldung zu korrigieren, welche die Kosten des Staatshandelns bekanntlich auf die künftigen Generationen überwälzt, den Nutzen aber schon heute konsumierbar macht. Als distributive Politik eignet sie sich zur Befriedigung von Interessen hoch organisierter Gruppen, die zusätzliche Subventionen etc. bekommen. Im Vergleich sind zur Befriedigung allgemeiner Interessen bzw. für die Realisierung ethischer Kollektivgüter meistens Umverteilungsmaßnahmen erforderlich, die einen großen Konsensbedarf erzeugen. So impliziert die Maxime der Generationengerechtigkeit eine Umverteilung von den Älteren auf die Jüngeren, von den Heutigen auf die zukünftigen Generationen. Anders ist der

Befund im Falle der Einführung von Defizitobergrenzen. Die Effekte von Konsolidierungsmaßnahmen sind redistributiv, während der Nutzen langfristig zu erwarten ist. Sie sind eher unwahrscheinlich. Im politökonomischen Szenario ergibt sich die kleine Chance, dass jüngere Politiker der Verführung der wachsenden Kreditfinanzierung des staatlichen Budgets nicht erliegen bzw. für ein generationengerechtes finanzielles Staatshandeln eintreten, weil sie im Rahmen ihrer Politikerkarriere nicht mehr mit Sicherheit erwarten können, „die Kosten ihres finanzpolitischen Handelns vollständig auf andere – v. a. auf künftige Generationen – abzuwälzen" (S. 41). Damit deutet sich bei der finanziellen Generationengerechtigkeit ein Gegensatz zwischen „jüngeren und vorausschauenden" und „gegenwartsorientierten" Politikern an (ebenda S. 42).

Betrachtet man abschließend den Wähler als politischen Akteur, so ist folgendes anzunehmen. Die Auflösung des sozialen „Generationenkitts" in den entwickelten Gesellschaften durch die steigende Zahl älterer Menschen oder von kinderlosen Einzelhaushalten bedeutet unmittelbar, dass beim Wähler die Orientierung an den individuellen Gegenwartspräferenzen zunimmt. Davon sind die Jüngeren nicht auszunehmen.

Modelliert als individuelle, rationale Wähler haben beide keinen besonderen Anreiz zur Teilnahme an einer Wahl, müssen sie doch annehmen, dass ihre individuelle Stimmabgabe keinen messbaren Einfluss auf den Ausgang einer Wahl haben wird. Sie werden nicht viel Zeit oder Geld in die Wahl „investieren" wollen (z. B. in Kosten für Informationsbeschaffung). Für die Teilnahme an der Wahl werden externe Motive (wie „Treue" zu einer Partei etc.) ausschlaggebend. Nach wahlsoziologischen Untersuchungen müssen wir annehmen, dass Stammwähler häufiger ältere Wähler sind und auch solche, die häufiger ihre Stimme abgeben. Damit können sie, entsprechende Angebote vorausgesetzt, bei den Wahlen eine stärkere Bedeutung erreichen.

Jüngere Wähler erreicht man eher über informationsorientierte Angebote. Durch das steigende Bildungsniveau können sie komplexe Informationen verstehen, die für eine neue Generationenpolitik werben. Unter Bedingungen der personalisierten Politik braucht das Anliegen der Generationengerechtigkeit weiterhin einen Politiker, der es zu „seinem" Zukunftsprogramm macht und mit hoher *Leadership-Orientierung* im politischen Prozess vertritt. Wenn ihm glaubwürdige und rofessionalisierte Berater beiseite stehen, dann ist eine weitere notwendige Bedingung für die Durchsetzungsfähigkeit einer neuen Idee im politischen Prozess vorhanden.

Zur Person: ao.Univ.Prof. Dr. Werner Pleschberger, Institut für Wald-, Umwelt- und Ressourcenpolitik, Dep. für Wirtschafts- und Sozialwissenschaften an der Universität für Bodenkultur

Literaturverzeichnis

Berger, P. A. (2005): Deutsche Ungleichheiten – eine Skizze, in: Aus Politik und Zeitgeschichte 37, S. 7-16

Berger, S. (1981): Introduction, in: dies. (Hrsg.): Organizing Interests in Western Europe: Pluralism, Corporatism and the Transformation of Politics, Cambridge, S. 1-23

Boettcher, F./Tremmel, J. (2005): Generationengerechtigkeit in der Finanzverfassung, Studie der Stiftung für die Rechte zukünftiger Generationen, Oberursel (aufzurufen unter www.srzg.de)

Dahrendorf, R. (1992): Der moderne soziale Konflikt. Essay zur Politik der Freiheit, Stuttgart

Dallinger, U. Generationengerechtigkeit – Wahrnehmung in der Bevölkerung, in: Aus Politik und Zeitgeschichte 8, S. 29-37

Diederichsen, U. (2004): Generationengerechtigkeit und Unterhaltsrecht, in: DRV-Schriften 51, S. 106-116

Eisinger, P. K. (1973: The Conditions of Protest Behavior in American Cities, in: American Political Science Review 67, S. 11–28

Esping-Andersen, G. (2006): Kinder und Rente: Welchen Wohlfahrtsstaat brauchen wir? In: Blätter für deutsche und internationale Politik 1/2006, S. 52-64

Habermas, J. (1981): Theorie kommunikativen Handelns, Band 2, Frankfurt/Main

Hauch-Fleck, M.-L. (1997): Der Abschied vom Generationenvertrag belastet vor allem die Jüngeren, in: Die Zeit, 12

Littig, B./Grießler, E. (2004): Soziale Nachhaltigkeit, in: Informationen zur Umweltpolitik 160, Wien

Lucke, A. von (2003): Generationengerechtigkeit als Kampfbegriff, in: Blätter für deutsche und internationale Politik, 9, S. 1055-1059

Nolte, E. (2005): Soziale Gerechtigkeit in neuen Spannungslinien, in: Aus Politik und Zeitgeschichte 37, S. 15-22

Nullmeier, F. (2004): Die politische Karriere des Begriffs „Generationengerechtigkeit" und seine wissenschaftliche Bedeutung, in: Generationengerechtigkeit 3, S. 9-10

Offe, C. (1984): Politische Legitimation duch Mehrheitsentscheidung?", in: *Guggenberger B./Offe C.* (Hrsg): An den Grenzen der Mehrheitsdemokratie, Opladen 1984, S. 150-183

Offe, C. (2003): Politische Herrschaft und Klassenstrukturen. Zur Analyse spätkapitalistischer Gesellschaftssysteme, in: ders.: Herausforderungen der Demokratie. Zur Integrations- und Leistungsfähigkeit demokratischer Institutionen, Frankfurt am Main, S. 11-41

Paris, R. (1989): Situative Bewegung. Moderne Protestmentalität und politisches Engagement, in: Leviathan 3, S. 323-335

Pleschberger, W. (1988): Umweltanwaltschaft – Bürgerbeteiligung – Verwaltungsreferendum. Chancen und Grenzen der politischen Integration in der Ära der Fortschrittskonflikte. Mit einem Vorwort von Manfried Welan, Wien

Pleschberger, W. (2002): Parteireformen im Schatten kritischer Parteien-Diskurse und Modernisierungszwänge. Chancen und Grenzen am Beispiel.. In: *Brünner, Ch., Mantl, W., Noll, A., Pleschberger, W.* (Hrsg.): Kultur der Demokratie – Festschrift für Manfried Welan zum 65. Geburtstag. Wien-Köln-Graz: Böhlau, S. 297-338

Pleschberger, W. (2003): Cities and municipialities in the Austrian political system since the 1990s. New developments between „efficiency" and „democracy". In: *Kersting N./Vetter, A.* (Hrsg.): Reforming Local Government in Europe, S. 113-136

Sebaldt, M. (1997): Organisierter Pluralismus. Kräftefeld, Selbstverständnis und politische Arbeit deutscher Interessengruppen. Opladen

Tremmel, J. (2003): Generationengerechtigkeit – Versuch einer Definition, in: SRzG (Hg.): Handbuch Generationengerechtigkeit, München, S. 27-80

Tremmel, J. (2005): Generationengerechtigkeit in der Verfassung, in: Aus Politik und Zeitgeschichte 8, S. 18-27

Willems, U. (2005): Die Organisations- und Konfliktfähigkeit von Interessen *revisited*, in: *Geis, A./Strecker, D.* (Hrsg.): Blockaden staatlicher Politik. Sozialwissenschaftliche Analysen im Anschluß an Claus Offe, Frankfurt/New York, S. 27-39

Thomas Uher

Nachhaltigkeit als „Kitt“ zwischen den Generationen

Die Debatte um die Konsequenzen der demografischen Entwicklung für Jung und Alt – immer weniger jüngere Menschen müssen via Umlageverfahren immer mehr ältere Menschen finanzieren – macht einerseits deutlich, dass sich mitten in der Gesellschaft eine neue Gerechtigkeitslücke auftut, derer sich Politik und Bürgergesellschaft annehmen müssen. Andererseits stellt die demografische Entwicklung den bisher geltenden Gerechtigkeitsbegriff und die damit verbundenen politischen Konzeptionen grundsätzlich in Frage – er scheint nicht dazu in der Lage zu sein, Gerechtigkeit in Bezug auf künftige Entwicklungen und Generationen zu gewährleisten. Ich möchte daher dafür plädieren, das Prinzip der Nachhaltigkeit als politisches Zukunftsprinzip zu begreifen – und anzuwenden –, das nicht nur im Bereich der Ökologie Gültigkeit hat, sondern auch den gesamten Sozialbereich umfasst. Weder Etatismus auf der einen Seite noch Wirtschaftsliberalismus auf der anderen, sondern der Weg der Nachhaltigkeit führt uns in eine gerechte und sichere Zukunft.

Was ist nachhaltig?

Nachhaltigkeit ist ein Begriff, der seit dem Brundtlandreport [1] nicht mehr aus der Politik wegzudenken ist. Dass die breite Öffentlichkeit mit dem Begriff Nachhaltigkeit noch nicht allzu viel verbinden kann, liegt wohl nicht nur an der „Jugend“ des Konzepts als umweltpolitisches Paradigma, sondern auch an den unterschiedlichen Definitionen und an der Komplexität diverser Nachhaltigkeitskonzepte, bis hin zur intellektuell sehr anspruchsvollen Nachhaltigkeit, die auf eine eigene ökosophische Weltanschauung verweist.

Dabei ist das Prinzip der Nachhaltigkeit schon ein wenig länger bekannt und in Anwendung: Seinen ersten urkundlichen Niederschlag fand es in der Forstordnung des Klosters Mauern-Münster im Elsaß aus dem Jahr 1144, wo es hieß, dass man nur so viel Holz ernten solle, wie nachwächst. Eine einfachere, verständlichere und überzeugendere Erklärung nachhaltigen Verhaltens gibt es nicht. Nachhaltig ist somit eine Entwicklung, die den Bedürfnissen der heutigen Generationen gerecht wird und zugleich die Möglichkeiten zukünftiger Generationen sicherstellt.

Ideologie- und Inflationsgefahr

Neben der Gewährleistung der allgemeinen Verständlichkeit des Nachhaltigkeitsbegriffs stellen die zahlreichen Bemühungen zur ideologischen Instrumen-

---

[1] 1987 veröffentlichte die von den Vereinten Nationen gegründete Weltkommission für Umwelt und Entwicklung unter dem Vorsitz von Gro Harlem Brundtland ihren Zukunftsbericht „Unsere gemeinsame Zukunft“, in dem erstmals das Leitbild einer Nachhaltigen Entwicklung auftauchte. Der Bericht beeinflusste die internationale Debatte über Entwicklungs- und Umweltpolitik maßgeblich. Er war auch der auslösende Hauptfaktor für die Umweltkonferenz in Rio de Janeiro 1992.

talisierung von Nachhaltigkeit eine weitere Herausforderung dar, wenn es darum geht, das Nachhaltigkeitsprinzip breitenwirksam zu propagieren. Während manche Autoren so weit gehen, den Gedanken der Nachhaltigkeit gar in die Utopie eines „Ökosozialismus“ zu gießen – und dabei noch ignorieren, dass der real existierende Sozialismus das genaue Gegenteil von Nachhaltigkeit brachte –, läuft der Nachhaltigkeitsbegriff auf der anderen Seite Gefahr, durch seine inflationäre Verwendung an Gehalt zu verlieren. „Nachhaltige Lösungen“ sind überall gefragt – wer in Wirtschaft und Politik etwas auf sich hält, der verwendet den Nachhaltigkeitsbegriff. Wirtschaftlich motivierte Marketing-Taktik im zeitgemäßen Corporate-Social-Responsibility-Design redet genauso von Nachhaltigkeit wie die traditionelle Globalisierungs- und Kapitalismuskritik – gemeint ist allerdings jeweils etwas anderes, nämlich die Verbrämung eigener Interessen mit Nachhaltigkeitsrhetorik.

Ökologie oder Ökonomie?

Gerade in Zusammenhang mit ideologisierten Nachhaltigkeitsdiskussionen muss man sich klar gegen die – oft gehörte – Formulierung eines Gegensatzes zwischen Ökonomie und Ökologie aussprechen. Jede Polemik gegen wirtschaftliche Rationalität ist schon deshalb völlig fehl am Platz, weil Effizienz – das Kernelement wirtschaftlicher Rationalität – rein formal verstanden und daher sowohl mit guten als auch mit schlechten Zwecken verbunden werden könne. So argumentiert der Philosoph Vittorio Hösle: „Es ist anzuerkennen, dass eine Universalisierung des Gedankens des Marktes sehr wohl der richtige Ansatz ist, um den Schutz kommender Generationen zu verstärken (...). Nur das Steigen des Preises eines knapper werdenden Gutes schafft Anreize, mit dem Gut sparsamer umzugehen bzw. das Angebot zu erhöhen.“ Nachhaltigkeit und Ökonomie sind kein Gegensatz – im Gegenteil: wer nachhaltig handelt, handelt langfristig am Ökonomischten.

Nachhaltigkeit pur

Was Nachhaltigkeit im konkreten wirtschaftlichen Alltag bedeutet und wie sich nachhaltiges Denken und Handeln in der Wirtschaft realisiert, dafür ist die Österreichische Bundesforste AG ein Paradebeispiel. Wir tragen Verantwortung für das Naturland Österreich. Wir betreuen und bewirtschaften 10% der Staatsfläche – und sind damit größter Naturraummanager, größter Forstbetrieb und größter Jagdflächen- und Fischereigewässerinhaber. Beim Umgang mit der Natur ist für uns das Prinzip der Nachhaltigkeit die unbedingte Prämisse unseres Handelns: der Natur entnehmen wir nur jenen Rohstoff, den sie auch nachproduziert. An diesem ökologischen Ansatz orientiert sich auch unsere ökonomische Perspektive: die jährlich erwirtschafteten Überschüsse kommen der Substanz des Unternehmens zugute.

Nachhaltig wachsen

Die Österreichischen Bundesforste haben sich in den vergangenen Jahren in immer neue Geschäftsbereiche entwickelt. Von der Biomasse über Wasser und Tourismus bis hin zum Consulting reicht die Bandbreite. Was trotz aller Erweiterungen des Geschäftsgegenstandes gleich geblieben ist, ist der forstwirtschaftliche und damit per se nachhaltige Ansatz des Wirtschaftens. Im Vordergrund steht das für uns selbstverständliche Denken in langfristigen und nachhaltigen Dimensionen. Für uns ist es daher keine Frage, dass ökologisches Denken langfristig gedacht auch ökonomisch Sinn macht – und gleichfalls nicht überraschend, dass nur der nachhaltige Erfolg auch der wirklich zielführende Weg ist. Ebenfalls integraler Teil unserer Unternehmensphilosphie ist, dass das eigentliche Ziel eines Unternehmens nicht im kurzfristigen Profit, sondern im langfristigen Bestehen liegt. Dieser grundlegende Ansatz wird – davon bin ich überzeugt – auch im Wirtschaftsleben jenseits der Forstwirtschaft immer wichtiger. Er ist kein Gegenkonzept, sondern ein Entwicklungskonzept für Unternehmen und Wirtschaft, das auch neue Parameter zur Bewertung wirtschaftlicher Leistungskraft nach sich zieht: Die Bundesforste verfügen als einziges Unternehmen eine Nachhaltigkeits-Sollgröße – das nachhaltige Holzernteziel („Hiebsatz"), das für uns eine der zentralen Unternehmenskennziffern darstellt. Weil nachhaltiges Wachstum für uns eine grundlegende Unternehmensstrategie ist, haben wir zudem mit dem Sustainability Balanced Scorecard ein neues Instrument entwickelt. Es dient zur Überprüfung des nachhaltigen Erfolgs und ist daher um die Dimensionen Natur und Gesellschaft erweitert. Die 20 Kennzahlen des Sustainability Balanced Scorecard umfassen etwa den Erholungsfaktor, die Mitarbeiter-Zufriedenheit, Naturschutzaktivitäten oder die Nutzung erneuerbarer Ressourcen. Wenn es eine Branche gibt, die sich als Mutter des Nachhaltigkeitsprinzips bezeichnen kann, dann ist es die Forstwirtschaft. Das wird auch von der Öffentlichkeit mehr und mehr anerkannt: Nach einer Studie des Instituts Integral sehen die Österreicherinnen und Österreicher die 1997 aus der Bundesverwaltung ausgegliederten und zu einem Unternehmen neugegründeten Bundesforste als nachhaltiges Unternehmen mit großer Öko-Kompetenz.

Balance entscheidet

Ein Erfolgsfaktor der Nachhaltigkeitsstrategie der Österreichischen Bundesforste AG ist die Moderation und Mediation von Interessen. Der nachhaltige Erfolg ist stets von drei Säulen determiniert: von ökologischen Erfordernissen, gesellschaftlichen Ansprüchen und wirtschaftlichen Notwendigkeiten.

Die ökologische Säule fußt bei uns auf den Prinzipien:
- Naturnahe Bewirtschaftung
- Naturerhaltung & Landschaftspflege
- Ausbau der Naturschutzkompetenz

Bei der gesellschaftlichen Säule stehen folgende Ziele im Mittelpunkt:
- freier Zugang zu Seen und Wäldern
- Sicherung von Erholungsraum
- Substanzerhaltung

im Mittelpunkt.

Und im wirtschaftlichen Bereich geht es klar um
- bestmögliche wirtschaftliche Ergebnisse und
- Sicherung der langfristigen Lebens- und Wertschöpfungsfähigkeit

Diese drei Säulen bilden das Fundament für unser unternehmerisches Streben, das stets um den Ausgleich zwischen drei Spannungsfeldern bemüht ist: ökologische Ziele, gesellschaftliche Interessen und wirtschaftliches Bewusstsein müssen permanent in ihrem Verhältnis zueinander neu bewertet und ausbalanciert werden.

Dieses Balancedenken ist auch für das gesamte Wirtschafts- und Sozialsystem von Bedeutung. Damit es stärker gefordert und gefördert wird, ist ein entsprechender ordnungspolitischer Rahmen notwendig, den wir weder im Etatismus noch im Wirtschaftsliberalismus, sondern im Modell der nachhaltigen Entwicklung verwirklicht sehen. Freiheit, Leistung, Solidarität, Nachhaltigkeit: Das sind die Grundwerte und Eckpfeiler, zwischen denen eine ausgewogene Balance herrschen muss. Wirtschaftliche Freiheit ist die Grundlage für wirtschaftliche und soziale Leistung, welche die Zukunftschancen der kommenden Generationen nachhaltig sichert – genau das ist der Garant für eine nachhaltige Entwicklung. Die Balance hin zu mehr Nachhaltigkeit ist somit eine Herausforderung auf mikro- wie auf makroökonomischer Ebene.

Nachhaltigkeit modernisiert

Ein wichtiger Aspekt nachhaltiger Entwicklung ist, dass darunter keine politische Retrobewegung verstanden werden darf, wie das manche Akteure aus dem alternativen Lager sehen. Die Devise „Zurück zur Natur" ist eine unzulässige Verkürzung des Nachhaltigkeitsgedankens – mit biologistischen gesellschaftspolitischen Implikationen, die mit unserer liberalen Demokratie nicht vereinbar sind. Nachhaltigkeit ist kein Retroprojekt: Sie zielt durchgängig auf Modernisierungsszenarien ab, welche die traditionellen Bedrohungsszenarien ablösen, wie wir sie aus ökologischen und entwicklungspolitischen Debatten kennen. In diesem Sinn ist Nachhaltigkeit ein paradigmatisches Entwicklungskonzept auch für die Wissensgesellschaft.

Europa und Nachhaltigkeit

Das aus der Forstwirtschaft stammende Nachhaltigkeitsprinzip besitzt freilich nicht nur für den Umweltbereich Relevanz. Auch in sozialen Fragen ist Nachhaltigkeit gefragt. Die Verankerung des Nachhaltigkeitsgedankens im Sozialbereich ist freilich noch relativ jung. So betont die von der EU ins Leben gerufene Nachhaltigkeitsstrategie, dass Wirtschaftswachstum, sozialer Zusammenhalt und Umweltschutz Hand in Hand gehen und weiter ausgebaut werden müssen. Seit dem Amsterdamer Vertrag 1997 verpflichtet sich die Europäische Union zur Integration der Erfordernisse des Umweltschutzes in alle anderen Politikbereiche, um die nachhaltige Entwicklung zu fördern. Auf Basis mehrerer Beschlüsse der Staats- und Regierungschefs bei Tagungen des Europäischen Rates wurde konkrete Strategien für Bereiche wie Energie, Landwirtschaft, Verkehr und Binnenmarkt umgesetzt. Die Verbindung von Wirtschaftspolitik mit Beschäftigungs- und Sozialpolitik im Rahmen der Lissabon-Strategie ist eine der wichtigsten laufenden Initiativen der EU. Die Lissabon-Strategie hat zum Ziel, Europa zum wettbewerbsfähigsten und dynamischsten wissensbasierten Wirtschaftsraum in der Welt zu machen. Es geht um ein dauerhaftes Wirtschaftswachstum mit besseren Arbeitsplätzen und einem größeren sozialen

Zusammenhalt. Beim Europäischen Rat von Stockholm wurde – auf österreichische Initiative – die Lissabon-Strategie um die bis dahin fehlende Umweltdimension ergänzt. Die EU hat sich damit auf höchster politischer Ebene zur Integration der drei Säulen der Nachhaltigkeit bekannt. Die vier inhaltlichen Prioritäten der EU-Nachhaltigkeitsstrategie sind: Klimaschutz, Schutz der natürlichen Ressourcen, Verkehr und öffentliche Gesundheit.

Österreichische Nachhaltigkeitsstrategie

Auch Österreich verfügt über eine eigene Nachhaltigkeitsstrategie. Die österreichische Bundesregierung hat in einem intensiven Dialog mit vielen gesellschaftlichen Gruppen Leitlinien auf dem Weg zu einem nachhaltigen Österreich entwickelt. Dabei stehen Wirtschaftsfragen, Umweltprobleme und soziale Aspekte gleichermaßen im Blickpunkt. Es geht darum, auf ein Wirtschaftswachstum zu setzen, das für die Umwelt verträglich ist, sowie um Rahmenbedingungen, die Armut bekämpfen. Erstellt wurde die Strategie von einer Expertengruppe aus Vertretern der Ministerien, Länder und Gemeinden, Sozialpartner, Interessenvertretungen und NGO-Plattformen. In einem parallel laufenden, breit angelegten Feedback-Prozess mit zahlreichen Veranstaltungen und Internet-Dialogforen wurde die Partizipation auf eine breite Basis gestellt. Diese Vorgangsweise verweist auf einen wichtigen Aspekt nachhaltiger Entwicklung: Nachhaltige Entwicklung lässt sich nicht deklaratorisch festlegen, sondern kann nur durch einen dynamischen Lern- und Gestaltungsprozess realisiert werden. Das gilt für Volkswirtschaften genauso wie für Unternehmen oder Einzelpersonen. Die österreichische Nachhaltigkeitsstrategie

- zeigt detailliert auf, welche Probleme eine nachhaltige Entwicklung verhindern (z. B. Klimawandel, steigende Verkehrsbelastung).
- nennt in den Handlungsfeldern „Lebensqualität", „Wirtschaftsstandort", „Lebensraum" und „Internationale Verantwortung" konkrete Ziele für eine nachhaltige Entwicklung, und
- hält fest, wie die entwickelten Ziele umgesetzt und überprüft und unter Berücksichtigung neuester wissenschaftlicher Erkenntnisse und der Beteiligung der Bevölkerung weiterentwickelt werden können.

Österreich verfügt damit um einen umfassenden Masterplan für eine nachhaltige Entwicklung.

Ein Gerechtigkeitsproblem

An mehr Nachhaltigkeit in Wirtschaft, Politik und Gesellschaft führt kein Weg vorbei. Nachhaltige Entwicklung ist das – auch politische – Zukunftsprinzip schlechthin, das unser Denken und Handeln um eine vollkommen neue Dimension bereichert. Der Nachhaltigkeitsgedanke rückt schließlich die Interessen und die Partizipation derer ins Blickfeld, um die es letztlich geht: die künftigen Generationen. „Das Umweltproblem ist (...) nicht ausschließlich, aber doch auch und gerade ein Gerechtigkeitsproblem", bringt der Philosoph Vittorio Hösle die gesellschaftspolitische Dimension des Nachhaltigkeits-Gedankens auf den Punkt. Mit einem Wort: Bei Nachhaltigkeit geht es nicht bloß um umweltschonende Verfahren,Technologien und Prozesse – es geht um eine Neubewertung unseres Verständnisses von Gerechtigkeit.

Hösle wählt einen drastischen Vergleich, um die Problematik nicht-nachhaltiger Verhaltensweisen zu veranschaulichen: „Wer etwa eine Bombe auf einem jetzt und in aller Wahrscheinlichkeit nach auch in Zukunft vielbesuchten Platz versteckt, die erst in zweihundert Jahren losgehen wird, macht sich jetzt zumindest moralisch des versuchten Mordes schuldig, selbst wenn seine Handlung die Rechte keines jetzt lebenden Menschen verletzen."

Wie Zukunft sichern?

Aus der Forderung nach nachhaltiger Entwicklung leitet er konkrete Konsequenzen für Rechtsstaat und Demokratie ab: „Wird der Schutz der kommenden Generationen als Staatsziel oder werden gar die Individualrechte der Mitglieder nachrückender Generationen von der Verfassung anerkannt, dann könnte und müsste das Verfassungsgericht sich für deren Rechte oder Interessen einsetzen. Sinnvoll wäre auch ein eigenes Staatsorgan, das aus ausgewiesenen, für eine einzige recht ausgedehnte Amtsperiode gewählten oder ernannten Experten bestünde und die Rechte kommender Generationen in Analogie zur zivilrechtlichen Figur des Vormundes verträte, sei es als Konsultativorgan, sei es unter Umständen sogar mit Vetorecht gegenüber bestimmten, die Rechte kommender Generationen verletzenden Gesetzen des Parlaments", schlägt Hösle vor. Er unterscheidet ferner zwischen Abwehr- und Leistungsrechten den künftigen Generationen gegenüber: Leistungsrechte haben im Wesentlichen mit Investitionen für die Zukunft zu tun, Abwehrrechte mit Unterlassungen vor allem von Maßnahmen, die zu irreversiblen Verlusten führen (z. B. bestimmter Arten oder der Beibehaltung der Selbstregulierungsfähigkeit der Biosphäre).

Hösles Überlegungen sind – ohne hier ihre Praktikabilität im Detail bewerten zu wollen – insofern von Bedeutung, als sie sich der wichtigen Frage annehmen, wie die Interessen künftiger Generationen im Sinn des Nachhaltigkeitsprinzips politisch wahrgenommen werden können. Dies ist gerade vor dem Hintergrund der demografischen Entwicklung entscheidend: Wie ist angesichts eines immer älterer werdenden Elektorats sicher gestellt, dass die Interessen der zahlenmäßig immer weniger werdenden jüngeren Menschen angemessen repräsentiert und abgesichert werden können? Wie sind die nationalen und transnationalen Nachhaltigkeitsstrategien mit den realen demografischen Entwicklungen auf einen Nenner zu bringen? Vor diesem Hintergrund erscheint es zielführend – wie es auch Silvia Fuhrmann fordert –, künftig alle politischen Vorhaben einer Nachhaltigkeitsprüfung zu unterziehen. Gerade die Bundesforste machen deutlich, woran sich Zukunft messen lässt: Was wir heute aufforsten, das wird erst in drei bis vier Generationen geerntet werden können – und das durchschnittliche Alter eines heute von uns geernteten Baums beträgt im Gegenzug enorme 133 Jahre. Auch Gesellschaft und Politik sollten es sich angewöhnen, in nachhaltigen Zeithorizonten zu denken und zu handeln.

Nicht-nachhaltige Demografie

Die österreichische Nachhaltigkeitsstrategie hat als einen der wichtigsten nicht-nachhaltigen Trends eindeutig die demografische Entwicklung identifiziert.

Dort heißt es, dass im Hinblick auf die gegenwärtigen und zukünftigen demografischen Trends einer sinkenden Geburtenrate und der gleichzeitigen Zunahme des Anteils älterer Menschen die Solidarität zwischen den Generationen wichtiger denn je ist. Nachhaltigkeit ist ein Schlüsselbegriff, wenn es um zeitgemäße politische Gerechtigkeitsvorstellungen geht – vor allem mit Blick auf die kommenden Generationen. Es geht darum, auch den nachkommenden Generationen die Möglichkeit sozialer Sicherheit und Gerechtigkeit zu gewährleisten. Das Nachhaltigkeitsprinzip wird deshalb zum entscheidenden Zukunftsprinzip der gesamten Sozialpolitik.

Lange Zeit wurde diese Herausforderung in unserem Land ignoriert oder geleugnet – dabei haben die Zahlen eine klare Sprache gesprochen: Die durchschnittliche Lebenserwartung hat sich seit Einführung der ASVG-Pension um über 10 Jahre erhöht. Die Ausbildungszeit der jungen Menschen ist in den letzten 25 Jahren um 20% gestiegen. Das durchschnittliche Pensionsantrittsalter ist seit den 70er Jahren von damals mehr als 61 Jahren auf knapp über 57 Jahre gesunken. Die Erwerbstätigenquote der 55–59-Jährigen betrug im EU-Schnitt 56%, in Österreich 41%.

Mit den Pensionsreformen 2003 und 2004 wurde dieser gerechtigkeitspolitischen Notwendigkeit nach mehr Nachhaltigkeit im Bereich der sozialen Sicherung erstmals Rechnung getragen. Ein vielfach unterschätzter Eckpunkt der Reform ist die künftig „automatische" Berücksichtigung des demografischen Wandels. Der so genannte „Nachhaltigkeitsfaktor" verpflichtet dazu, eine laufende Evaluierung der langfristigen Pensionssicherung durchzuführen und bei Abweichungen von demografischen und wirtschaftlichen Prognoseannahmen entsprechende Adaptierungen vorzunehmen. Das soll jungen Menschen die Sicherheit geben, im Alter mit einer staatlichen Pension rechnen zu können, die zumindest soziale Grundbedürfnisse abdeckt. Auch der Aufbau der zweiten und dritten Säule sind Maßnahmen, die als sozial nachhaltig zu bezeichnen sind. Nachhaltigkeit in der Sozialpolitik bedeutet schließlich auch, die Rahmenbedingungen für den Einzelnen so zu verbessern, dass er für sich selbst aktiv sorgen kann.

Nachhaltiger Schuldenstopp

Ein anderes, viel versprechendes Signal in Richtung war und ist der Kurswechsel in Richtung eines über den Konjunkturzyklus ausgeglichenen Haushaltes. Die Finanzlage unseres Landes war lange Zeit alles andere als nachhaltig. Auf Kosten künftiger Generationen wurde ein enormer Schuldenberg angehäuft: Österreich war in der EU das Schlusslicht bei der Staatsverschuldung. Die Bundesregierung hat aufgehört, exzessiv neue Schulden zu machen. Nicht nur aufgrund der Maastricht-Kriterien, sondern aus der Überzeugung heraus, dass Nachhaltigkeit auch die Staatsfinanzen umfassen muss. Nur dadurch gewinnen wir als Standort neue Spielräume für Zukunftsinvestitionen und können kommenden Generationen die Möglichkeit geben, schwierige Situationen finanziell sicher zu überstehen.

Mehr Gerechtigkeit durch Nachhaltigkeit

Die Konsequenzen des notwendigen Umdenkens in Richtung Nachhaltigkeit sind enorm. Nachhaltigkeit als politisches Gestaltungsprinzip bringt die Chance auf die notwendige Erneuerung des Wertefundaments und der daraus abgeleiteten „Programmatik" unseres Sozialstaates. Die große gesellschaftspolitische Herausforderung besteht heute darin, unsere Vorstellungen von politischer Gerechtigkeit um das Nachhaltigkeitsprinzip zu erweitern. Es ist gerade in Zeiten des demografischen Wandels und somit der grundlegenden Veränderung der Prämissen unseres Sozialmodells notwendig, nicht bloß in den Kategorien von „hier und jetzt" zu operieren. Wenn es darum geht, faire Startchancen für die künftigen Generationen zu schaffen, dann ist das Nachhaltigkeitsprinzip für ein zukunftssicheres Sozialmodell unverzichtbar. Mit einem Wort: Gerecht ist auf Dauer nur, was auch nachhaltig ist. Sozial ist, wovon auch die Generationen von morgen profitieren. Und deshalb ist Nachhaltigkeit der „Kitt", der Gesellschaft und Generationen dauerhaft Zusammenhalten kann.

Zur Person: Dr. Thomas Uher, Finanz- und Immobilienvorstand der Österreichischen Bundesforste AG (ab 1. Juli 2007 Vorstand der Erste Bank Österreich)

Martin Ohneberg/Judith Brunner

Zukunft vereinbar machen

Die demografischen Prognosen machen deutlich, dass sich das „Gesicht" unserer Gesellschaft in den nächsten Jahrzehnten massiv verändern wird. Die gute Nachricht ist: Zumindest in den nächsten 40 Jahren wird die österreichische Bevölkerung weiter wachsen. Die schlechte Nachricht: Die Altersstruktur verändert sich in einer für den Standort Österreich sehr ungünstigen Weise. 2000 war dabei nicht nur das Jahr der Jahrtausendwende, sondern auch das Jahr der demografischen Wende: Erstmals waren in Österreich mehr Menschen über 40 Jahre als unter 40 Jahre alt.

Trotz Kinderwunsches weniger Kinder

Nach der aktuellen Prognose der Statistik Austria nimmt die Zahl der Kinder und Jugendlichen unter 15 Jahren stetig ab. Bis 2020 wird sich die Zahl der unter 15-Jährigen von 1,33 Mio. im Jahr 2004 auf 1,25 Mio. verringern. Langfristig wird der Anteil an der Gesamtbevölkerung sogar noch weiter sinken: von 16,2% im Jahr 2004 über 14,4% im Jahr 2020 bis zu 13,6% im Jahr 2050. Doch der Wunsch nach Kindern ist durchaus groß und wird offensichtlich nicht in vollem Ausmaß umgesetzt: Männer wünschen sich im Durchschnitt 1,99 Kinder und realisieren 1,18. Frauen wünschen sich durchschnittlich 2,18 Kinder und realisieren 1,26.

Ein interessanter Aspekt ist, dass der Rückgang an Nachwuchs nicht den Kinderlosen zugerechnet werden kann, sondern vor allem auf den kleiner werdenden Anteil von Frauen mit drei und mehr Kindern zurückzuführen ist.

Starke Zuwächse in der Bevölkerung sind bei der Gruppe der über 60-Jährigen zu erwarten. Ist derzeit noch jede fünfte Person über 60 Jahre alt, so wird es bis 2020 bereits jede vierte sein und langfristig jede dritte. Dramatisch erhöht sich die Zahl der über 75-Jährigen in der Bevölkerung.

Eine damit verbundene, weitere Herausforderung der Demografie: Langfristig schrumpft auch die Bevölkerung im erwerbsfähigen Alter. Bis 2014 wird sich das Erwerbspotenzial – unter der Annahme relativ hoher Zuwanderung und steigender Frauenerwerbsquote – noch leicht auf 5,26 Mio. Personen erhöhen. Ab 2020 werden jedoch deutlich mehr Personen ins Pensionsalter übertreten als Jugendliche bzw. Zuwandernde hinzukommen.

Fairness für Frauen

Zweifellos birgt die demografische Entwicklung neue Konfliktpotentiale zwischen den Generationen. Die gerechtigkeitspolitische Herausforderung, die sich vor diesem Hintergrund stellt und die in diesem Sammelband aus unterschiedlichen Perspektiven erörtert wird, ist aber nicht nur eine im Verhältnis zwischen Jung und Alt. Sie ist auch und gerade – und dies steht im Mittelpunkt unseres

Beitrages – eine Frage der Gerechtigkeit zwischen den Geschlechtern und vor allem gegenüber den Frauen. Denn bei einer Fortschreibung der gegenwärtigen Verhältnisse wären die Frauen in mehrfacher Hinsicht Verliererinnen der demografischen Entwicklung:

- Frauen gelten aufgrund der demografischen Entwicklung als Schlüsselarbeitskräfte der Zukunft. Eine weitere Steigerung der Frauenbeschäftigung ist daher auch aus standortpolitischen Gründen dringend geboten. Eurostat-Erhebungen zeigen: Mütter mit einem Kind weisen derzeit eine Beschäftigungsquote von 77,8% auf (Platz 4 von 25), Mütter mit zwei Kindern haben eine Beschäftigungsquote von 66,1% (Platz 7 von 25) und Mütter mit drei oder mehr Kindern weisen eine Beschäftigungsquote von 57,4% auf (Platz 5 von 25). Die Belastung durch Familie und Beruf nimmt daher potenziell zu.
- 80% aller Pflegebedürftigen werden derzeit in den Familien von Frauen gepflegt. Der wachsende Anteil an Hochbetagten und potentiell pflegebedürftigen Personen erhöht bei gleich bleibenden Rahmenbedingungen und Rollenbildern – trotz des Wachstums im Bereich sozialer Dienstleistungen – die Belastung von Frauen durch Pflegeleistungen. Dies steht in einem Spannungsfeld zur steigenden Berufstätigkeit von Frauen und zur Realisierung individueller Lebensentwürfe.

Frauen stehen angesichts der Bevölkerungsentwicklung vor dem Negativ-Szenario eines Anwachsens der Dreifachbelastung

- durch die Betreuung der eigenen Kinder,
- durch die Pflege älterer Angehöriger und
- durch die individuelle Selbstverständlichkeit und volkswirtschaftliche Bedeutung, im Berufsleben aktiv zu sein.

Dazu kommt, dass der „Betreuungs-Malus“ konkrete ökonomische Nachteile bringt: Ein überproportionaler Anstieg der Frauenarbeitslosigkeit ist u. a. während und nach der Familienphase zu beobachten. Durch die Kinderbetreuung baut sich bei Frauen über das gesamte Leben ein Einkommensverlust in der Höhe von 48,6% auf, wobei davon 60% auf beruflich „verlorene“ Jahre und jeweils rund 20% auf die geringere Arbeitsstundenanzahl und geringere Verdienste zurückzuführen sind. Österreich hat im europäischen Vergleich ohnehin die wenigsten Spitzenverdienerinnen und die meisten Minderverdienerinnen: Nur 11% der obersten 10% der vollzeitbeschäftigten Lohn- und Gehaltsempfänger/innen sind Frauen, aber 67% der untersten 10%. Frauen verdienen im gleichen Job um durchschnittlich 18% weniger als Männer. Nicht einmal jede dritte Führungsposition als Direktor/in oder Hauptgeschäftsführer/in wird von einer Frau eingenommen. In Hochtechnologiebranchen ist es sogar nur jede 15. Position.

Dem steht das ökonomische Faktum gegenüber, dass ein Schlüsselfaktor für weiteres Wirtschaftswachstum darin besteht, Frauen noch viel stärker in die Wirtschaft zu integrieren.

Lebensmodellpolitik sichert Vereinbarkeit

Vor dem Hintergrund der Zahlen wird deutlich, dass etwa eine diskutierte pronatalistische Familienpolitik zu wenig ist, um die Herausforderungen der Demografie nachhaltig bewältigen zu können. Die Schlüsselstrategie der Zukunft liegt in der besseren Vereinbarkeit von Familie und Beruf für Frau und Mann. In diesem Sinn braucht Österreich keine Familienpolitik, sondern eine Lebensmodellpolitik, die für Frauen und für Männer zeitgemäße Rahmenbedingungen zur Umsetzung ihrer Lebensmodelle schafft. Dazu gehört vor allem auch, dass sie Erwerbstätigkeit und Familie/Privatleben optimal verbinden können. Unsere These lautet: Der theoretisch bestehende Kinderwunsch wird bei entsprechend verbesserten Rahmenbedingungen „automatisch" realisiert.

Eine deutliche Verbesserung der Vereinbarkeit von Familie und Beruf erhöht die Chance für Frauen, wieder früher in das Erwerbsleben einzusteigen. Dieser so genannte Mobilisierungseffekt bewirkt eine Verbesserung der Frauenbeschäftigung, höhere Einkommen, höhere Nachfrage und damit eine Stärkung des Wirtschaftswachstums und der Wettbewerbsfähigkeit.

Darüber hinaus kann durch eine optimale Vereinbarkeit von Familie und Beruf der Kinderwunsch von Frauen und Männern einfacher und auch früher realisiert werden. Bessere Rahmenbedingungen bewirken eine höhere Lebensqualität für Frauen und Männer, eine Entschärfung der demografischen Entwicklung und damit ebenfalls eine Stärkung der Wettbewerbsfähigkeit.

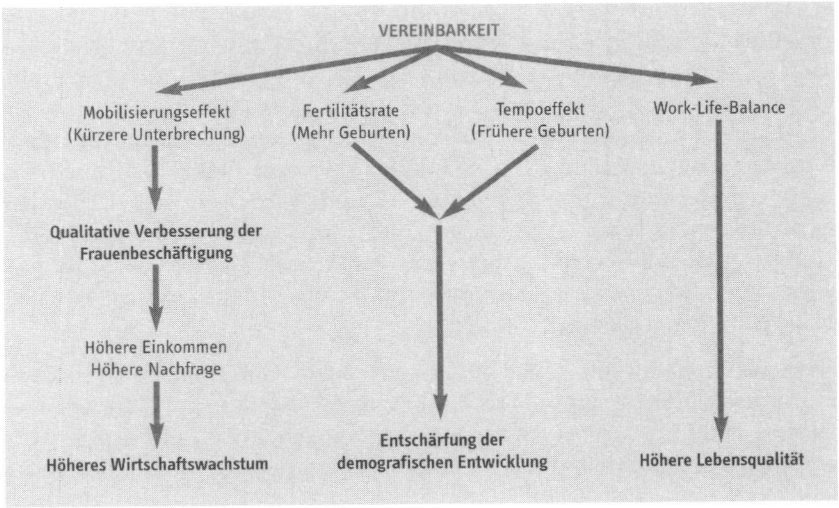

Die bessere Vereinbarkeit von Familie und Beruf hat viele Dimensionen – und viele positive Effekte für Gesellschaft und Wirtschaft.

Das mitunter noch zu hörende Argument, eine höhere Frauenerwerbsquote bewirke eine höhere Arbeitslosigkeit, hat mit den Fakten wenig zu tun: Seit Anfang der achtziger Jahre hat die Beschäftigung von Frauen in allen europäischen Ländern deutlich zugenommen. Doch damit ging keineswegs zwangsläufig eine Erhöhung der Arbeitslosigkeit einher. Gerade jene Länder, die bis dato überdurchschnittlich hohe weibliche Erwerbsquoten erreicht haben, sind zugleich jene Länder, die eine günstige Entwicklung der Arbeitslosigkeit verzeichnen. Konkrete Beispiele sind Niederlande, Dänemark und Großbritannien. Entscheidend ist die Flexibilität des Arbeitsmarktes, nicht das Geschlecht der Arbeitnehmer/innen.

Um geschlechter- und gerechtigkeitspolitisch wirksame Antworten auf die Herausforderungen der Demografie geben zu können, ist es notwendig, an den Knackpunkten der Vereinbarkeitsthematik anzusetzen. In den vergangenen Jahren wurden zahlreiche positive Weichenstellungen vorgenommen: Das Kinderbetreuungsgeld kommt nun mehr Personengruppen als früher zugute, was es gerechter macht. Der bereits begonnene Ausbau der Betreuungsmöglichkeiten, vor allem für Kinder im Schulalter, ist eine wichtige Maßnahme, ebenso wie Initiativen zur Bewusstseinsbildung. Trotz dieser familienpolitischen Fortschritte sind aus unserer Sicht weitere Verbesserungen notwendig.

Kinderbetreuung

Die Studie „Kinderbetreuungsplätze: Zwischen 10.000 und 100.000" des Europäischen Zentrums für Wohlfahrtspolitik und Sozialforschung im Auftrag der Industriellenvereinigung zeigt, dass aus Sicht der Eltern rund 46.000 Kinderbetreuungsplätze fehlen, vor allem für Kinder unter 3 und zwischen 6 und 14 Jahren. Weitere rund 40.000 bestehende Plätze, insbesondere in den Altersgruppen von 3 bis 5 Jahren und von 6 bis 14 Jahren, müssten qualitativ verbessert werden, was vor allem eine flexible Ausweitung der Öffnungszeiten bedeutet. Wird das Barcelona-Ziel der EU (bis 2010 eine Betreuungsquote von 33% für Kinder unter 3 Jahren sowie 90% für Kinder zwischen 3 und 5 Jahren) als Richtgröße herangezogen, fehlen trotz sinkender Bevölkerungszahlen noch wesentlich mehr Kinderbetreuungsplätze. Im aktuellen Fortschrittsbericht der EU-Kommission zur Lissabon-Agenda wird auf den österreichischen Handlungsbedarf bezüglich der Verfügbarkeit von Kinderbetreuungseinrichtungen hingewiesen: vor allem bei Kleinkindern und Schulkindern bestehe noch großer Bedarf an Kinderbetreuung.

Die ökonomischen Effekte einer bedarfsgemäßen Kinderbetreuungsinfrastruktur sind unbestreitbar positiv: Durch die höhere Beschäftigungsquote von Frauen (bis zu 50.000 Frauen würden nach eigenen Angaben bei besseren Kinderbetreuungsangeboten neu oder in einem höheren Ausmaß in Beschäftigung kommen) ergeben sich zusätzlich positive betriebs- und volkswirtschaftliche Effekte. Eine Analyse der Wirtschaftsuniversität Wien im Auftrag von „Kinder in Wien" mit Unterstützung der Industriellenvereinigung zeigt: Pro Euro, der seitens der öffentlichen Hand für Kinderbetreuung investiert wird, fließen zwischen 1,3 und 2 Euro zurück.

Ein Schwerpunkt der Kinderbetreuungsinfrastruktur muss daher auf neuen, durchaus auch privaten Initiativen liegen, wobei mehr Wettbewerb und flexiblere Angebote im Interesse der Eltern sind. Der bereits begonnene Ausbau der

Betreuungsmöglichkeiten, vor allem für Kinder im Schulalter, ist fortzusetzen. Je bedarfsgerechter das Angebot an Kinderbetreuungseinrichtungen entwickelt ist, desto besser lässt sich für Frauen und Männer die Berufstätigkeit mit dem Familienleben vereinbaren. Das Innovationsgebot hat auch im Bereich der Kinderbetreuung Relevanz: Es geht nicht bloß um die Fortschreibung bisheriger Infrastrukturen, sondern auch um die Entwicklung neuer Lösungen, von „on demand"-Kinderbetreuung bis hin zu neuartigen schulischen Betreuungsangeboten.

Das Argument, eine allzu frühe Kinderbetreuung außer Haus hätte negative Auswirkungen für die Kinder, hat in diesem Zusammenhang keine Schlagkraft: Es geht schließlich nicht um verpflichtende frühe Kinderbetreuung, sondern um das Schaffen flexibler Modelle von Kinderbetreuung, welche die Eltern entsprechend unterstützen und die Vereinbarkeit von Familie und Beruf für alle Beteiligten besser ermöglichen. Dies kann für die Kinder äußerst positive Effekte haben. Durch qualitativ hochwertige Kinderbetreuung steigen die Bildungsrenditen der Kinder: Ihr Bildungsgrad und ihre Chancen am Arbeitsmarkt erhöhen sich. Eine Untersuchung des Europäischen Zentrums für Wohlfahrtspolitik und Sozialforschung im Auftrag der Industriellenvereinigung zeigt, dass tendenziell Kinder von Eltern mit höherer Ausbildung außerfamiliär betreut werden. Eltern mit höherem Bildungsgrad wissen über die Bedeutung der Bildung offensichtlich besser Bescheid. Nach einer Studie der Wirtschaftsuniversität Wien haben soziale Herkunft, Bildungsniveau und berufliches Niveau der Eltern einen starken Einfluss auf den Bildungsweg der Kinder. Verglichen mit der Gesamtwohnbevölkerung finden sich unter den Studierenden deutlich mehr Angehörige höherer Bildungsschichten. In Hinblick auf die gerechtigkeitspolitisch gebotene Gleichstellung von Frauen bedeutet dies: bessere Chancen im Berufsleben, Verringerung der Einkommensschere, geringeres Armutsrisiko, höherer Pensionsanspruch und mehr individuelle Entfaltungsmöglichkeiten.

Berufsunterbrechung

Ein weiterer Knackpunkt der Vereinbarkeitsthematik liegt in der Berufsunterbrechung für Betreuungspflichten, die sich für Frauen meist zur veritablen Karrierehürde entwickelt. Dabei gilt: Je einfacher die Vereinbarkeit, desto früher kann wieder in das Erwerbsleben eingestiegen werden. Der damit erzielte Mobilisierungseffekt Richtung Arbeitsmarkt reduziert nach Studien gleich ein Drittel der Lohnschere und bewirkt neben dem höheren Einkommen auch eine qualitative Verbesserung der Frauenbeschäftigung. Daher erscheint eine Flexibilisierung des Kinderbetreuungsgeldes geboten, das zwar hinsichtlich des Kreises der Anspruchsberechtigten ein gerechtigkeitspolitischer Meilenstein war, aber in seiner bisherigen Konstruktion teilweise erwerbshemmend wirkt. Der ökonomische Anreiz, der damit gesetzt wird, ging bisher vorwiegend in eine Richtung: Nämlich diese familienpolitische Leistung so lange wie möglich in Anspruch zu nehmen.

Unser Vorschlag lautet daher: Die Bezugsdauer des Kinderbetreuungsgeldes sollte in einem festzulegenden Rahmen verkürzt werden können, wodurch sich auch die Bezugshöhe verändert. Das bedeutet für die Eltern: Je kürzer die Karenzzeit, desto höher das Kinderbetreuungsgeld. Die dadurch möglichen (erwerbs-)biografischen Varianten sollen von den Eltern frei gewählt werden können. Dies würde die individuellen Spielräume von Eltern ebenso erweitern wie jene von Unternehmen. Eine dynamische Zuverdienstgrenze würde zudem die Erwerbstätigkeit der Mütter erleichtern und Vätern einen Anreiz bieten, für ihre Kinder die Arbeitszeit zu verringern.

Partnerschaftlichkeit

Ein dritter Ansatzpunkt zur besseren Vereinbarkeit von Familie und Beruf ist mehr Partnerschaftlichkeit zwischen Mann und Frau. Ökonomische Aspekte repräsentieren nur eine Seite der Medaille: Die gegenwärtig deutlichen Einkommensunterschiede zwischen Mann und Frau stellen zweifellos ein Problem im Hinblick auf die Entscheidung dar, wer sich temporär um die Kinderbetreuung kümmert. Die vorgeschlagene Adaption des Kinderbetreuungsgeldes und der Zuverdienstgrenze würde einen stärkeren Anreiz auch für Männer setzen, sich der Betreuung ihres Kindes zu widmen. Nach der Geburt des ersten Kindes fallen nämlich viele „moderne" Paare wieder in traditionelle Muster zurück, auch wenn sie die Kinderbetreuung eigentlich partnerschaftlich aufteilen wollten. Auf der anderen Seite müssen wir uns auch offen und öffentlichkeitswirksam mit nicht-materiellen Aspekten auseinander setzen: Nutzen Männer ihre Potenziale für die Kinderbetreuung nicht, laufen sie Gefahr, ein „halbiertes Leben" – wie es der Werteforscher Paul Michael Zulehner bezeichnet – zu leben. Im Sinne einer höheren Lebensqualität ist es also für Männer und Frauen gleichermaßen wichtig, in beiden zentralen Lebensbereichen – im Beruf wie im Privatleben – gut verankert zu sein. Studienergebnisse weisen bereits auf ein verändertes Bewusstsein von Männern hin, die beruflichen Karriereziele nicht mehr mit der selben Unbedingtheit wie noch vor einer Generation zu verfolgen. Bewusstseinsbildung und Beratung unter Berücksichtigung regionaler Unterschiede sind weiter zu forcieren, um eine nachhaltige Veränderung von Rollenbildern und Lebensmodellen zu unterstützen und Partnerschaftlichkeit zu fördern.

Unternehmen

Die Vereinbarkeit von Familie und Beruf ist eine Herausforderung, die natürlich auch die Unternehmen betrifft. Ihre Mitarbeiterinnen und Mitarbeiter sind schließlich nicht nur wertvolle human resources, sondern auch Eltern. Darin liegen Herausforderungen und enorme Chancen: 88% sagen, dass ein gutes Familienleben Kraft für den Beruf gibt, doch 58% der Männer und Frauen sehen die Wirtschaft als nicht familienfreundlich.

Die Bedeutung familienfreundlicher Arrangements im Wirtschaftsleben ist unbestritten. Unternehmen profitieren von Maßnahmen zur besseren Vereinbarkeit von Familie und Beruf durch wirtschaftliche Vorteile: Motiviertere Mitarbeiterinnen und Mitarbeiter, eine Senkung der kostenintensiven Fluktuationsrate, weniger Krankenstände und eine Verbesserung des Unternehmensimages sind konkrete Ergebnisse. Die Befürchtung, dass familienfreundliche Maßnahmen viel kosten und wenig bringen, ist nicht berechtigt. Die Studie „Betriebswirtschaftliche Effekte familienfreundlicher Maßnahmen – Kosten-Nutzen-Analyse" der Prognos AG zeigte etwa: Mit der Einführung familienfreundlicher Maßnahmen kann ein positiver Return on Investment (ROI) realisiert werden. Im Rahmen einer auf betriebliche Controllingdaten von mittelgroßen deutschen Unternehmen gestützten Modellrechnung wurde ein ROI von +25 Prozent ermittelt. Die unzureichende Vereinbarkeit von Familie und Beruf belastet nicht nur die Eltern selbst, sondern führt auch für Unternehmen zu erheblichen Mehrkosten. Selbst bei mittelständischen Unternehmen belaufen sich die Kosten, die auf die mangelhafte Vereinbarkeit zurückzuführen sind, auf mehrere 100.000 € im Jahr. Mit familienfreundlichen Maßnahmen können über 50 Prozent der durch die unzureichende Vereinbarkeit von Beruf und Familie entstehenden Kosten – vor allem Überbrückungs-, Fluktuations- und Wiedereingliederungskosten – von den Unternehmen vermieden werden, so die Studie der Prognos AG.

Doch es geht auch um Frauen: Sie sind nicht nur aus demografischen Gründen die Schlüsselarbeitskräfte von morgen, sondern die klaren Gewinnerinnen der Bildungsrevolution. Von den 25- bis 29-jährigen Frauen verfügen 34% mindestens über Maturaniveau, 12,5% haben ein Studium abgeschlossen. Die Vergleichswerte für gleichaltrige Männer liegen bei 29% und 8,4%. Die stetig steigende Qualifikation von Frauen ist ein wesentlicher Wettbewerbsvorteil für Unternehmen. Aufgrund des Arbeitskräftemangels werden es sich qualifizierte Arbeitnehmer/innen künftig einfacher aussuchen können, für welches Unternehmen sie arbeiten. Unternehmen, die optimale Rahmenbedingungen für Frauen und für die Vereinbarkeit von Familie und Beruf für beide Elternteile bieten, sind natürlich deutlich attraktiver.

Nicht zuletzt geht es auch um die ebenfalls wettbewerbsrelevante Frage nach der sozialen Verantwortung von Unternehmen, die unter dem Fachbegriff „Corporate Social Responsibility" (CSR) diskutiert wird. Die Initiative, die vom Verein respACT austria getragen wird, zielt darauf ab, Unternehmen zu motivieren, in ihrem Einflussbereich neben den ökonomischen auch ökologische und soziale Aspekte zu berücksichtigen. Im CSR-Leitbild „Erfolgreich wirtschaften. Verantwortungsvoll handeln." heißt es dazu: „Gesellschaftliche Verantwortung beginnt im eigenen Unternehmen. Partnerschaftlicher Umgang mit Mitarbeitern und Mitarbeiterinnen trägt zur Stärkung des sozialen Zusammenhalts bei. Auf diesem Weg werden die sozialen Standards nicht nur im eigenen Unternehmen, sondern auch in der Gesellschaft gefestigt."

Welches Motiv für Frauenförderung und bessere Vereinbarkeit von Familie und Beruf auch immer für das einzelne Unternehmen prioritär sein mag – die Bandbreite der Möglichkeiten ist groß:

- Spezielle Karenzpakete mit konkreten Vereinbarungen zur Gestaltung der Karenz und durchgehendem Betriebskontakt während der Abwesenheit ermöglichen es, den Anschluss an die Arbeitswelt nicht zu verlieren. Sie erleichtern den Wiedereinstieg massiv, was im Hinblick auf die Qualifikationsfrage von großer Bedeutung ist. Wenn Frauen aufgrund von Betreuungspflichten mehrere Jahre völlig aus der Arbeitswelt ausscheiden, dann ist ihr berufliches Wissen zu einem Gutteil nicht mehr aktuell – was für Frauen und Unternehmen gleichermaßen problematisch ist.

- In diesem Zusammenhang sind gezielte Weiterbildungsmaßnahmen, vor allem auch während der Karenz, von großer Bedeutung, um den Qualifikationsverlust gezielt kompensieren zu können.
- Flexible Arbeitszeitmodelle sind eine der wichtigsten Maßnahmen, die Unternehmen zur Lösung der Vereinbarkeitsthematik setzen können. Beispiele sind Gleitzeit ohne fixe Kernzeit, qualifizierte Teilzeit auch in Führungspositionen für Frauen und Männer, Telearbeit, Wechsel zwischen Teilzeit und Vollzeit u.ä. Die notwendige weitere Arbeitszeitflexibilisierung ist in Österreich auch vor diesem Hintergrund zu sehen.
- Je nach Dimensionierung und Lage des Unternehmens sind Betriebskindergärten und überbetriebliche Kinderbetreuungseinrichtungen realisierbar. Die steuerliche Absetzbarkeit solcher Angebote würde in diesem Bereich unterstützend wirken. Hilfreich sind aber auch Kinderbetreuungsgutscheine als finanzielle und freiwillige soziale Leistungen der Unternehmen für die Eltern.
- Spezielle Familienservices, wie etwa Beratung bei familiären und persönlichen Problemen oder spezielle benefits (z. B. Haushalts-Service) sind ebenfalls konkrete Erleichterungen für Mitarbeiterinnen und Mitarbeiter mit Kindern.

Auch im Bereich der Frauenförderung gibt es bewährte Strategien und Modelle, wie etwa unternehmensinterne Sensibilisierung für gleiche Karrieremöglichkeiten von Frauen und Männern, Initiativen zur Erhöhung des Anteils von Frauen in Führungspositionen, spezifische Weiterbildungsprogramme sowie bewusstseinsbildende Maßnahmen zu zeitgemäßen Rollenbildern und Lebensmodellen.

Zahlreiche Unternehmen haben diese und ähnliche Maßnahmen bereits erfolgreich umgesetzt: Das international agierende Großunternehmen Infineon Technologies Austria AG bietet mehr als hundert Arbeitszeitmodelle an und gestaltet die Karenzzeit in enger Abstimmung von Mitarbeiterin und Unternehmen: Aufrechterhaltung des Betriebskontaktes während der Karenz, Möglichkeit zur Teilnahme an betriebsinternen Veranstaltungen oder an betrieblichen Weiterbildungsmaßnahmen, IT-Lösungen u. ä. Auch das Kleinunternehmen Trachten-Damenmode Pachatz hat flexible Arbeitszeitmodelle entwickelt: Gleitzeit ohne fixe Kernzeit, Arbeit von zu Hause aus, jederzeit Wechsel zwischen Voll- und Teilzeit möglich u. ä. Der Wiedereinstieg wird gezielt unterstützt und Weiterbildung gerade auch für karenzierte Mitarbeiterinnen bewusst gefördert.

Kinderfreundliche Gesellschaft

Eine der entscheidenden „mentalen" Grundvoraussetzungen dafür, dass der demografische Trend langfristig verändert werden kann, ist die Kinderfreundlichkeit unserer Gesellschaft, an der sich letztlich ihre Zukunftsorientierung bemisst. Denn Kinder sind nicht nur das Wertvollste, das wir haben, sie stehen auch für eine Welt voll Freude, Offenheit und Zuversicht, für den Glauben an eine bessere Zukunft, an das Neue. Diesen Glauben brauchen wir in unserer hochkomplexen Wissensgesellschaft immer mehr. Wir brauchen Menschen, die voll Freude, Offenheit und Zuversicht Zukunft gestalten. Derzeit liegt freilich viel Potenzial brach: Je nach sozialer Herkunft haben Kinder völlig unterschiedliche Bildungschancen und damit auch unterschiedliche Chancen am Arbeitsmarkt. Nach der Schule wollen viele junge Menschen nichts mehr von Weiterbildung wissen. Viele sind mit ihrem Job unzufrieden und wünschen sich eine erfüllende und sinnstiftende Tätigkeit. Darin liegt eine weitere gerechtigkeitspolitische Herausforderung des demografischen Wandels: Wir brauchen für Kinder

- gleiche Bildungschancen unabhängig von der sozialen Herkunft
- ein verbessertes Bildungssystem, das die Freude der jungen Menschen am Lernen bewahrt und ihre Neugier und Kreativität fördert
- eine professionelle Bildungs-, Berufs- und Karriereberatung und
- eine gesellschaftliche Grundstimmung, die offen ist für die Bedürfnisse von Kindern und jungen Menschen.

Die bessere Vereinbarkeit von Familie und Beruf ist damit eine Schlüsselstrategie dafür, wie wir vor dem Hintergrund der demografischen Entwicklung unsere Gegenwart mit unserer Zukunft vereinbar machen.

Zur Person: Mag. Martin Ohneberg, Bundesvorsitzender der Jungen Industrie

Zur Person: Dr. Judith Brunner, Projektleiterin der Industriellenvereinigung

Barbara Tóth

In der Demographiedebattenfalle

„Meine Krise begann mit einer Statistik, mit ein paar blanken Zahlen. Mehr als vierzig Prozent der Akademikerinnen hierzulande, las ich in der Statistik, sind kinderlos. Das wissen wir doch, dachte ich. (...) An jenem Tag aber, an dem ich in die Statistik blickte, stach mir diese Zahl mitten ins Herz. Es war mein 37. Geburtstag. Mir wurde klar: In dieser Statistik, da ging es um mich, um so viele in meinem Freundeskreis: Ich, wir, waren Teil eines ziemlich deprimierenden Zahlenwerks – Teil dessen, was in Deutschland als Grundübel unserer überalternden Gesellschaft erkannt wurde." So beschrieb es die deutsche Journalistin Sabine Magerl in der „Süddeutschen Zeitung". [1]

„Heute dreiundzwanzig zu sein ist ziemlich schwierig", hatte ihre Kollegin Iris Radisch ein paar Tage zuvor in „Der Zeit" ihren Text begonnen. „Wäre ich heute dreiundzwanzig, so irritierbar, so gutgläubig, wie wir damals waren – ich glaube, ich würde verrückt werden. An allem, erzählt man den jungen, gut ausgebildeten Frauen, sollen sie Schuld sein. Daran, dass die Republik um ihren Alterswohlstand bangt und sich vor islamischer Überfremdung fürchtet, an den unschönen Dellen am demografischen Kegel, an den ungedeckten Kosten für Gehhilfen und Gebisse und überhaupt: am Kollaps des Westens." [2]

Ideologisch aufgeladene Appelle

Ob 23 oder 37 – Frauen fühlen sich offenbar derzeit von Politik wie Medien zu unrecht angesprochen und gefordert. Es ist eine Alterskohorte, die im Regelfall eine Berufskarriere hinter oder noch vor sich hat, die oft schon mehrere Stationen aufweist als der Lebenslauf der eigenen Eltern knapp vor Pensionsantritt: Das länger als geglaubt dauernde Studium, das Wechselspiel von ersten McJobs, Auslandsaufenthalten und weiterer Qualifikation, die Durststrecke bis zur ersten richtigen Anstellung, wenn überhaupt – all das macht die längst akzeptierte Begleitmusik der so treffend genannten „Generation Praktikum" aus. „Prekariat" wurde diese Gruppe auch schon genannt – im Unterschied zum Proletariat handelt es sich um gut ausgebildete Menschen, die von der Wohlstandgesellschaft nicht profitieren können.

Sie sieht sich nun mit ideologisch aufgeladenen Appellen konfrontiert, die zuletzt wieder stärker auf sie einprasseln – seitens der Politik, aber auch seitens der Medien. Meist kommen die Wortmeldungen im Gewand der betulichen Sorge daher. Was ist nur mit den jungen Frauen los, vor allem mit den gut gebildeten? Warum nur entscheiden sie sich nicht für's Kind, fragen sich Leitartikelschreiber. Meistens sind es Männer und schon ein wenig älter. Oft klingen

---

[1] Magerl Sabine, 37 Mädels, wie die Zeit vergeht! Für Kinder ist es bald zu spät. Über das entscheidende Jahr im Leben einer Frau, Süddeutsche Zeitung, 24. März 2006, S. 26.

[2] Radisch Iris, Der Preis des Glücks, Die Zeit 12/2006 (16. März 2006), S. 59.

die Appelle auch ein bisschen vorwurfsvoll, vor allem, wenn beispielsweise österreichische Minister sprechen: Jetzt, wo wir euch das Kindergeld für alle geschenkt haben, könntet ihr nun wirklich anfangen, die dringend benötigten Pensionszahler der Zukunft zu produzieren. „Die kinderlose, aber gebärfähige Frau in diesem Land – sie steht im Augenblick schwer unter Druck", meinte ein Autor in der „Süddeutschen Zeitung"mitfühlend. [3] „Haben wir nicht alles richtig gemacht?", wunderte sich Magerl.

Erwartete Rechtfertigungen

Als kinderlose Frau, egal ob mit 23 oder 37 Jahren, das lernte man in den vergangenen Monaten schnell, ist man offenbar mehr als Bürgerin und Steuerzahlerin. Man ist vor allem auch potentielle Mutter – und als solche quasi persona grata von nationalem Interesse. Eine Entscheidung, die im höchstpersönlichen Lebensbereich zu treffen ist, nämlich ob man ein oder mehrere Kinder bekommt oder nicht, wird – von einer permanenten öffentlichen Debatte begeleitet – zum staatsbedeutsamen Unterfangen. Egal, wie man sich entscheidet, für Kinder oder dagegen, für eine längere Auszeit bei „Heim und Herd" oder nur für eine Minimum-Karenz – es werden Rechtfertigungen erwartet.

Bekommt man keine Kinder, trägt man, überspitzt formuliert, die Schuld am Untergang des Abendlandes. Bekommt man nur eines, züchtet man Egoisten heran, die später das Psychotherapiebudget der Sozialkassen belasten. Bekommt man viele, muss man Zweifel an seiner Intelligenz ertragen (war sie nicht gut genug für ihren Job?). Geht man nach der Geburt seines Kindes wieder voll arbeiten, ist man eine Rabenmutter (ein Begriff, der übrigens nur im Deutschen existiert), arbeitet man Teilzeit, vernachlassigt man mit Sicherheit seinen Job (von der Karriere gar nicht zu reden), und arbeitet man gar nicht, ist man als Hausmütterchen abgestempelt. Es ist sogar eine „Art von Bekenntnisliteratur" [4] entstanden, in der Frauen oder Männer sagen müssen, warum sie Kinder haben oder nicht. „Kinderlos, na und?" nannte die in Wien lebenden Journalistin Birgit Kofler ihr Buch.

Bisweilen entsteht der Eindruck, dass so viel wie noch nie über das Kinderkriegen gesprochen, gesendet und geschaut wird – beinahe so, als wolle man mit medialem Vodoo-Zauber die sinkende Geburtenrate beschwören. Familie ist definitiv en vouge: Kinder werden als schickstes Accessoires der Saison am Arm der Celebrities in den Hochglanz-Zeitschriften präsentiert, „Wunschkinder" bevölkern die politische Werbung in Österreich (und da gleich fünffach), Kinder dominieren das Privatfernsehen, entweder frisch aus dem Geburtskanal in Reality-Soaps wie „Schnulleralarm" oder, schon ein bisschen später, als kleine Nervenbündel, die nur mit „Supernannies" zu bändigen sind.

Dabei ist die gestiegene Kinderlosigkeit unter Akademikerinnen ein Mythos, wenngleich ein kaum reflektierter: Frauen mit Hochschulabschluss haben sich vor dreißig Jahren sogar noch klarer für ihre Karriere und gegen den Kreissaal

[3] Kniebe Tobias, Kinderkriegen, Süddeutsche Zeitung, 31. März 2006, S. 42.
[4] Interview mit Frank Schirrmacher, Tagesanzieger, 29. März 2006, S. 10.

entschieden. Die Zahl der Frauen, die – aus welchen Gründen auch immer – gar keine Kinder haben, ist in den vergangenen Jahren kaum gestiegen und war sogar schon einmal höher. „In der Generation unserer Großeltern lag der Anteil der kinderlosen Frauen bei 30 Prozent, heute sind wir bei 14 Prozent, erklärte der Sozialforscher Bernd Marin im „profil". [5]

Verhütungsmittel Wohlstand

Kein Mythos ist hingegen, dass die moderne, globalisierte Arbeitswelt, die die beiden von der Politik immer wieder strapazierten Werte Mobilität und Flexibilität erfordert, im Widerspruch zu den Bedürfnissen einer Familie steht, die Anwesenheit und Kontinuität verlangt. Das beste Verhütungsmittel ist ohnehin Wohlstand und Bildung. Viele Kinder entstehen, global betrachtet, dort, wo die Menschen arm und schlecht ausgebildet sind. Staatliche Zuwendung wirkt sich auf die Gebärfreudigkeit nicht unmittelbar aus, auch wenn das die österreichische Regierung gerne so darstellen möchte – zumindest lässt sich ein solcher Effekt statistisch nicht nachweisen: Österreich gibt 3,1 Prozent des Bruttoinlandsprodukts für Familien und Kinder aus (Marin regte dies an, von „Familiensozialismus zu sprechen"), liegt mit seiner Geburtenrate aber nicht einmal im europäischen Mittelfeld. In Großbritannien wird viel weniger gefördert aber mehr geboren, Schweden und Dändemark geben viel Geld aus und erfreuen sich hoher Fertilität.

Den vorläufigen Höhepunkt des Fruchtbarkeitskults stellt wohl das von Sozialministerin Ursula Haubner (BZÖ) im Jänner 2006 präsentierte und vom Institut für Demographie entwickelte monatliche Geburtenbarometer dar – inklusive „Fertilitätstrend". Wie beim Schirennen kann die Bevölkerung anhand der Schwankungen im Hundertstel-Prozentbereich die ihr dräuende demographische Niederlage mitverfolgen. Zu Beginn des Jahres lag sie bei 1,63 – immerhin ein Hunderstel mehr als im Dezember 2005. Demographie ist zum „Breitensport" geworden, bemerkte die Journalistin Rosemarie Schweiger im „profil" treffend, Bevölkerungsstatistiken, ansonsten eher etwas für Zahlenreihen-Afficinados, werden zum massenwirksamen Menetekel. [6]

Deutsche Debatte

Noch viel schriller läuft die Debatte in Deutschland. Die deutsche Publizistik neigt ohenhin seit rund vier Jahren, als die Wirtschaftskrise auch den sonst recht geschützten Stand der Journalisten erreichte und Arbeitslosikgeit plötzlich kein „Medienthema" mehr war, über das man schreibt, sondern am eigenen Leib erlebt, zu depressiven Zügen. Verschleppte Reformen tun ihr übrigens. Das einzige Musterland orientiert sich plötzlich am zuvor belächelten kleinen Bruder im Süden. „Ist Österreich das bessere Deutschland?" fragte die deutsche Illustrierte „Stern" letzten Sommer, [7] freilich nur auf dem Titelbild der

---

[5] Interview mit Bernd Marin, in: Schweiger Rosemarie, Aussterben, aber richtig, profil 13 (27. März 2006), S. 18.

[6] Schweiger Rosemarie, Aussterben, aber richtig, profil 13 (27. März 2006), S. 18.

[7] Stern 24/2005 (9. Juni 2005)

für Österreich mutierten Ausgabe. Was Österreich in den letzten sechs Jahren durchlebt hat – Pensionsreformen in Folge, Verschärfung der Arbeitslosenunterstützung, Verbreiterung der Familienalimentierung – steht den Deutschen zum Teil noch bevor.

Nur vor diesem Hintergrund konnte das Buch von FAZ-Herausgeber Frank Schirrmacher mit dem markigen Titel „Das Methusalem-Komplott", [8] erschienen im März 2004, besonders gut funktionieren. Anfang des Jahres 2006 startete er mit „Minimum" [9] mehr oder weniger die zweite Stufe der Wir-sind-eine-Nation-knapp-vor-dem-Untergang-Stimmungsrakete. Die nationalen deutschen Qualitätsmedien nahmen es genauso dankbar auf wie der Boulevard. „Können Sie sich noch an die Vogelgrippe erinnern, dieses finale Bedrohung der Menschheit? Oder an das Waldsterben? Den Krieg der Kulturen, steigende Kriminalität, Bildungsnotstand? Oder das gruselige Global Warming, das man ja in diesem Winter besonders gut beobachten konnte? Alles vergessen. Der Treck des medialen Alarmismus ist weitergezogen, zur nächsten Baustelle, die jetzt mit den Schaufelbaggern der öffentlichen Angstmache bearbeitet wird", kommentierte der Trendforscher Matthias Horx bissig den „Gefühlsterrorismus des moralinen Feuilletons" [10]. „Wagnerianisch Aussterben" nannte er das.

Schirrmachers Werk ist nicht das erste, und wird sicher nicht das letzte dieser Art sein, das mit wohl kalkuliertem Blick auf Auflagenpolitik eine offenbar wieder erwachte Lust am Kulturpessimismus bedient. Hatte er im „Methusalem-Komplott" wortgewaltig vor den Folgen einer vergreisenden Gesellschaft gewarnt, zeichnet er in „Minimum" das Zerrbild einer selbstsüchtigen Gesellschaft, in der der Egoist König ist, Kinder Mangelware und Familienwerte nichts mehr zählen. Sinkende Geburtenraten würden nicht nur das Pensionssystem unfinanzierbar machen, sondern auch die Gesellschaft destabilisieren. „Familien sind die verlässlichsten Sozalisationsmaschinen. Und durch ihr Verschwinden fehlt auch das Bewusstsein für das, was man moralische Ökonomie nennt", meinte Schirrmacher etwa im „profil". [11] Nebenbei rechnet er in „Minimum" lustvoll mit den Idealen der 68er ab, denen er die Hauptschuld für die Entsolidarisierung im heutigen Deutschland gibt.

Was das nun alles mit den Frauen zu tun hat? Viel, zumindest in Schirrmachers Augen.

Retterinnen des Abendlandes

Denn Hilfe aus der Misere, in der sich die aussterbenden Industriegesellschaften befinden, verspricht seiner Meinung nach nur „ein Minimum an wachsenden Familien, damit die Selbstlosigkeit, die in Familien produziert wird, in der Gesellschaft spürbar wird."

---

8 Schirrmacher Frank, Das Methusalem-Komplott, München 2004.

9 Schirrmacher Frank, Minimum. Vom Vergehen und Neuentstehen unserer Gemeinschaft, München 2006.

10 Horx Matthias, Zukunft passiert, Die Presse, 25. März 2006, S. 42.

11 „Dann sage ich gute Nacht". Interview mit Schirrmacher Frank, profil 11/2006 (13. März 2006), S. 90..

Sein messerscharfer Schluss, der von einer Vielzahl an Nachschreibern in deutschen Leitmedien geteilt wurde: Frauen sind Mütter, Schöpferinnen des Lebens und Garantinnen des sozialen Zusammenhalts, und daher „Retterinnen des Abendlandes". [12] Es sind die Frauen, die die Kinder in die Welt setzen. Gleichzeitig sind es hochqualifizierte Frauen, ohne die auch der Arbeitsmarkt nicht auskommen wird. Frauen werden gebraucht als sozialer Kitt, als Organisatoren und einfach als widerstandsfähigeres Geschlecht (...). Und es waren auch die Frauen, die Erfolg damit hatten, weil sie die Gabe der Selbstlosigkeit und Aufopferungsfähigkeit besaßen. Sie sind es wahrscheinlich auch, die unseren Kindern Mut machen können, selbst wieder Kinder in die Welt zu setzen", fasst „Der Spiegel", der Schirrmachers Buch eine auch innerhalb der Hamburger Redaktion des Blattes sehr kontroversiell diskutierte Titelgeschichte widmete, sein Credo zusammen. [13]

Das war es also: nachdem die Frauen dank Emanzipation und Feminismus in den letzten drei Jahrezehnten ein Stückchen weiter auf dem Weg der Gleichberechtigung gekommen waren und gelernt hatten, mit der Doppelbelastung Familie und Beruf eingermaßen zu Rande zu kommen (den meisten gelang und gelingt es ohnedies nicht), rief das schwache Geschlecht erneut nach ihr: Nun sollen sie schnell mal im Vorbeigehen zusätzlich auch noch die – nicht zuletzt dank ihrer Vernachlässigung krank gewordene – Gesellschaft wieder gesund pflegen.

Vordergründig kam dieser Hilferuf vielleicht sogar ganz schmeichelhaft daher. „Ohne Euch geht eben gar nichts mehr", könnte man Schirrmachers „Minimum" auch zusammenfassen. Hinter diesem galanten Apodiktum witterten nicht nur Frauen aber prompt den Rückgriff auf die Frau als „Gebärende" – ein Archetyp, Jahrtausende von Jahren alt, deshalb nicht moderner geworden.

Der provozierte Aufschrei der Angesprochenen ließ nicht lange auf sich warten. Als „Reproduktions-Enzyklika" [14] verspottete die „Süddeutsche Zeitung" Schirrmachers Werk, „dass überhaupt Frauen in diesem Land bereit sind, Kinder zu kriegen, ist ein Wunder", richtete eine Autorin der FAZ-Sonntagszeitung ihrem Herausgeber aus. [15] „Gestatten Frau und Gebärmutter, ich bin hier der soziale Kitt. Wo kann ich mich hinkleben?", ätzte die „Frankfurter Rundschau". [16] „Der Preis des Glücks" [17] betitelte Iris Radisch ihre bereits eingangs zitierte Replik im Hamburger Wochenblatt „Die Zeit". „Junge Frauen bekommen überall zu hören: Kriegt Kinder, und zwar schnell! Über die Folgen werden sie getäuscht. Ein paar unbequeme Wahrheiten." „Der Spiegel, das alte

---

[12] Kniebe Tobias, Kinderkriegen, S. 42.

[13] Gatterburg Helga, Matussek Matthias, Wolf Martin, Unter Wölfen, Der Spiegel 10 (6. März 2006), S. 76 ff.

[14] Zekri Sonja, Das Liebesprojekt, Süddeutsche Zeitung, 15. März 2006, Seite 13.

[15] zitiert nach Kniebe Tobias, Kinderkriegen, a.o.O.

[16] n.N., Ein Leben als sozialer Kitt. Mimosen zum Frauentag, Frankfurter Rundschau, 8. März 2006, S. 15.

[17] Radisch Iris, Der Preis des Glücks, Die Zeit 12/2006 (16. März 2006), S. 59.

Zentralorgan für Fortschritt und Emanzipation", höhnte sie, „beklagt, dass die jungen kinderlosen Frauen die „Schöpfungsnotwendigkeit" missachten. Der Herausgeber der Frankfurter Allgemeinen Zeitung, des Hausblatts für Industrie und Intelligenz, moniert, dass die die „Urgewalt" der Natur nicht anerkennen. Es vergeht kein Tag, an dem nicht irgendein neuer alter Herr die jungen Frauen an ihren Auftrag für Vaterland, Rentenkassen und Kulturnation erinnert und sie darüber in Kenntnis setzt, worin das menschliche Glück besteht: in der Familie." Dabei würden die „Gebärkampagnen der letzten Tage und Monate" ein paar grundsätzliche Wahrheiten übersehen: Eine Frau, die Kinder bekommt, müsse ihr Leben ändern, ein Mann, der Kinder bekommt, nur seinen Lebensabschnitt. Ein Vater wäre ein Vater, aber nur so lange es ihm Spaß macht – ansonsten sorge er per Bankdauerauftrag weiter für sein Kind. Ein Mann, der ein Kind bekommen hat, könne sie weiter verwirklichen, eine Frau könne das nicht. Abgesehen von solchen „Grundsätzlichkeiten" sei die „angepriesene Vereinbarkeit von Beruf und Kindern eine Schimäre", wenn man sich erst einmal aus „dem Hochsitz der Programmatik in den Sinkflug der Konkretion" begebe. Ihr Fazit: „Beide Eltern von Kleinkindern können nicht voll berufstätig sein. Die Erziehung von Kleinkindern lässt sich (von Nordkorea, Frankreich und der DDR sehen wir hier einmal ab) nicht outsourcen. Einer muss immer den Preis zahlen. Wenn es nicht die Kinder sind, sind es die Eltern. Im Krisenfall, also im Normalfall, ist es immer... aber das hatten wir."

Faule Debatte

Drei Wochen später antwortete Radischs Kollege Ulrich Greiner auf ihren ungewöhnlich emotionalen Text. „Was der Mann nicht kann" betitelte er seine Replik. „Je mehr Frauen sich emanzipieren, desto entbehrlicher fühlen sich viele Männer – und ziehen sich aus der Verantwortung." [18] „Es ist wahr und Iris Radisch hat recht: An der neuesten Demografiedebatte ist etwas faul. (...) Und ich kann gut verstehen, dass sich die Kollegin Radisch über die Bigotterie empört, mit der eine scheinerregte Öffentlichkeit das Problem des Kindermangels einfach auf die jungen Frauen ablädt, während es doch in Wahrheit alle angeht." In ihrer Argumentation habe sie aber den kleinen großen Unterschied nicht beachtet: „Ich spreche ganz simpel von der Gebärfähigkeit. Nach einem langen und mühsamen Kampf um Gleichstellung und Gleichberechtigung haben die Frauen es geschafft, jene Areale zu erobern, die bis dato den Männern vorbehalten waren. (...) Was sich aber nicht ändern wird: Männer können keine Kinder kriegen." Für das – salopp formuliert – männliche Brutverhalten habe das dramatische Auswirkungen: „Indem sie (die Frauen, Anm.) die männlichen Domänen nach und nach erobern, gibt es für den Mann keinen zwingenden Grund mehr, sich an der Aufzucht zu beteiligen. Die emanzipierte Frau erhebt Anspruch auf die völlige Autonomie, sie will ihre Karriere ebenso realisieren wie der Mann. Da sie es nun kann, fehlt ihm das zentrale atavistische Motiv, das ihn früher dazu bewog, Verzicht auf egoistische Bedürfnisse zu leisten. (...) Der Vater hat in dieser Konstellation keinen festgefügten Grund mehr. Er kann sich

---

18 Greiner Ulrich, Was der Mann nicht kann, Zeit 15/2006 (6. April 2006), S. 67.

seiner Verantwortung stellen oder es bleiben lassen. Den Rest erledigen die Anwälte."

Die Verunsicherung der Männer angesichts von berufsorientierten Frauen, die in ihrer Partnerschaft Halbe-Halbe einfordern, das Zögern beim Zeugen, die Suche danach nach einer neuen Vaterrolle – all das ist inzwischen zum beliebten Sachbuchthema geworden. „Hugh-Grant-Komplex" nennt die deutsche Sachbuchautorin Meike Dinklage dieses Phänomen in ihrem Buch „Zeugungsstreik". [19] Was Greiner nur am Rande erwähnt: Vor allem unzureichend qaulifizierte Männer sind immer seltener in der Lage, ihre traditionelle Rolle als Ernährer auszufüllen. Anders die weibliche Unterschicht: sie setzt mehr Kinder in die Welt als Gutausgebildete. „Die sozial deklassierten Kerle scheitern häufig schon auf der Suche nach einer Partnerin. Ihre Patchwork-Biografien, das einst für Frauen reservierte bunte Fllickwerk aus Praktika, befristeter Arbeit, Teilzeit und Erwerbslosigkeit, führt in eine Krise der männlichen Identität." [20] Die Identitätskrisen des Mannes ist auch Hauptthema der Männerforschung, ein vergleichsweise junge Wissenschaft, die – nicht zuletzt angesichts der vielen nach wie vor ungelösten frauenpolitischen Forderungen – noch um Anerkennung kämpft. Es waren vor allem die links orientierten Frauengruppierungen, die beispielsweise in der Erstellung eines „Männerberichts", wie ihn die österreichische Regierung im Jahr 2006 vorlegte, einen politischen Affront sahen. Auch die Gründung einer eigenen „Männerabteilung" im Jahr 2001 wurde heftig kritisiert. Dass eine Männerlobby im gesellschaftspolitischen Diskursraum einen Status als Opfergruppe beansprucht, ist relativ neu – und irritiert jene, die bislang Alleinvertretungsanspruch in dieser Frage für sich beanspruchten: die Frauen.

In ihren Argumentationen zielten Radisch wie Greiner jedenfalls haarscharf aneinander vorbei: während Radisch strukturorientiert argumentierte, zog sich Greiner auf biologistischen Standpunkt zurück – ein Muster, das stilbildend für die deutsche Demographiedebatte war, die eigentlich als Geschlechterkampfstück die öffentliche Bühne eroberte.

Publizistisches Schmuckwerk

Man muss vielleicht nicht so weit gehen wie die linke deutsche „tageszeitung", die bereits das Comeback der „neokonservativen Publizisten" befürchtete, die mit ihren „atavistischen Bluttheorien" die „blutige Idylle des 19. Jahrhunderts" hinauf beschwören wollen. [21] Etwas war in der durch „Minimum" ausgelösten und in einer Breite, wie sie leider nur in der deutschen, nicht in der österreichischen Medienlandschaft möglich ist, reflektierten „Demographiedebatte" aber allemal wahrzunehmen: Sie drehte sich fast ausschließlich um die Frauen, deren veränderte Rolle in der Gesellschaft und die Folgen daraus. Dabei wurde weniger auf die gesellschaftlichen und politischen Rahmenbedingungen für die

---

[19] Dinklage Meike, Der Zeugungsstreik, München 2005.
[20] N.n., Das Hugh-Grant-Komplott, taz, 21. März 2006, S. 12.
[21] Pinl Claudia, Blutige Idylle des 19. Jahrhunderts, taz. 27. März 2006, S. 11.

ohne Zweifel vorhandenen Probleme in unserer Gesellschaft eingegangen, also der soziologische Zugang gewählt, sondern auf beinahe mythologische Erklärungsmuster zurückgegriffen, vermischt mit biologistischen Argumentationen. Schirrmachers Fortschreiber folgten dabei ihrem Vorbild. Auch in „Minimum" ist von der „Urverfassung der menschlichen Natur" die Rede, oder vom „biologischen Gau". Nun schreibt Schirrmacher nicht als Wissenschafter, sondern Journalist mit Wissen um Dramatik seiner Texte. Vieles, was seine Kritiker bemängeln, mag daran liegen, dass sie den sprachlichen Furor, den er zu entwickeln vermag, nicht als das bewerten, was es ist: publizistisches Schmuckwerk.

Aber dennoch läst sich die Grundhaltung, die hinter diesen Argumentationen steht, im besten und freundlichsten Fall als verkappter Romantizismus bezeichnen, unfreundlich und wahrscheinlich wirklichkeitsnäher interpretiert ist es patriachalisches Role-Back pur. „Die „evolutionsbiologische" Perspektive, in die Schirrmacher diese Probleme rückt, verwandeln soziale Phänomene in Verstöße gegen Naturgesetze. Wer aber mit „Elementargewalten" spiele, das ist Schirrmachers Botschaft, riskiere die Existenz der Gattung. Dem Glauben an die Machbarkeit der menschlichen Verhältnisse setzt „Minimum" die Macht des „Schicksals" entgegen. Wer gerade noch von der Vielfalt der Multioptionsgesellschaft überwältigt war, muss sich hier sagen lassen: „Es gibt Rollen, die wir uns nicht auswählen, sondern die uns wählen", formulierte es der Rezensent der „Neuen Zürcher Zeitung". [22] „Die „alte, teutonische Lust am moralischen Zeigefinger, am dumpfen Reproduktions-Raunen; Gebären als Meto-Politik, als Welt- oder Nationenretteung" [23] fasste es Matthias Horx zusammen. Die „Süddeutsche Zeitung" erörterte in dem Zusammenhang ausführlich die Thesen Phillip Longmans, Fellow der liberalen New America Foundation, der einen generellen Zusammenhang zwischen Rückkehr des Patriachats und Wiederkehr von Wir-kriegen-keine-Kinder-mehr-Parolen sieht: „Zum einen haben sich gesellschaftliche Werte bislang noch immer ins Konservativ-Patrichalische gewendet, wenn die Angst vor einem möglichen „Aussterben" der eigenen Bevölkerung zunahm: Das viktorianische Zeitalter war nicht zuletzt auch eine Reaktion auf die Liberalisierung der Gesellschaft, auf abnehmende Kinderzahl, auf schwächeres soziales Netz und auf wachsende wirtschaftliche Unsicherheiten in Zeiten der ersten Globalisierung. (...) Zum anderen ist die Rückkehr des Patriachts, so Longman, eine Frage der Zeit und der Biologie: Der konservative Teil der Bevölkerung vermehre sich stärker als der progressive." [24]

Eines jedenfalls einte alle Diskussionsbeiträge der Schirrmacher-Apologeten: Um die Männer und ihre Aufgaben ging es ihnen seltsamerweise nur am Rande oder gar nicht. Bei ihnen drehte es sich nur um die „drei großen F: Furchtbarkeit, Familie, Frauen". [25] Die zweite große Schwäche der Demografiedebatte

---

[22] Seifert Heribert, Die Familie als soziale Überlebensmaschine, Neue Zürcher Zeitung, 26. März 2006, S. 85.

[23] Horx Matthias, Zukunft passiert, Die Presse, 25. März 2006, S. 42.

[24] Steinberger Petra, Du sollst den Vater ehren!, Süddeutsche Zeitung, 28. März 2006, S. 13.

[25] Kemp Wolfgang, Die nie Geborenen zetteln keine Revolution an, Süddeutsche Zeitung, 17. März 2006, S. 16.

war, dass sie – weil sie eben auch auf Ebene der Geschlechter geführt wurde – vielfach von „der Frau" und „dem Mann" ausging.

Die britische Autorin Alison Wolf versuchte in einem Artikel mit dem Titel „Working Girls" im „Prospect Magazine", diese Vereinfachung zu vermeiden – und kam zu Thesen, die zu einer heftigen Debatte in Großbritannien führten. [26] Wolf argumentierte ähnlich wie Schirrmacher: Auch sie forderte die Gesellschaft auf, sich die Konsequenzen, die die berufliche Gleichstellung der Frauen hat, vor Augen zu führen. Diese wären der „Tod der Schwesternschaft, ein Niedergang des weiblichen Altruismus und eine wachsende Unlust, Kinder zu bekommen." Eine Elite gut ausgebildeter, karriereorientierter Frauen, die gegenüber ihren männlichen Kollegen keinerlei Nachteile mehr hätten, entscheide sich gegen Kinder. Die Mehrzahl der weniger gut ausgebildeten Frauen aber fähre fort, „Jobs zu haben und nicht Karrieren". Diejenigen aus bildungsfernen Schichten bekämen immer mehr Kinder – mit entsprechend schwierigerer Ausgangslage für ihren gesellschaftlichen Aufstieg. Die Working Poor reproduzieren sich selbst. Dazu käme, dass sich heute für karitative Dienste, die, wie Wolf richtig analysiert, in der industriellen Gesellschaft lange Zeit von Frauen und Müttern unentgeltlich geleistet wurden, kaum noch Platz im Terminkalender einer doppeltbelasteten Frau fände. Nachbarschaftshilfe, Altenpflege, also die Basisdienste der Bürgergesellschaft – all das könnten Frauen nicht mehr leisten und würde nun von professionallen Anbietern übernommen. Darunter leide der gesellschaftliche Zusammenhalt, es käme zur Entsolidarisierung.

Geänderte Werte

Mit der Emanzipation und der beruflichen Gleichstellung der Frauen hätten sich also auch die Werte der Gesellschaft geändert. „Weil ich es mir wert bin" sei der ikonografische Werbeslogan für das neue, ihrer Meinung nach eben nicht nur positiv wirkende Selbstverständnis der Frauen. „Politiker, Journalisten und Manager betonen oft die negativen wirtschaftlichen Konsequenzen von Hürden für Frauen am Arbeitsmarkt, wenn die Hälfte des gesitigen Potentials vor der Abwasch verloren geht", schreibt sie, „natürlich haben sie recht, und ich habe keine Eile, dorthin zurückzukehren. Aber es ist bemerkenswert, dass kaum jemand anführt, oder überhaupt versucht zu quantifizieren, welche Folgekosten (oder soziale externe Effekte) entstehen, wenn Frauen Arbeit der Familie vorziehen. Das ist dumm."

Über die Rolle der Männer in dieser veränderten Gesellschaft findet sich auch bei Wolf kein Wort, geschweige denn über deren Verantwortung. „Diese Debatte zeigt unter anderem, wie verdammt notwendig ein streitbarer Feminismus nach wie vor ist", kommentierte das die Journalistin Doris Knecht. „Denn Wolf schiebt ein tatsächlich virulentes Problem – der drohende Zusammenbruch eines unfinanzierbaren Sozialsystems – nicht der Gesamtgesellschaft (also auch den Männern) in die Schuhe, sondern denen, die bislang auf Basis von honorar-

---

[26] Wolf Alison, Working Girls, Prospect Magazine 121, April 2006. Artikel unter http://www.prospect-magazine.co.uk/pdfarticle.php?id=7398

freier Selbstausbeutung dafür garantierten, dass das System funktioniert: den Frauen." [27]

„Welcher halbwegs emanzipierten jungen Frau würde da nicht die letzte Lust am Kinderkriegen vergehen", hinterfragt die „Süddeutsche Zeitung" den Wert solcher Debatten auf ihrer fruchtbarkeitsfördernde Wirkung. [28] „Die Propaganda der Fortpflanzung könnte die letzten Reste von Familienbegeisterung zerstören" [29], befürchtete „Die Zeit".

Die Zukunftsforschung hat jedenfalls andere Faktoren als „Fruchtbarkeitsanreger" identifiziert. Zukunftsoptimismus etwa. Eine flexible Arbeitswelt für Frauen und für Männer. Mut zur andauernden Vaterschaft. Ein unterstützendes Freundes- und/oder Verwandtenumfeld. Ganztagsschulen. Familienfreundliche Dienstleistungen rund um die Uhr. Steuererleichterungen. Möglichst viele Orte, an denen Kinder nicht als Störfaktor oder Problem, und sei es nur ein feuilletonistisches, wahrgenommen werden. Und ein entideologisierter Pragmatismus, der Kinder nicht zum alleineigen Lebensinhalt hochstilisiert. Wenn mehere dieser Faktoren zusammenkommen, wie etwa in Skandidnavien oder Frankreich, steige die Geburtenrate wieder. „Fertility-Cluster" [30] nennt Horx das. Sie tauchen vor allem in großstädtischen Milieus auf, in denen junge, gebildete Frauen und Männer ihr gewohntes, an Abwechslung und Kontakten reiches Leben als Mütter und Väter weiterführen können und nicht als „unfreiwillige Hausfrau" (oder unfreiwilliger Hausmann, was aber selten passiert) in der Villa am Stadtrand „versauern". Wohl zur Überraschung vieler konservativer Politiker und Publizisten steige laut Horx gerade in jenen Stadtteilen, in denen der Schwulen-Anteil besonders hoch ist, die Geburtenrate schnell über den Durchschnitt.

Ein urbanes Umfeld mit unkonventionellen Männern und Jobangeboten, in dem Kinder wie in einem Großfamilie „mitlaufen" können, statt zum „existenziellen Superprojekt" einer Partnerschaft oder gar einer ganzen Nation zu werden, nutzt einer 23- oder 37-jährigen Frau und denen dazwischen offensichtlich mehr als viele – gut gemeinte – Gebärappelle.

Zur Person: Mag. Barbara Tóth, Innenpolitikredakteurin der Tageszeitung „Der Standard" und Buchautorin

---

27 Knecht Doris, Rettet die Menschheit!, Die Presse, 20. April 2006, S. 34.

28 Kniebe Tobias, Kinderkriegen, S. 42.

29 Gaschke Susanne, Wenn Männer dröhnen, Die Zeit 13/2006 (23. März 2006), S. 1.

30 Horx Matthias, Zukunft passiert, Die Presse, 25. März 2006, S. 42

III

Bevölkerungswandel: Was kann der Einzelne tun?

Manfred Prisching

Eigenverantwortung – ein Prinzip und seine Bedeutung in einer alternden Gesellschaft

Eigenverantwortung in der politischen Sprache

Die politische Sprache ist ein Kunstwerk eigener Art. Sie soll nicht langweilig sein, muss also semantische Neuheiten kreieren. Sie soll der Sache angemessen sein, aber durchaus pathetisch-wertende Anklänge besitzen. Und sie ist immer umstritten: Denn es gibt auch eine Politik der Worte. Politische Gegner wollen „ihre" Begriffe ins Spiel bringen, Worte „besetzen", Geschehnisse sprachlich auf ihre Weise ausdeuten. Worte sind Waffen.

Damit sind wir bei der *Eigenverantwortung*. Dies ist einer jener Begriffe, die im Laufe der letzten zwei Jahrzehnte stärker in die politische Sprache Eingang gefunden haben, durch eine veränderte Wirklichkeit und durch den Kampf um deren inhaltliche Deutung. (Berger/Luckmann 1980) Er wird aber auch in unterschiedlichen Kontexten verwendet, in denen er jeweils Unterschiedliches bedeutet.

Beispiel 1: Eigenverantwortung bei der Gestion großer Konzerne kann bedeuten, dass der Staat auf Vorschriften und Kontrollen verzichtet und es den Betrieben ermöglicht, ihr Verhalten durch freiwillige ethische Regeln zu steuern. Nach den großen Skandalen der letzten Jahre sind verschiedentlich Bestrebungen aufgekommen, den Konzernen auf die Finger zu sehen. Meist ist es den Großunternehmen anheim gestellt worden, „Eigenverantwortung" dadurch auszuüben, dass sie sich freiwilligen Verpflichtungen unterworfen und Ethik-Deklarationen verfasst haben.

Beispiel 2: „Eigenverantwortung" im Zusammenhang mit dem Schulsystem kommt ins Spiel, wenn den einzelnen Schulen mehr Rechte gegeben werden sollen, ihre Angelegenheiten selbst zu ordnen; was auch eine größere Selbstständigkeit beim Umgang mit den verfügbaren Geldern oder bei der Verfügung über Personal einschließen soll.

Beispiel 3: Wenn von der „Eigenverantwortung" in der Arbeitswelt die Rede ist, dann hat man meist eine organisatorische Neugestaltung im Auge, die Personen, Gruppen oder Abteilungen aus einer hierarchischen Befehlskette löst, ihnen Spielräume bei der Leistungserbringung gibt, sie aber letztlich für die Ergebnisse verantwortlich macht. Die jeweiligen Einheiten können – übertrieben gesagt – tun, was sie wollen, nur muss am Jahresende ein Gewinn herausschauen, sonst haben sie die Konsequenzen zu tragen. Beispiel 4: „Eigenverantwortung" im Zusammenhang mit der Gestaltung arbeits- und sozialrechtlicher Verhältnisse bedeutet normalerweise, dass irgendwelche Leistungen, Sozialleistungen vor allem, die bislang aus solidarischen Sicherungssystemen erbracht wurden, gestrichen werden. Eigenverantwortung schmälert in diesem Falle die finanziellen Spielräume des Einzelnen und bürdet ihm zusätzliche Lasten auf, dafür kann er sich zwischen unterschiedlichen Institutionen oder Programmen entscheiden.

Eigenverantwortung im Spannungsfeld

In einer neutralen Formulierung bezeichnet man als „Eigenverantwortung" die Fähigkeit und Bereitschaft, für eigene Handlungen Verantwortung zu übernehmen. Man entscheidet über diese Handlungen, man steht für sie ein, man trägt die Konsequenzen. Gerade wenn wir die Bedeutung des Begriffs „Eigenverantwortung" in sozialrechtlichen Verhältnissen weiter verfolgen wollen, kommen wir nicht umhin wahrzunehmen, dass er insofern in einem eigenartigen Spannungsfeld steht, als zwei unterschiedliche Gegenbegriffe aufzuweisen sind.

Erster Gegenpol: Fremdbestimmung, Untertänigkeit, Herrschaft, Unselbstständigkeit, Hierarchie, Weisungsgebundenheit, Zwang, Vorschriften ... Die europäischen Länder haben eine lange Tradition der *Obrigkeitsorientierung*. Ihre Bewohner sind es gewohnt, dass die Machthaber im Austausch gegen ihre Loyalität ein gewisses Maß an Obsorge für ihre Lebensbedürfnisse walten lassen. Das bedeutet aber auch ein gewisses Maß an Entmündigung. Wenn es darum geht, jedem alle Sorge und Sorgfalt abzunehmen, verwenden drastische Beschreibungen gar den Begriff der „Verhausschweinung": Auch wenn diese sicherlich vielen Individuen eine gar nicht so unattraktive Variante der Lebensgestaltung zu sein scheint, steht sie im Gegensatz zu jenen Komponenten der europäischen Wertewelt, die das Individuum in den Vordergrund stellen und ihm Verantwortung gleichermaßen zugestehen wie aufbürden. Auch wohlwollende Bevormundung (Edgley/Brissett 1999) fällt unter diese Kategorie: Sonntags gibt es in weiten Teilen Amerikas kein Bier zu kaufen.

Zweiter Gegenpol: Kollektive Verantwortung, gemeinschaftliche Sicherung, Nothilfe, Solidarität, Einbettung, Sozialversicherung... Die europäischen Länder haben eine lange Tradition der *Sozialstaatlichkeit*. Ihre Bewohner sind es gewohnt, dass für die Abdeckung bestimmter existenzieller Bedürfnisse solidarische Sicherungssysteme bestehen. Die klassischen Risiken – Arbeitslosigkeit, Unfall, Krankheit, Alter – sind in dieser Tradition keine dem Einzelnen aufzubürdenden Lasten, sondern gemeinschaftlich-solidarisch zu tragende Schicksalsfälle. Niemand kann etwas für schlechte Gesundheit, daher sollte er dieses Risiko, das ja erst Voraussetzung für Chancengleichheit und Wettbewerb darstellt, nicht individuell tragen müssen. Man soll nicht ins Alterselend versinken, wenn man nicht mehr so leistungsfähig ist, und wenn man eine Magenoperation braucht, dann soll man nicht sein Haus verkaufen müssen, um sie sich leisten zu können.

Kontext der Freiheit

Man kann diese Entgegensetzungen auch noch anders formulieren. Eigenverantwortung gehört in den Kontext der beiden traditionellen Freiheitsbegriffe der europäischen Sozialphilosophie. Der eine Freiheitsbegriff (Freiheit von etwas) stellt darauf ab, dass es viele Lebensbereiche gibt, in denen dem Einzelnen die absolute Entscheidungsfreiheit zukommt: frei sein vom anderen, keine kollektive Einmischung befürchten müssen, den Staat draußen halten können: „getting the government from one's back." Das ist das *liberale Postulat*: Niemand, auch nicht die demokratischeste Entscheidung, darf mir vorschreiben, was ich denken,glauben oder sagen soll, welchen Wohnort ich nehmen und welche Farbe ich mir für meinen Pyjama aussuchen will. Ich darf kaufen, was ich will, und meine Freizeit verbringen, wie es mir gefällt. Und ich darf Dummheiten machen und die Folgen tragen, auch das ist Eigenverantwortung. – Der andere Freiheitsbegriff (Freiheit zu etwas) stellt darauf ab, dass es nicht genügt, den Einzelnen in Ruhe zu lassen, ihn aber durch undurchschaubare Mechanismen oder Schicksalsschläge in eine Lage zu versetzen, die ihn an den Rand der Gesellschaft befördert oder die in ihm keinerlei Teilhabe am Leben der Gesellschaft gestattet. Freiheit gewinnt erst dadurch Substanz, dass man auch die materiellen Mittel hat, um am Leben der Gesellschaft in gehöriger Weise teilzunehmen. Es ist das *soziale Postulat*: Jene Eigenverantwortung, die darin besteht, dass man sich das Schlafplätzchen unter einer geeigneten Brücke aussucht, ist den Europäern immer unzureichend erschienen.

Der mündige Mensch und seine Schwächen

Eigenverantwortung ist ein Aufsteigerbegriff geworden, weil er in mehrerlei Hinsicht in eine postmoderne Gesellschaft passt.

Zum einen ist es eine Gesellschaft, die als individualisierte und pluralisierte Gesellschaft, als Multioptionsgesellschaft und als Erlebnisgesellschaft (Gross 1994), beschrieben wird. Es ist eine Gesellschaft, die dem Einzelnen so viele Wahlmöglichkeiten eröffnet wie nie zuvor. Es gibt wenige Vorgaben und Bindungen, wenige Beschränkungen und Verbote; es können so viele verschiedene Möglichkeiten wie nie zuvor ausgewählt werden: Ausbildungswege, Jobs, Partner, Wohnorte, Lebensstile. Diese Optionen bedeuten aber auch Verantwortlichkeiten: Dem Einzelnen werden nicht nur Wahlmöglichkeiten *eröffnet*, sie werden ihm auch *aufgezwungen*. Er hat nicht nur Chancen, er ist auch selbst schuld, wenn er sie vertut. Letztlich ist er für alle Ergebnisse verantwortlich; was immer auch herauskommt, er hat sich selbst in eigener Verantwortung dorthin manövriert. Euphorisch dargestellt wird dies im herrschenden Psycho-Babble, in der Therapeutenszene der Moderne, die jeden Menschen zu einem wirtschaftstauglichen Zukunftsoptimisten hochrüsten möchte: Man müsse nur erkennen, dass man sein Leben selbst in die Hand nehmen müsse; dann funktioniere alles.

Zum anderen ist es eine Gesellschaft, die als Marktgesellschaft, ja als vermarktlichte Gesellschaft in einem historisch unvergleichlichen Ausmaß beschrieben wird. Der Markt aber *zwingt nicht*, anders als Hierarchien oder Obrigkeiten. Niemand muss kaufen oder verkaufen, der das nicht mag. Das Modell des souveränen Konsumenten stellt gleichsam den Idealtypus der Eigenverantwortung dar. Wer sich für eine Handlung entschieden hat, der wollte offensichtlich diese Entscheidung fällen, und somit trägt er dafür auch die Verantwortung. Marktteilnehmer dürfen nur in begrenztem Maße geschützt werden: Die Freiheit des Marktes impliziert die Folgentragung.

Das praktische Problem: Finanzierungsengpässe

Die Eigenverantwortung ist in jenen Jahren in das politische Vokabular eingedrungen, in denen deutlich wurde, dass *die umfassende Kollektivverantwortung an finanzielle Grenzen* stößt. Die Staatsausgaben sind in allen europäischen Ländern in den letzten Jahrzehnten in Dimensionen hineingewachsen, die nicht mehr ausweitbar sind. Die meisten europäischen Staaten haben einen Staatsanteil zwischen 40 und 50% des Sozialprodukts, und es wird nicht als verkraftbar angesehen, den Menschen sehr viel mehr als die Hälfte dessen, was sie als Wert erzeugen, für gemeinschaftliche Zwecke abzunehmen. Das wäre tatsächlich – auf andere Weise – ein merkantilistisch-absolutistisches oder kollektivistisch-planwirtschaftliches System: eine fürsorgliche Macht, die für alle Individuen alles regelt, was zu deren Bestem dienlich ist, weil der aufgeklärte Fürst oder die aufgeklärte Politik eben besser als die einzelnen Menschen wissen, was diesen frommt. In den letzten Jahren gewinnen deshalb jene Bestrebungen an Gewicht, die den Staatsanteil und die Verschuldung wieder ein wenig zurückdrängen wollen. (Prisching 1996)

Gleichzeitig aber ist jedem bewusst, dass die Anforderungen an die staatlichen Budgets steigen. Öffentliche Infrastrukturinvestitionen, Ausgaben für Wissenschaft und Forschung, Aufwendungen für öffentliche Sicherheit werden teuer. Die wahrlich „explosiven" Ausgabenkategorien aber sind – in allen entwickelten Ländern – das Pensionssystem und das Gesundheitssystem.

Pensionen: Aufgrund der demographischen Entwicklung steigen die Ausgaben für die Älteren wesentlich an. Es hat sich mittlerweile herumgesprochen, dass die Menge der Zahler (die aktive Bevölkerung) auf Grund der nachhaltig geringen Geburtenraten schrumpft und dass die Menge der Nehmer (die Pensionisten) auf Grund steigender Lebenserwartung wesentlich ansteigt. Die Präferenzen der Individuen haben sich verschoben: Sie wollen in einer luxuriösen Gesellschaft beim Konsum der unzähligen Annehmlichkeiten nicht dadurch behindert werden, dass sie familiären Verpflichtungen nachkommen müssen. Die bisherigen „luxuriösen" Pensionssysteme werden unter diesen Bedingungen nicht finanzierbar sein.

Gesundheit: Die Pensionszahlungen sind relativ einfach vorherzusagen, da sich die Zahl der Bezieher gut abschätzen lässt; bei den Gesundheitsausgaben ist nur klar, dass sich erstens auf Grund der Fortschritte der Medizin die Ausgaben explosiv steigern und zahlreiche neue Ausgaben dazukommen, dass zweitens auf Grund der Überalterung der Gesellschaft die Aufwendungen für einzelne Personen wesentlich zunehmen werden, weil gerade die letzten Lebensjahre (die sich auf Grund der verbesserten Gesundheitsleistungen länger „hinziehen" und viele chronische Leiden einschließen) einen großen medizinischen Aufwand erfordern; und dass drittens auf Grund des stärker marktorientierten Verhaltens der Familien wesentliche Pflegeaufwendungen auf die Gesellschaft zukommen, weil diese im Familienverband immer weniger geleistet werden (können). Das bedeutet, dass die bisherigen sozialpolitischen Leistungsstandards auch in diesem Bereich nicht aufrechterhalten werden können.

Selbst zahlen

Der Ausweg, sich zu verschulden, das heißt zukünftige Generationen zahlen zu lassen, war lange Zeit deshalb plausibel, weil man erwarten konnte, dass diese zukünftigen Generationen einen wesentlich höheren Lebensstandard aufweisen würden. Aber das ist nicht mehr der Fall. Die große Party ist vorbei. Jetzt Zahlungen einfach in die Zukunft zu verschieben, ist Ausbeutung. Als Ausweg wird in allen entwickelten Staaten angesehen: Abbau der gemeinschaftlichen Verbürgungen, stärkerer Einsatz der eigenen Vorsorge. Dabei kommt die „Eigenverantwortung" ins Spiel. Die öffentlichen Transfers werden schrumpfen; Eigenverantwortung heißt: selbst zahlen. Wenn man eine ordentliche Pension oder eine gute Gesundheitsvorsorge haben will, muss man private Zusatzprogramme (private Versicherungspakete) abschließen. Das Sozialversicherungsprogramm könnte im Extremfall überhaupt durch ein Privatversicherungsprogramm ersetzt werden.

Als positiver Aspekt wird hervorgehoben, dass man nicht auf die Einheitsmuster der kollektiven Versicherung festgelegt ist, sondern selbst zwischen unterschiedlichen Versicherungsangeboten entscheiden kann. Da können unterschiedliche Lebensstile und Lebensvisionen ins Spiel kommen. Man kann sich beispielsweise entscheiden, ob man in frühen Lebensjahren oder in seiner aktiven Zeit mehr konsumieren möchte, zu Lasten des Konsums im Alter, oder ob man umfassender ansparen möchte, was gegenwärtig weniger und zukünftig mehr Konsum bedeutet. Man kann auch die eigene Risikofreude abschätzen: entweder ein wenig mehr für die Gesundheitsversicherung ausgeben und damit mehr Sicherheit einkaufen oder weniger Ausgaben bei höherem Risiko tätigen. (Diderichsen 1993)

Ruf nach Wahlfreiheiten

Der Zeitgeist drängt in diese Richtung. Die Gesellschaft ermöglicht und verlangt *Individualisierung*. (Berger 1996) Jeder hat sich und sein Leben selbst – unverwechselbar – zu gestalten. Dazu braucht er Gestaltungsmöglichkeiten, und er übernimmt damit auch die Verantwortung. Das spricht für den Abbau paternalistischer Vorschriften; wenn die Individuen sich für mündig halten, wollen sie entscheiden. Der „reflexive Konsument" (Giddens 1991) will auch „reflexiver Patient" sein.

Dazu kommt, dass die Menschen sich in den *unterschiedlichsten Lebenslagen* befinden, sodass flächendeckende Systeme ihre Probleme nicht mehr treffen. (Hartmann 1999) Sie sind nicht mehr mit dem „Einheitsprogramm" zufrieden, sondern halten es für plausibler, dass ihren Besonderheiten Rechnung getragen wird – dass sie bekommen, was für sie „passt".

Angesichts dieser Lage fordern die Individuen *Optionen* ein, denn sie sind zunehmend daran gewöhnt, sich aus einer Vielzahl von Möglichkeiten aussuchen zu können, was ihnen zusagt. Wenn man sich Biographien und Identitäten ebenso wie Fernsehprogramme aussuchen kann, warum nicht auch Versicherungen? Der klassische Wohlfahrtsstaat wird unter diesem Gesichtspunkt vielfach als ein „one size fits all"-Programm betrachtet, und ein versicherungsrechtliches „Wahlsystem" gilt als interessante Alternative. Von ihm erwartet man sich die Realisierung einer Win-win-Situation: Mehr Freiheit für die Kunden, mehr Effizienz für das System, weniger Kosten für die Allgemeinheit.

Zwangscharakter und Verantwortlichkeit

Mehr Eigenverantwortung – das sagt sich leicht. Schwieriger ist es, eine konkrete Ausgestaltung neuer Versicherungssysteme zu finden, welche die alten, flächendeckenden Sicherungen ablösen soll. Es gibt eine allgemeine Vision: dass sich durch mehr Marktförmigkeit – *managed competition, regulated competition* (Enthoven 1993; Gress u. a. 2002; Lieverdink 2001; McMaster 2002; Peterson 1998; Schut/Hassink 2000) – Probleme beheben lassen. Es gibt eine Neudefinition der Rollen: Patienten werden Konsumenten, Ärzte werden Dienstleister, Versicherer werden kompetitive Unternehmen, Spitäler müssen sich um Verträge bemühen (Stone 1997). Finanzielle Anreize werden jeweils zum entscheidenden Steuerungsinstrument. Für Versicherungen und ihre Kunden bedeutet dies: Der Einzelne kann sich bei beliebigen (oder jedenfalls mehreren) Anstalten versichern, er kann sich allenfalls zwischen dem öffentlichen System und privaten Anbietern entscheiden, er kann zwischen umfassenderen und beschränkteren Programmen wählen, er bekommt das „exit"-Recht (Hirschman 1970); Versicherer können mit medizinischen Anbietern außerhalb ihres Versorgungsbereiches Verträge schließen; sie können Beitragszahlungen (unterschiedlich) festsetzen und Leistungskataloge (unterschiedlicher Art) erstellen; es besteht nicht unbedingt Kontrahierungszwang für Versicherer oder freier Zugang für Kunden. Das spart Geld. Es ist gerecht. Und es ist „freier".

Gleichwohl ist das Ausmaß des *Zwangscharakters*, den man dem „liberalisierten" System geben kann, unklar. Die radikal-liberale Version überträgt die Verantwortung den Individuen; äußerstenfalls müssen sie sich überlegen, ob sie überhaupt eine Gesundheits- oder Altersversicherung abschließen wollen. Soweit es sich um meritorische Güter handelt, kann der Staat aber zusätzliche *Anreize* zu einem korrekten Verhalten setzen, etwa in Form besonderer Vergünstigungen. Man kann darüber hinaus eine gesetzliche *Versicherungspflicht* festlegen anstelle einer Pflichtversicherung. Man kann aber auch andere Ziele in die institutionelle Gestaltung einbringen, etwa verteilungsorientierte Zuschüsse (für Nichtbeschäftigte oder Niedrigeinkommensbezieher) leisten. Dazwischen gibt es noch Steuerungsvarianten wie Kostenbeteiligungen, Selbstbehalte, Prämien für Nichtinanspruchnahme und dergleichen.

Dazu kommt das *Verantwortungsproblem*. Die Freiheit des Konsumenten besteht nicht zuletzt darin, dass er durch seine höchsteigenen Entscheidungen auch Fehler machen kann und die Konsequenzen tragen muss. Die wohlfahrtsstaatliche Lösung ist eher eine „Vollkasko-Individualisierung", wie sie Ronald Hitzler (1999; 2001) treffend nennt; die multioptional-kompetitive Gesellschaft lädt die Entscheidungsfolgen dem Einzelnen auf. Fehler werden zulässig. Es ist kein kollektives Problem, wenn der Konsument mit einem Hausbau beginnt, sich aber verkalkuliert hat und den Rohbau verkaufen muss. Wie aber verhält sich dies bei Fehlentscheidungen über die Versicherung im Gesundheits- oder Pensionsbereich? Der Akteur hat beispielsweise eine starke Zeitpräferenzrate, versichert sich in zu geringem Umfang und stürzt, wenn er krank wird, seine Familie mit zahlreichen Kindern ins Elend. Es steht zu vermuten, dass es für solche Fälle in Europa eine geringere gesellschaftliche Akzeptanz gibt als in den USA. Wenn das Elend in Einzelfällen aber nicht hingenommen wird und der Staat kompensierend eingreift, werden strategisch-rationale Überlegungen auf Seiten der Individuen wirksam, das heißt: Keiner wird sich versichern, wenn ihm im Bedarfsfall auch ohne Versicherung geholfen wird. Wieviel Leiden (auf Grund falscher Entscheidungen der Individuen) dulden wir?

Informationsprobleme und Entscheidungskompetenzen

Die Welt ist unsicher, uneinschätzbar und unübersichtlich geworden. Es ist nicht selbstverständlich, welches Maß an Sicherheit und welches Maß an Beweglichkeit die Menschen in welchen Lebensbereichen wollen. Bei der Gestaltung sind nun allerdings die folgenden Überlegungen anzustellen.

Erstens die Frage des *paternalistischen Liberalismus*: Wollen die Individuen die zusätzlichen Entscheidungen überhaupt fällen? Die politische Feststellung, mehr Entscheidungsfreiheit für die Individuen sei wünschenswert, entbehrt dann, wenn diese eine solche Entscheidungsfreiheit nicht wollen, nicht ihrer paternalistischen Züge: Zwang zur Freiheit? Es tut sich in der Tat eine Kluft auf zwischen der unsicheren Außenwelt und den wenigen noch halbwegs sicheren Institutionen; je turbulent-flexibler alle Verhältnisse (Sennett 1998), desto stärker können sich die Menschen an die letzten verfügbaren „Sicherheiten" klammern, und das öffentliche Sozialversicherungssystem hat bislang zu den außerordentlich verlässlichen, wenn auch nicht ganz billigen Institutionen gezählt.

Zweitens, Informationsgrenzen schaffen *neue Abhängigkeiten*; so stellt sich etwa die Frage der *Beratungsabhängigkeit*: Wettbewerb im Versicherungsmarkt bedeutet, dass es eine Vielzahl von unterschiedlichen Angeboten, Gesundheitsplänen, Versicherungskonzepten gibt; einerseits bei unterschiedlichen (öffentlichen oder privaten) Anbietern, andererseits als Menü bei jedem einzelnen Anbieter. Es ist also von einer Situation auszugehen, wie sie derzeit bereits auf dem Handy-Markt besteht und zunehmend auch bei Elektrizitätsgesellschaften und anderen ehemaligen Monopolisten bestehen wird: Der Einzelne kann keine rationale Entscheidung mehr ohne Beratung von Consultern fällen. (Das Internet kann nicht alle Informationsdefizite kompensieren; Hardey 1999.) Insofern ist die These, dass dem einzelnen Kunden zur „Freiheit" verholfen wird, zu relativieren; dies ist vom Grad der Markttransparenz abhängig. Die Eigenverantwortung wird rasch zur Verantwortung von Ratgebern.

Drittens *differierende Kompetenzen*: Eine unübersichtliche Tarifsituation kann zu *Adverse-selection*-Entwicklungen führen: Personen mit besseren Kenntnissen vermögen die günstigeren Programme ausfindig zu machen, Personen mit schlechteren Kenntnissen sammeln sich in den ungünstigen Programmen, die (nach der herkömmlichen Gesundheitsstatistik) dann noch ungünstiger werden (vgl. umfassend Van de Ven et. al. 2003). Selbst wenn eine gute Beratung möglich ist, ist es fraglich, ob der zu Versichernde sodann eine angemessene Entscheidung treffen kann. „Health Literacy" ist eine prekäre Sache, und selbst eine detaillierte Erklärung von Gesundheitsversicherungsangeboten werden große Teile der Bevölkerung nicht verstehen (Henwood et. al. 2003). Eigenverantwortliche Entscheidung setzt Kenntnisse voraus, und in manchen Bereichen viele Kenntnisse.

Viertens das Problem *interner Differenzierung der Märkte*. Der Wettbewerb wird einen Druck dahin erzeugen, Marktdifferenzierungen vorzusehen; die Diskussion über Freizeitunfälle, gefährliche Sportarten und Raucher hat bereits begonnen. In Deutschland wird nach Alter, Geschlecht, Region und Behinderung differenziert. Natürlich können sich Überlegungen zu anderen Lebensstileigenheiten anschließen, will doch keine Versicherung schlechte Risiken haben: Die Krankenversicherungsprämie könnte auch von der Stärke des Autos oder von der Jahreskilometerleistung beeinflusst werden; man könnte nicht nur die früheren Erkrankungen von Familienmitgliedern oder das Körpergewicht des Versicherten einfließen lassen, sondern auch die Prüfung genetischer Dispositionen – bei günstigem Prüfungsergebnis verbunden mit einer Prämienreduktion – ins Auge fassen; letztlich hundert Indikatoren, die für jeden Kunden eine jeweils individuell kalkulierte Prämie ergeben. Freilich wirft dies nicht nur Probleme des Datenschutzes (und des entsprechenden Spielraums für Privatunternehmen) auf, sondern es gefährdet im Grunde das Versicherungsparadigma, macht es weitgehend zu einem „Zwangssparmodell" (wohin sich ja auch das Pensionssystem mit „individuellen Konten" entwickelt).

Fünftens die *Entscheidungen über Inanspruchnahme*: Wettbewerbsmodelle werden auch Selbstbehaltsvarianten, Teilrückzahlungen und dergleichen einschließen. In jedem Falle wird der Versicherte im Einzelfall zu entscheiden haben, welche Leistungen er – allenfalls durch Zuzahlungen – in Anspruch nimmt: welche Untersuchungen, welche Behandlungen, welche Medikamente. Das erfordert Kompetenz. Auch das zunehmende Haftungsproblem der Ärzte kann teilweise auf die Versicherten überwälzt werden. Es wird darüber hinaus Sache der individuellen Entscheidung sein, welche Mitglieder der Familie versichert werden oder im Falle finanzieller Knappheit unversichert bleiben. In den USA fällt die Entscheidung oft so aus, dass der männliche Hauptverdiener versichert ist und die anderen Familienmitglieder unversichert; und das ist durchaus rational, denn wenn der wichtigste „breadwinner" ausfällt, ist die Familie als Ganze gefährdet – institutionelle Änderungen im Sozialversicherungsbereich können somit (durch Eigenverantwortung) interessante Auswirkungen auf das Bild der Familie haben.

Nichtbeabsichtigte Wirkungen und institutionelle Gestaltung

Nicht immer werden Folgewirkungen ausreichend bedacht, wenn man die Souveränität des Konsumenten mehr postuliert als analysiert. Nehmen wir ein Beispiel aus der Pensionsvorsorge, wo sich die Rede vom Drei-Säulen-Modell durchgesetzt hat. Im Klartext bedeutet das, stark vereinfacht in einer „radikalen" Variante: Die bisherigen Pensionen werden um zwei Drittel gekürzt. (Natürlich muss es sich um keine Drittelung handeln.) Ein Drittel kommt hinfort aus dem öffentlichen System; für ein Drittel muss oder kann der Einzelne selbst aufkommen (oder auch nicht); das dritte Drittel ist davon abhängig, ob ein Unternehmen leistungsfähig genug ist, eine betriebliche Vorsorge zu gewähren (oder auch nicht). Was aber bedeutet das? (1) Die Verfügbarkeit einer betrieblichen Pensionsvorsorge wird den Unterschied von „guten" (großen) und mittelständischen sowie kleinen Betrieben schärfer werden lassen. Arbeitskräfte, die marktgängige Qualifikationen aufzuweisen haben, werden in gute Betriebe gehen, für die kleineren Betriebe bleiben die schlechteren Mitarbeiter. Diese Personalselektion war zu jenen Zeiten, als die sozialrechtlichen Absicherungen bei beiden Arten von Betrieben vergleichbar waren, in weitaus geringerem Maße der Fall. (2) Betriebliche Pensionsvorsorge ist von unberechenbaren Schwankungen der Wirtschaftslage abhängig. Wenn es den Betrieben schlecht geht (wie derzeit der amerikanischen Autoindustrie), dann werden Leistungen für Pension oder Gesundheit gekürzt; und es ertönt sehr laut der Ruf – gerade aus der Industrie –, dass ein staatliches System vonnöten wäre, um marktgerechte Gleichheit zwischen Unternehmen herzustellen. Wenn die Gelder in den falschen Fonds veranlagt sind, dann können sich die erwarteten Erträge verflüchtigen. Die einzig zuverlässige Variante – über alle möglichen zeitgeschichtlichen Katastrophen hinweg – ist nun einmal ein Umlageverfahren.

Ein anderes Beispiel aus dem Gesundheitssystem: In Non-Profit-Verhältnissen (wie im herkömmlichen öffentlichen System) wird den Akteuren (Ärzten oder Krankenhäusern) zugute gehalten, dass ihnen bei unüberschaubaren Entscheidungssituationen oder bei mangelnder Kontrollierbarkeit von den Klienten oder Konsumenten ein höheres Vertrauen entgegengebracht wird (Fukuyama 1995; Fiedler 2001). Ökonomisch formuliert: Kunden, die Wert darauf legen, dass nicht bei jeder Behandlungsvariante überlegt wird, ob es sich „lohnt" oder im Budget noch unterzubringen ist, dass eine entsprechende Behandlung vorgenommen wird, könnten willens sein, eine gewisse Prämie (und sei es eine Ineffizienzprämie) dafür zu bezahlen, dass eine seriöse Vertragsgestaltung und -abwicklung (ohne Seitenblick auf die jeweilige Gewinnlage des Arztes oder Krankenhauses) zustande kommt. Juristisch formuliert: Legistische Anpassungsmechanismen werden erforderlich; wenn Ärzte beispielsweise, wie bei Wettbewerbssystemen üblich, auch Kostenkalkulationen in ihre Behandlungsüberlegungen einfließen lassen müssen, wird es erforderlich werden, andere Instrumente zu finden, um ihre hinreichende Sorgfalt sicherzustellen. Das heißt, es ist möglicherweise eine wesentliche Verschärfung der Haftungs- und Schadenersatzbestimmungen vorzusehen als Kompensation für die wegfallende „Kostengleichgültigkeit", die ja auch ein Schutz für den Patienten war, weil für ihn alles getan wurde, was nur irgendwie medizinisch geboten schien.

Ein drittes Beispiel aus dem generativen Verhaltensbereich: Die Altersvorsorge durch eine entsprechende Zahl von unterhaltsverpflichteten Kindern ist nicht mehr nötig, wenn es eine kollektive Pensionsversicherung gibt. Wenn die kollektive Vorsorge nunmehr zurückgeschraubt wird, stellt sich das Sicherungsproblem erneut: Man muss selbst vorsorgen. Es entsteht die „Kinderfalle": *Kollektiv* werden nachwachsende Generationen gebraucht, um die sozialen Sicherungssysteme finanzierbar zu halten; aber auf *individueller* Ebene ist die beste Vorsorge für das Alter unter den gegebenen gesellschaftlichen Umständen die Kinderlosigkeit. Dem bisherigen System der öffentlich garantierten Notlagenvorsorge wurde bereits vorgeworfen, dass es die Investition in Kinder überflüssig mache; aber wenn man das Geld, das man nicht in die Kinder stecken muss, in die Kranken- und Pensionsversicherung stecken kann, dann sind Kinder nicht nur *überflüssig*, sie werden zu einer *Beeinträchtigung* für die eigene Alters- und Gesundheitsvorsorge. Man erzeugt unerwünschte gesellschaftliche Anpassungsreaktionen: Privatisierung der Pensions- und Gesundheitsvorsorge wird die Kinderzahlen weiter abnehmen lassen.

Zwei Reformargumente

Wenn man sparen muss, dann soll man sagen, dass man sparen muss. Man mag den Menschen nicht allzu viel Verständigkeit zumuten, aber sie sind nicht völlig blind. Sie wissen, was los ist, wenn man ihnen Geld, Sicherheit, Transfers wegnimmt. Viele haben sich in ihrer Freiheit nicht beeinträchtigt gefühlt, wenn einerseits Sozialversicherungsbeiträge von ihrem Einkommen abgebucht wurden, andererseits aber eine anständige Altersvorsorge und eine umfassende Abdeckung von Gesundheitsmängeln geboten wurden. Viele weigern sich, die Abschaffung solcher Transfers als Freiheitsgewinn anzusehen. Um zu erkunden, wie Systeme institutionell auszugestalten sind, in denen eine kluge Balance zwischen Kollektivverantwortung und Eigenverantwortung erreicht wird, wird man noch viel ausprobieren müssen.

Es gibt nur zwei Reformargumente: Erstens, es gibt Grenzen der Leistungsmöglichkeiten der Systeme, und diese muss man wahren, wenn Systeme nicht gänzlich zusammenbrechen sollen. Zweitens, es wäre eine Unverschämtheit und Unanständigkeit der gegenwärtigen Generation, sich selbst noch alles unter den Nagel zu reißen, was diese Gesellschaft hergibt, und die Rechnung dafür die Kinder und Kindeskinder bezahlen zu lassen.

Zur Person: Univ.Prof. Mag. Dr. Manfred Prisching, Institut für Soziologie der Universität Graz

Literaturverzeichnis

Berger, Peter A.: Individualisierung. Statusunsicherheit und Erfahrungsvielfalt, Opladen 1996.

Berger, Peter L. Luckmann, Thomas: Die gesellschaftliche Konstruktion der Wirklichkeit. Eine Theorie der Wissenssoziologie, Frankfurt a. M. 1980.

Diderichsen, F.: Market reforms in Swedish health care: A threat to or salvation for the universalistic welfare state?, International Journal of Health Services 23 (1993), 185-188.

Edgley, Charles/Brissett, Dennis 1999: A Nation of Meddlers, Boulder, CO.

Enthoven, Alain C.: The history and principles of managed competition, Health Affairs 12 (1993), S. 24-48.

Fiedler, Martin: Vertrauen ist gut, Kontrolle ist teuer. Vertrauen als Schlüsselkategorie wirtschaftlichen Handelns, Geschichte und Gesellschaft 27 (2001), 576-592.

Fukuyama, Francis: Trust: The Social Virtues and the Creation of Prosperity, New York 1995.

Giddens, Antthony: Modernity and Self-Identity, Oxford 1991.

Greß, Stefan/Groenewegen, Peter/Kerssens, Jan/Braun, Bernard/Wasem, Jürgen: Free choice of sickness funds in regulated competition: evidence from Germany and The Netherlands, Health Policv 60 (2002), 3, 235-254.

Gross, Peter: Die Multioptionsgesellschaft, Frankfurt a. M. 1994.

Hardey, Michael: Doctor in the house: the Intemet as a source of lay health knowledge and the challenge of expertise, Sociology of Health and Illness, 21 (1999), 6, 820-835.

Hartmann, Peter H.: Lebensstilforschung. Darstellung, Kritik und Weiterentwicklung, Opladen 1999.

Henwood, Flis/Wyatt, Sally/Hart, Angie/Smith, Julie Smith: 'Ignorance is bliss sometimes': constraints on the emergence of the 'informed patient' in the changing landscapes of health information, Sociology of Health & Illness 25 (2003), 6, 589ff.

Hirschman, Albert O.: Exit, Voice and Loyalty. Responses to Decline in Firms, Organizations and States, Cambridge 1970.

Hitzler, Ronald: Existenzbastler als Erfolgsmenschen. Notizen zur Ich-Jagd in der Multioptionsgesellschaft, in: Achim Brosziewski, Thomas Samuel Eberle and Christoph Maeder (Hg.): Moderne Zeiten. Reflexionen zur Multioptionsgesellschaft, Konstanz 2001, 183-197.

Hitzler, Ronald: Existenzbastler im Wohlfahrtsstaat. Über „Vollkasko-Individualisierung" als Handlungsrahmen, in: *Neue Praxis* 29 (1999), 535-542.

Lieverdink, Harm: The marginal success of regulated competition policy in the Netherlands, Social Science and Medicine 52 (2001), 8, 1183-1194.

McMaster, Robert: The Analysis of Welfare State Reform: Why the „Quasi-Markets" Narrative Is Descriptively Inadequate and Misleading, Journal of Economic Issues 36 (2002), 3, 769-794.

Peterson, F. A.: Healthy markets? The new competition in health care, Durham, NC, 1998.

Prisching, Manfred: Bilder des Wohlfahrtsstaates. Sozioökonomische Studien, Metropolis Verlag, Marburg 1996.

Schut, Frederik T./Hassink, Woler H. J.: Managed competition and consumer price sensitivity in social health insurance, Journal of Health Economics 21 (2000), 6, 1009-1029.

Sennett, Richard: Der flexible Mensch. Die Kultur des neuen Kapitalismus, Berlin 1998.

Stone, D. A.: The doctor as businessman: The changing politics of a cultural icon, Joumal of Health Politics, Policy and Law 22 (1997), 2, 533-557.

Van de Veen, Wynand P. M. M. et. al.: Risk adjustment and risk selection on the sickness fund insurance market in five European countries, Health Policy 65 (2003), 75-98.

Wolfgang Rohrbach

Willkommen in der Vorsorgegesellschaft!

Europäische Vorsorgekultur

Einer der verhängnisvollsten Irrtümer der Gegenwart besteht darin, zu meinen, der Fortschritt des Globalisierungszeitalters habe Dimensionen erreicht (oder könne solche erreichen), die in vielen Bereichen Vorsorgemaßnahmen überflüssig machen. (Titanic-Syndrom)

Prävention und/oder Schadenverhütung sowie Versicherungsschutz können zwar nicht immer und überall Unglücksfälle und Katastrophen verhindern, doch im Großteil der Fälle Gefahrenfolgen mildern oder beheben.

Diese Tatsache gilt nicht nur für Einzelindividuen und Familien (denen oft die Eigenmittel zur Behebung sämtlicher Gefahrenfolgen fehlen), sondern ebenso für größere Gemeinschaften bis hin zu Staaten.

Im Spätsommer 2005 erhielt die Welt einen Beweis, dass selbst für eine Großmacht wie die USA die Vernachlässigung entsprechender Vorsorgemaßnahmen (aus Überschätzung der eigenen Kräfte) fatal werden kann.

Andrew Denison, Leiter des außenpolitischen Instituts Transatlantic Networks in Königswinter bei Bonn, zog in einem Kommentar wichtige Lehren aus dem Ereignis in New Orleans (A. Denison, Herausforderung nicht nur für die USA; in: Handelsblatt Nr. 171 v. 5. 9. 2005, S. 9):

„Hautnah erleben wir, wie die Hypermacht des 21. Jahrhunderts USA über sich selbst stolpert ... New Orleans und der Mississippi haben Amerika reich gemacht. Jetzt fehlt dieser riesige Hafenkomplex ... Staudämme um New Orleans wurden zu lange nicht repariert. Das Geld wurde anderswo dringender gebraucht ... 10 Prozent der US-Raffineriekapazität für Benzin sind überschwemmt. Bohrinseln, Supertanker, Häfen sind beschädigt. Ein Volltreffer zerrüttet die Weltwirtschaft. Die Globalisierung zeigt eine neue Facette: verbunden und verwundbar. Die „Eine Welt“ sieht, wie sehr das Lokale und das Globale einander bewegen ... Eine moderne Gesellschaft wird mit einem Schlag ins Mittelalter zurückgeworfen ... Die Sicherheit des einen und die Sicherheit des anderen sind eng miteinander verwoben, gerade im Zeitalter des Individualismus, gerade im Land der unbegrenzten Möglichkeiten ...“

Wenn auch das Naturereignis selbst unvermeidbar war, hätten unter Beachtung gewisser Vorsorgeregeln doch die Folgen weit weniger schmerzlich und kostspielig für die USA ausfallen können. Der versicherte Schaden wäre auf viele „Schultern“ (Rückversicherungsnetz) verteilt worden. Den gesamten volkswirtschaftlichen Schaden der Naturkatastrophe bezifferte die auf Risikoanalysen spezialisierte US-Firma Risk Management Solutions auf über 100 Milliarden Dollar. Davon wurden schätzungsweise aber nicht einmal ein Drittel, nämlich 30 Mrd. US-Dollar, durch die weltweit tätigen Versicherer gedeckt (Vgl. Rita Lansch, Versicherer verkraften „Katrina“ gut; in: Handelsblatt v. 5. 9. 05 S. 25).

Für 70% der Personen – und Sachrisiken gab es keinerlei Versicherungsschutz, weil den staats – und stadteigenen Kräften (Inspektion der Staudämme, Katastrophenhilfe der Regierung) blind vertraut wurde, und vielen Familien die Investition des schwer erarbeiteten Geldes in private Versicherungen nicht notwendig erschien.

Eine Gruppe von EU-Mitgliedstaaten beteiligte sich unmittelbar nach der Katastrophe von New Orleans an Hilfsaktionen für die notleidende Bevölkerung und unterließ es in diesen schweren Tagen, dozierend auf die Versäumnisse im Vorsorgebereich hinzuweisen. Dieses Verhalten hinterließ äußerst positive Eindrücke in Teilen der amerikanischen Bevölkerung. In den USA selbst gibt es schon seit geraumer Zeit Gruppen selbstkritischer Analysten, Publizisten und Zukunftsforscher, die Europa mit seiner traditionell ausgeprägten Vorsorge- und Sicherungskultur eine erfolgreiche Zukunft voraussagen.

Stellvertretend für andere sei der bekannte amerikanische Wirtschaftspublizist, Jeremy Rifkin zitiert, der den Europäern ihre Vorzüge in Erinnerung ruft und sie anfeuert, ihre bisweilen vorhandene Untergangsstimmung und ihr Eurosklerose-Syndrom hinter sich zu lassen. In seinem Werk „Der europäische Traum" skizziert Rifkin die Vision der „leisen Supermacht" Europa, die Amerika nicht nur die Stirn bieten wird, sondern auch alle Chancen hat, sich flexibler als irgendein anderer Kontinent gegen Bedrohungen zu behaupten.

Wirksame Vorsorge erfordert Eigenverantwortlichkeit

Der Versicherungsgedanke, im Sinne der Gepflogenheit, dass Personen(gruppen) oder Institutionen, die von gleichartigen Risiken bedroht werden, bereit sind, dauerhaft Verantwortung für sich und „ihre(n) Nächste(n)" zu tragen (Gefahrengemeinschaften bilden), entstand in Europa schon in der Spätantike. In einer rund siebenhundertjährigen Aufbauarbeit wurde das Vorsorgewesen durch die drei tragenden Säulen „Christliche Kirche"(als privater Kranken- und Lebensversicherungsvorläufer), „Aufklärung"(Entwicklung der versicherungstechnischen Grundlagen) und „Sozialstaat" (im Sinne von Sozialpartnerschaft, in der Eigenvorsorge nie ersetzt werden kann und soll) ausgebaut und kultiviert.

Die wohl größte Erfahrung, die Zentraleuropa aus seiner eben so langen wie oft leidvollen historischen Entwicklung machte ist, dass optimale Vorsorge und Versicherungsschutz weder allein dem Staat noch ausschließlich privaten Organisationen überlassen werden sollten. Das „gesunde Mischungsverhältnis" in punkto Risikoaufteilung zwischen Staat, privaten Institutionen und Einzelindividuen wurde zu einem Gebot mitteleuropäischen Vorsorgedenkens und ist es bis heute.

Eine wirksame (Eigen-)Vorsorge erfordert in jeder Ära der Menschheitsgeschichte – d. h. auch in Gegenwart und Zukunft – eine Feinabstimmung bzw. Ausrichtung des Versicherungsangebots auf die neuen Gegebenheiten und Erfordernisse. Daraus resultiert für die Assekuranz die unumgängliche Notwendigkeit, in jeder Epoche ihr gesellschaftliches, ökonomisches, technologisches und ökologisches Umfeld kritisch auf neue Gefahren und Risiken zu untersuchen. In der Folge entstehen dann in Kooperation mit dem Staat, anderen Branchen und Privatpersonen spezifische Vorsorgevarianten mit entsprechendem Risikoschutz.

Zu bedenken ist aber stets, dass auch im Globalisierungszeitalter die beste Versicherung den einzelnen nicht völlig von der Pflicht entbinden kann, einen Teil der Verantwortung mitzutragen. So kann die Obsorge um die eigene Gesundheit nicht auf den Staat, die Krankenversicherung usw. abgewälzt werden. In unseren geografischen Breiten sind erfreulicherweise Mangel an Nahrungsmitteln ein nahezu unbekanntes Risiko. Da aber auch ständiger Überfluss und unkontrolliertes Wachstumsdenken eine Gefahr für die Bürger darstellen, muss der Staat durch eine entsprechende Rahmengesetzgebung derartige Nachlässigkeiten bis hin zur Verantwortungslosigkeit (die andere schwer schädigen kann) verhindern. So sollen z. B. Betriebe mit gefährlichen Schadstoffemissionen ihr Risiko nicht bloß in der Weise „wegversichern" können, dass jeder – selbst durch größte Unachtsamkeit – entstandene Schaden durch eine Versicherung bezahlt wird. Dies würde Spekulationen „Tür und Tor" öffnen. Vielmehr ist primär die Ausstattung der Betriebe mit Filteranlagen, welche der optimalen Schonung der Umwelt dienen, vorzunehmen. Wenn dann aber Filter durch Unglücksfälle zerstört oder beschädigt werden, sollen Versicherer entsprechende Leistungen zur Behebung oder Verminderung der Gefahrenfolgen erbringen.

Unternehmen mit Verantwortung

Es gibt in Europa einen extremen Druck der Gesellschaft, aber auch sehr einsichtige Unternehmer, die eine wachsende Zahl von Betrieben zu einer speziellen Moral veranlassen. Das Schlagwort „Corporate Social Responsibility" (verantwortungsvolles Handeln von Unternehmen) ist in aller Munde. Immer mehr Europäer wollen wissen, wie sich Konzerne auf dem „Weltparkett" verhalten. Banken legen „ethische Fonds" auf. Darin sind Aktien von Unternehmen ausgeschlossen, die sich „unethisch" verhalten; d.h. die Umwelt verschmutzen, Kinderarbeit zulassen, Waffen zur Massenvernichtung erzeugen, sich monopolistisch verhalten usw (o. A. Zukunftsbörse/Investoren als „Sozialarbeiter"; in : Die Presse vom 8. 10. 2005, S. 33).

Umgekehrt kommt es verstärkt zur Zusammenarbeit zwischen gemeinnützigen Organisationen und der Wirtschaft.

Vereinzelt haben international tätige Europäer dieses Gedankengut schon vor Jahren mit mehr oder weniger Erfolg nach Amerika exportiert.

Es sind keineswegs nur soziale Beweggründe, die verantwortungsvolle Unternehmer zu einem solchen Handeln veranlassen. Vielmehr ist es die Überzeugung, dass Gewinnmaximierung in einem Umfeld von zunehmend kranken, erwerbsunfähigen und/oder arbeitslosen Menschenmassen immer mehr zu einer hohlen Phrase wird. Soziale Inkompetenz und menschenverachtende Ignoranz schädigen letztlich die so agierenden Institutionen am meisten (Proteste der Konsumenten und Belegschaften, Boykotte bis hin zu Terrorakten).

Selbstverständlich müssen auch Mitarbeiter und Konsumenten eine Sozialkultur gegenüber ethisch handelndeden Unternehme(r)n praktizieren (z. B. durch Kauf unweltfreundlicher, aber teurerer Produkte). Nicht zuletzt kann der Staat den Unternehmen und Staatsbürgern in Zeiten eines ausufernden Wettbewerbs helfen (ohne selbstzerstörerisch zu agieren), indem er den Faktor „Arbeit" und das „arbeitende" Kapital niedriger besteuert, das „brachliegende" Kapital hingegen höher. Eigenverantwortlichkeit jedes Teilnehmers (ob Arbeitgeber, – nehmer oder Konsument) gegenüber den anderen ist somit aus diesem System nicht wegzudenken.

Eine solche auf Nachhaltigkeit konzentrierte Vorgangsweise im Wirtschaftsleben ist zumindest in der Anfangsphase gewiss zeit- und kostenintensiver als augenblickbezogenes „Win-win Streben auf Teufel komm raus", aber dafür gilt für die Nutznießer der alte österreichische Assekuranzgrundsatz „versichern beruhigt".

Sich kooperativ verhaltende, leistungs – sowie vorsorgeorientiert denkende und handelnde Staatsbürger, die (bezogen auf Not- und Katastrophenfälle) durch ein Sozial – und Eigenvorsorgenetz vor dem Absturz in Armut bewahrt werden, leben und lieben sozialen Frieden und sind die beste Garantie für künftigen Wohlstand möglichst vieler Beteiligter.

Die Versicherungswirtschaft mitteleuropäischer Prägung hat von ihren bis ins Mittelalter zurückreichenden Vorläufern die Substanz dieses Gedankenguts übernommen, wissenschaftlich (im modernen Risikomanagement) verfeinert und setzt es de facto überall ein.

Risikomanagement

Der traditionellen Risikomanagement-Lehre entsprechend werden – je nachdem, ob es sich um staatliche oder private Institutionen handelt – nach systematischer und schrittweiser Feststellung der Gefahrenpläne zur Ausschaltung oder Reduktion der Risiken und Gefahrenfolgen entwickelt. Vier Möglichkeiten der Umsetzung, nämlich „Ausschließen", „Vermindern", „Verteilen" und „Akzeptieren" bilden die Basis des Risikomanagements. Dieses zu betreiben ist für Einzelpersonen und private Haushalte in gleicher Weise sinnvoll wie für Betriebe, da damit eine optimale Preis/Leistungskomponente in Vorsorgeangelegenheiten erzielt werden kann. Größter Vorteil aber ist, dass Menschen die in ein solches Vorsorgesystem integriert sind, einen „Sicherheitspolster" besitzen, der für sie einen ähnlich hochwertigen „Reichtum" wie Geld darstellt, da sie in einem beträchtlichen Ausmaß von latenter Angst, Unruhe und Zukunftssorgen befreit werden, die oft Anlass zu (unbedachten) Panikreaktionen und aggressiven Handlungen sind.

Das auf inneren und sozialen Frieden ausgerichtete Verhalten wurde und wird den Mitteleuropäern oft als „gewinnhemmende Fortschrittsfeindlichkeit" vorgeworfen.

Tatsächlich aber halten sie sich an eine Regel, die jenen Menschen entspricht, die ihre „kulturhistorischen Hausaufgaben" gelernt haben. Diese europäische Regel lautet:

„Kein blinder Kampf gegen den Fortschritt; wohl aber ein Kampf gegen einen blinden Fortschritt!"

Beispiel Unfallgeschehen

Seit Beginn des Industriezeitalters (Anfang 19. Jahrhundert) stellen Unfälle eine massenhaft auftretende, tückische und nach mehreren Richtungen verhängnisvolle Gefahr (Tod, Dauerinvalidität, lange Unfallheilbehandlung, finanzielle Not) nicht nur für die Betroffenen selbst, sondern auch für ihre Familien und für zahlreiche Betriebe dar. Waren es im 19. und in der ersten Hälfte des 20. Jahrhundert vorwiegend Arbeitsunfälle und Berufskrankheiten in den sicherheitstechnisch mangelhaft ausgerüsteten Betrieben, die Arbeitskräfte in Gesundheit und Finanzkraft dauerhaft schädigten und damit auch oft ihre Familien ins Elend stürzten, sind es heute Freizeitunfälle, die vielen zum Verhängnis werden.

In Österreich ereignen sich alljährlich rund 800.000 Unfälle. Die Zahl der Arbeitsunfälle sank in den letzten Jahrzehnten – dank der hervorragenden Sicherheits-Vorsorge- und Unfallverhütungsmaßnahmen in den Betrieben – auf unter ein Drittel ihrer ursprünglichen Zahl. Der einzelne Eigenvorsorgeorientierte profitiert(e) von dieser Entwicklung in Form verbesserter Kenntnisse über Prävention und günstiger (Arbeits-)Unfallversicherungsprämien. Für viele war und ist diese Entwicklung aber ein Anlass, die Unfallvorsorge gänzlich zu vernachlässigen. Da jedoch zum Unterschied zu den Arbeitsunfällen die Zahl der Freizeitunfälle, für welche die gesetzliche Unfallversicherung keine Leistungen erbringt, erheblich stieg, wäre hier Eigenvorsorge eher „ein Gebot der Stunde".

Insgesamt gesehen kommt es in Österreich seit Jahren zu keiner nennenswerten Reduktion der Unfälle. Bei einer (leider) wachsenden Zahl von Menschen ist unsachgemäßes Verhalten im Straßenverkehr, Massensport, bei Massenveranstaltungen und in anderen Freizeitbereichen festzustellen. Dass die Zahl der Unfalltoten in Österreich in jüngster Vergangenheit trotzdem sank, ist eher dem Fortschritt der Unfallchirurgie als der gestiegenen Eigenverantwortlichkeit der Menschen zuzuschreiben.

Gefährliche Freizeit

Aber auch die rein risikotechnischen Voraussetzungen sind im Freizeitbereich ungünstiger geworden.

Vor allem jungen Menschen, die oft ihre Reaktionsgeschwindigkeit und Kräfte überschätzen, werden die immer schnelleren Fortbewegungsmittel, und waghalsigen kraftaufwändigen Freizeitaktivitäten zum Verhängnis. An zweiter Stelle unter den extrem unfallgefährdeten Personengruppen stehen (die immer mehr und älter werdenden) Senioren. Sie registrieren im Straßenverkehr, bei handwerklichen oder sportlichen Aktivitäten oft nicht die Tatsache des allmählichen Abbaus ihrer Kräfte (Reduktion von Seh- und Hörvermögen, Reaktionsgeschwindigkeit, Knochendichte etc) und werden Opfer schwerer Unfälle.

Die Folgen von Freizeitunfällen sind in mehrfacher Weise verhängnisvoll, da über die gesundheitlichen Schäden hinaus auch schwerste finanzielle Einbußen entstehen, für die (falls kein Fremdverschulden vorliegt) niemand aufkommt. Einerseits können erwerbstätige (lebenslänglich) Unfallgeschädigte oft ihren Beruf nicht mehr ausüben. Andererseits müssen jene bereits im Ruhestand befindliche Personen nach Freizeitunfällen ihren Lebensstil nicht selten empfindlich einschränken. Etwaige auf Basis von noch laufenden Krediten erworbene Autos oder Eigenheime werden dann – wegen Wegfall ausreichender Einkünfte – wieder veräußert. Andere schwere finanzielle Belastungen entstehen, wenn Wohnungen oder Eigenheime invalidengerecht (d. h. für Rollstuhlbenutzung) umgebaut werden müssen.

Allen diesen Gefahrenfolgen kann durch Abschluss von Unfall(invaliditäts)versicherungen (deren Abschluss heute schon bis zur Vollendung des 75. Lebensjahres möglich ist) wirksam vorgebeugt werden. Die Prämie übersteigt nur selten den Betrag einiger Hundert Euro pro Jahr.

In diesem Sinn stellt der Slogan „Willkommen in der Vorsorgegesellschaft" einen Appell an alle Bevölkerungsgruppen dar, keine Spekulationen in Richtung „Mir wird schon nichts passieren, da ich die Situation voll im Griff habe!" zu betreiben. Die Entwicklung der nächsten Zeit wird – wie nachfolgend dargestellt – eher vermehrtes Engagement in Richtung Eigenvorsorge erfordern.

Veränderter Arbeitsmarkt und neuer Sozialstaat

Die Arbeitswelt der Zukunft wird wesentlich stärker auf Selbständigkeit bzw. den (häufigeren) Wechsel von Selbständigkeit auf unselbständige Erwerbstätigkeit und vice versa bauen, als bisher gewohnt. Der traditionelle, regelmäßige 38,5- oder 35-Stunden-Job wird vielfach abgelöst durch projektbezogene Beschäftigung. Mehr denn je ist Flexibilisierung gefordert – im Sinne konsequenter Markt – und Prozessorientierung in Produktion und Dienstleistung. Das heißt, dass der einzelne manchmal ein bis zwei Jahre konzentriert (ohne längere Urlaubsunterbrechung) durcharbeiten wird; sich aber danach eine Arbeitsunterbrechung von einem halben bis ganzes Jahr leisten kann, will oder muss. Das bedeutet in weiterer Folge, dass es natürlich auch keine regelmäßigen und in gleicher Höhe abzuführenden Sozialabgaben gibt, was wiederum Auswirkungen auf staatliche Pensionen und andere Sozialleistungen hat.

Der Sozialstaat muss aus diesen Gründen und wegen weitreichender Veränderungen im demografischen Aufbau (s. u. „Die demografische Schockwelle") neu strukturiert, aber deswegen keineswegs abgeschafft werden. Nur dadurch wird er in die Lage versetzt, die heute erforderlichen Basisleistungen tatsächlich erbringen zu können. Wer in diesen Maßnahmen programmierten Sozialabbau vermutet, dem sei in Erinnerung gerufen, dass die brutalste Form von Sozialdumping darin besteht, dass umfangreiche Leistungsversprechen gegenüber dem einzelnen Bürger nicht mehr umgesetzt werden können, da die Finanzen fehlen.

Viele Erwerbstätige werden künftig schon in ihrer „aktiven Zeit" flexible Versicherungslösungen im Sinne von Überbrückungsrenten benötigen, die in der Interimsphase zwischen zwei Projektarbeiten ausbezahlt werden. Die nach einem modernen „Baustein"-System konstruierten Lebensversicherungspakete bieten hier in puncto Sicherheit der Veranlagung und Breite der Risikoabdeckung beste Voraussetzungen. Gegen relativ geringe Prämienzuschläge kann das Berufsunfähigkeits-, Pflege- und erhöhte Unfallrisiko (auch mit Hinterbliebenenvorsorge) abgedeckt werden.

Hinsichtlich der immer häufiger gestellten Frage „Wer soll sich ab dem nächsten Jahrzehnt auf einem so veränderten Arbeitsmarkt noch Eigenvorsorge leisten können?", ist festzuhalten: Der Überhang an Arbeitskräften wird sich in wenigen Jahren (ca. ab 2010) in einen Arbeitskräftemangel, der zahlreiche Branchen betrifft, umwandeln. Schon heute zeigen sich im Pflegebereich, Fremdenverkehr und einigen IT-Bereichen die ersten derartigen Signale. Als Ersatz für fehlende junge Arbeitskräfte wird verstärkt auf die so genannten aktiven Senioren zurückgegriffen werden müssen.

Alle jüngeren Berufstätigen sind mit dem Hinweis, ihre private Altersvorsorge so früh wie möglich einzuleiten, bestens beraten, denn wie nachfolgend dargestellt wird, steigt die durchschnittliche Lebenserwartung und der Anteil der Senioren an der Gesamtbevölkerung kontinuierlich, die staatlichen Pensionen werden hingegen stufenweise reduziert und/oder später ausbezahlt.

Vier Mega-Schockwellen

Europa überrollen vier einander überlagernde Schockwellen. Sie betreffen die demografische, ökonomische, technologische und ökologische Entwicklung in Gegenwart und nächster Zukunft. Die Schockwellen erzeugen tiefgehende Störungen und Veränderungen in den Systemen der Sozialen Sicherheit, aber auch im privaten Versicherungsbetrieb. An der Notwendigkeit von Reformen zweifelt heute niemand mehr. Hinsichtlich der Umsetzung und der neuen Inhalte gibt es jedoch unterschiedliche Auffassungen.

Die demografische Schockwelle

Das 20. Jahrhundert war eine „Epoche der Bevölkerungsexplosion". Das 21. Jahrhundert stellt sich in Europa und Teilen anderer Kontinente als „Jahrhundert der Überalterung" dar. So lautete der Tenor einer UNO-Sonderkonferenz in New York zur Bevölkerungsentwicklung (2000). Die 55+ Generation ist in Zentraleuropa die einzige wachsende und schon jetzt größte Bevölkerungsgruppe. Bereits heute ist ein Drittel der Bewohner Mitteleuropas 55 Jahre und älter. Auch wenn der Seniorenmarkt für die einen oder anderen Jüngeren (noch) irrelevant oder in der Darstellung überzeichnet erscheint, nähern dennoch auch sie sich mit jedem Jahr um einen bedeutenden Schritt dieser Zielgruppe.

Wie der Bevölkerungswissenschaftler Rainer Münz nachweist, beschert uns die jährlich um zwei Monate steigende durchschnittliche Lebenserwartung immer mehr und älter werdende Senioren: Im Jahr 2050 wird das Durchschnittsalter bei Frauen 88 und bei Männern 83 Jahre betragen (Martina Goetz, Länger leben – lernen – arbeiten; in: *austria*perpektiv Nr.4 Dez. 2004). In Europa wird es dann voraussichtlich eine Million (über)100-Jährige geben.

Die einen sprechen angesichts der zunehmenden Überalterung von „demografischer Krise“ und berufen sich auf eine (formal zwar richtige, aber aus dem Zusammenhang gerissene) Definition des Alterns, die lautet: „Altern ist eine chronische Erkrankung unseres Systems, das den Organismus immer weiter auf seine minimale Funktion zurückführt und schließlich mit dem Tod endet.“

Dieses Bild entsteht bei jenen, die sich nur einseitig auf den 4. Lebensabschnitt (=Pflegefalldasein) konzentrieren und das „Alter“ generell gleichsetzen mit „krank“, „vergesslich“, „hilfsbedürftig“, „unbeweglich“ usw. Kein Wunder, dass angesichts einer solchen Definition bis heute Fälle bekannt sind, in denen in Heime übersiedelnden Senioren keine selbständige Beurteilung der eigenen Lebensqualität zugetraut wird. Die Folge ist weitere Anwendung der berüchtigten „3S-Regel“, die alten Menschen eine Lebensqualität aufoktroyiert, welche lautet: „der Senior soll **s**att, **s**auber und **s**till sein.“

Die anderen Betrachter des demografischen Szenarios haben eine positive Sichtweise und sprechen von „Altern als Chance“. Die Unterschiedlichkeit der Auslegung resultiert aus mehreren Umständen.

Erstens aus dem Umstand, dass Senioren heute keine homogene Gruppe mehr darstellen. Der eher sparsamen und bescheidenen 80+-Generation stehen die anspruchsvollen sehr selbstbewusst agierenden „Grauen Panther“ der Altersgruppen 50/55 bis 70/75 Jahre gegenüber. Die in Österreich rund 900.000 Personen umfassende Zielgruppe ist geistig und körperlich vital, hat eine bessere Ausbildung als ihre Vorfahren und ist die „reichste“ Seniorengruppe, die Österreich je hatte.

Sie gehören chronologisch schon den Senioren an, aufgrund ihrer Vitalität aber noch zur mittleren Generation. Ihr „Jungsein im Alter“ ist (großteils) weder bloße Schicksalsfügung noch „genetischer Zufall“. „Die jungen Alten von heute“, heißt es in Hannelore Schlaffers Buch „Das Alter“ (Suhrkamp Verlag 2005), „sind Handwerker ihres Wohlbefindens“.

Die Deckung ihrer Ansprüche in Richtung einer spezifischen Lebensqualität hat eine „Seniorenindustrie“ entstehen lassen. Diese bietet Produkte und Dienstleistungen zur „Jungerhaltung“ (Anti Aging Medizin) an im Sinne eines Mix aus ausreichender körperlicher und geistiger Mobilität, positiver Einstellung zum Leben und genau ausgewogenen Ernährungszusätzen, Medikamenten sowie Betätigungsprogrammen. Die „Alten“ im negativen Sinn gibt es in diesen Modellen nicht mehr, weil Altern individuell und sozial gestaltbar ist.

Und drittens sollte nicht vergessen werden, dass in einer Demokratie immer noch die Gesellschaft selbst bestimmt, wer (hinsichtlich Lebensarbeitszeit) „alt“ ist und/oder „ins Ausgedinge“ geschickt wird. Somit ist die „Überalterung“ eines Volkes ein relativer Begriff.

Die ökonomische Schockwelle

Sie wird in weiten Teilen durch die demografische Schockwelle beeinflusst und überlagert; wird aber – nach Meinung des Direktors des Instituts für Demografie der Österreichischen Akademie der Wissenschaften, Wolfgang Lutz – auch durch den Umstand beeinflusst „dass unsere gesellschaftlichen Strukturen so unflexibel an fixe Eckdaten des konventionellen Alters gebunden sind". (Wolfgang Lutz, Gesellschaft der Alten; in: profil Nr. 41 vom 10. Okt. 2005, S 124).

Die in der Zeit nach dem Zweiten Weltkrieg geborene Babyboom-Generation (die in den nächsten Jahren allmählich in den Ruhestand übertritt) hat stufenweise mehr auf Karriere und besseren Lebensstandard als auf Kindersegen wert gelegt. Heute zeigen sich die positiven und negativen Folgen. Die Grauen Panther haben in jedem Bundesland Österreichs Werte in Höhe hunderter Millionen Euro angesammelt. Die von ihnen und den übrigen Senioren hervorgebrachte Generation der unter 40-Jährigen verliert hingegen zahlenmäßig und hinsichtlich ihrer finanziellen Kraft an Bedeutung. Immer häufiger drängt sich bezogen auf den Sozialstaat Österreich die Frage auf: Wer wird künftig die Pensionen in welcher Höhe finanzieren, wenn einer wachsenden Zahl von Pensionsbeziehern immer weniger Erwerbstätige gegenüberstehen? Auch steigen mit zunehmender Vergreisung der Bevölkerung die Aufwendungen für Krankenbehandlungen, Rehabilitation, Kuren etc. Kommen also die Jüngeren dreimal „unter die Räder", weil sie länger arbeiten und höhere Abgaben für die Versorgung der Alten und Kranken erbringen müssen, um schließlich selbst geringere Pensionen zu beziehen? Mit dieser Frage beschäftigt sich die Versicherungswirtschaft seit Jahren, um Problembewusstsein in allen Zielgruppen zu schaffen. Ungelöste Arbeitsmarktprobleme und die zu hohe steuerliche Belastung des Faktors Arbeit erschweren zusätzlich die Situation. Der Bevölkerungswissenschaftler Rainer Münz sieht dennoch mögliche Auswege aus den bevorstehenden Problemen für Wirtschaft, Kapitalmarkt und soziale Sicherungssysteme, da in Österreich die 55+-Generation über die erwähnten zwei Drittel der gesamten Kaufkraft verfügen.

Allerdings raten immer mehr Wirtschaftsforscher und -publizisten (vgl. Frank Schirrmacher, „Methusalem-Komplott", Frankfurt 2004) zu Einstellungsänderungen gegenüber dem Alter. Das gegenwärtige Verhalten unserer Gesellschaft gegenüber alten Menschen ist ambivalent. Einerseits leistet sich Österreich – auch für hochbetagte Bürger – ein vergleichsweise zu anderen Staaten hervorragendes Gesundheitsversorgungs – und Pensionssystem; andererseits besteht ein großes Defizit unserer Zeit darin, dass wir über keine Alterskultur verfügen. „Forever young" ist ein statischer, an Äußerlichkeiten klebender Lebensstil, der den Betroffenen keinerlei Hinweise auf Prozesse der Reifung zu vermitteln vermag. In der Oberflächlichkeit eines solchen Lebensstils werden auch keinerlei Orientierungshilfen geboten, wie man Erfahrungswissen verwerten und an die jüngeren Generationen weitergeben kann. Die Gesellschaft wird schon in wenigen Jahren nicht mehr darauf verzichten können, „gealterte", reif gewordene Menschen ernst zu nehmen, um deren akkumuliertes Fachwissen dazu zu verwenden, Auswege aus einigen „Sackgassen der heutigen Zivilisation" zu finden.

Susanne Zita betont im Artikel „Die jungen Alten"(in: KRONE BUNT vom 10. 10. 2005, S. 40f) „Man sieht sie immer wieder und man sieht sie gern: aktive und glückliche Senioren. Sie nehmen einem selbst die Angst vorm Altwerden."

In welcher Weise sie Geld in die Wirtschaft pumpen wird an anderer Stelle hervorgehoben: „… es tut einfach gut , sie zu beobachten, wenn sie freudestrahlend von ihren Abenteuerurlauben, ihrem Japanischkurs oder ihrem jüngsten Besuch eines Rockkonzertes erzählen ... Ob MP3-Player als bewegungsanspornender Begleiter zum Nordic walken oder das neueste Paar Carving-Ski – nichts ist ihnen fremd ... Man darf sie nicht unterschätzen – sie sind uns eindeutig eine Nasenlänge voraus. Denn das fortgeschrittene Alter hat ihnen etwas mitgegeben: Lebenskunst für Fortgeschrittene!“

Beschwerden der Älteren

Freilich gibt es auch jene aus einkommensschwachen Familien stammenden und nun alt gewordenen Kleingewerbetreibenden, Schwer – und Schwerstarbeiter, in deren Umfeld kein Geld und keine Zeit für Weiterbildung vorhanden war. Die Kinder, denen sie unter Mühen ein besseres Leben mit Studium ermöglichten, verstoßen oft genug gegen das Gebot „Du sollst Vater und Mutter ehren“.

Heute zeigt sich, dass den auf diese Weise aus Beruf und Familie gedrängten Senioren weit weniger ihre körperlichen Beschwerden zu schaffen machen als „melancholische Zustände und depressive Verstimmungen“. Sie entwickeln sich (wegen einer Fülle sogenannter Folgekrankheiten) zu einem bedrohlichen Kostenfaktor, welche die Steuern und Abgaben der Jüngeren in die Höhe treiben.

Eine europäische Studie betont, dass bereits 15% der über 60-Jährigen an Altersdepression leiden. In Österreich wurde gerade in jüngster Vergangenheit diese einstweilen häufigste psychische Erkrankung älterer Menschen akut.

In Österreich leiden etwa 240.000 (60–65-jährige) Personen an Altersdepression (die sich oft hinter Missmut, Ablehnung, Interessenverlust, vermindertem Selbstwertgefühl, Sterbewunsch usw. „versteckt“).

Als häufigste Krankheitsursachen sind zu nennen:

- Tatsächliche oder z. T. eingebildete Feststellung, dass körperliche und geistige Fähigkeiten stark nachlassen (Verlust von Perspektiven).
- Vereinsamung und Verlust sozialer Kontakte (mangelnder Kontakt zu Kindern und Enkeln)
- Krankheits- und Zukunftsangst
- Fehlen einer Aktivität / Gefühl der „Pflichtleere“
- Umzug in andere Umgebung (Alten- oder Pflegeheim)

Die Soziallandesrätin Niederösterreichs, Petra Bohuslav, zeigte in einem Zeitungskommentar einen neuen Weg zu innerer Lebensqualität auf (Petra Bohuslav, Das Leben im Zentrum; in NÖN KW 35/2005): „Wir müssen als Gesellschaft eine neue Kultur des Altwerdens entwickeln, die ein selbstbestimmtes Altern ermöglicht.“

Doch die „neuen Alten“ oder „Grauen Panther“ werden als Kämpfer auch für die „schwächeren“ Senioren auftreten, und nicht um ihre Rechte bitten, sondern die Einhaltung derselben fordern. Auch wird von ihnen die Verwendung des vielfach strapazierten Begriffes „Altenlast“ in Verbindung mit dem gesellschaftlichen Zusammenleben der Generationen abgelehnt. Die Feststellung, dass „immer weniger erwerbstätige Junge mit ihren Abgaben immer mehr den Ruhestand genießende Senioren versorgen müssen“, ist nur aus der Generationenvertrags-Perspektive der Sozialversicherung zutreffend. Tatsächlich hat sich in Tausenden Familien der Generationen-Vertrag längst „auf den Kopf gestellt“, indem nämlich Senioren mit ihren z. T. erheblichen Finanzmitteln studierende oder geringfügig beschäftigte Junge versorgen.

Aufgabe der nächsten Jahre wird es sein, durch eine neu konzipierte Marketing- und Kommunikationsarbeit (mittels Medien, Film, Literatur etc.) den Senior nicht nur als Leistungsempfänger darzustellen, sondern ebenso als Erbringer von Leistungen (z. B. innerhalb der Familie) und somit auch das Altern zu einem zivilisatorischen Ereignis in unserer Gesellschaft zu machen. Nicht zuletzt zum wirtschaftlichen Wohl der Jüngeren.

Auch das Senioren- oder Pflegeheim moderner Prägung hat alten Menschen höhere Lebensqualität zu bieten; und den jüngeren zahlreiche leistungsorientiert honorierte Arbeitsplätze, die jedoch Kreativität und Einfühlungsvermögen erfordern. Das beginnt mit der Schaffung einer heimeligen Wohnatmosphäre, die eine Mitnahmemöglichkeit gewisser eigener Möbel und kleinerer Haustiere vorsieht, und setzt sich mit einer äußerst abwechslungsreichen Tagesbetreuung (Sport, Spiel, Basteln, Kochen, Musizieren, Ausflüge, Opern – und Theaterbesuche) fort. Der Alltag im Heim soll – und zwar in den verschiedensten Bereichen – möglichst am früheren Leben der Senioren ausgerichtet sein.

Die technologische Schockwelle

Die fortschreitende Automation in Industrie, Informationswesen und im gesamten Finanzdienstleistungsbereich beschleunigt und verbilligt zwar viele Produktions- und Dienstleistungsprozesse (z. B. kann VW heute ein Auto bereits in 32 Stunden herstellen, während noch vor 10 Jahren zweieinhalb Wochen erforderlich waren). Diese Entwicklung bewirkt aber auch Freisetzung von vielen Arbeitskräften. Wie zuvor dargelegt, muss das Schicksal der auf diese Weise freigesetzten Menschen keineswegs eine Dauerarbeitslosigkeit sein. Die Technik, die ihren Arbeitspatz vernichtete, wird ihnen teilweise auch neue Arbeitsplätze schaffen; der Dienstleistungssektor ohnehin.

Wer die nächsten 50 Jahre überlebt, hat gute Chancen auf ein extrem langes Leben, glaubt der US-amerikanische Artificial-Intelligence-Forscher Rayl Kurzweil (Vgl. „Science Fiction 1000 Jahre ?“ in: profil Nr. 41 v. 10. Okt. 2005, S. 128). Die heute Jungen sind also bestens beraten, sich auf ein langes „Alter mit zahlreichen Regenerations- und Verjüngungsstrategien“ psychisch, intellektuell und finanziell vorzubereiten.

Im Jahr 1991 definierte der amerikanische Mediziner William Thomas „Einsamkeit“, „Hilflosigkeit“ und „Langeweile“ als „die drei Qualen des Alters“. Die Verbindung von Technik und Lebensstilmedizin ermöglichten sehr differenzierte Verbesserungen einzelner Lebensphasen und -situationen für bestimmte Gruppen in der Bevölkerung. Durch (elektronisch) vernetzte Kommunikation der verschiedenen in der Altenpflege tätigen Berufsgruppen (Pflege, Medizin, Besuchsdienst, Küche) wird die Betreuungsqualität wesentlich erhöht. Schon heute können Senioren oder Risikopatienten über speziell ausgerüstete Mobiltelefone auf Knopfdruck Notfallhilfe anfordern, ohne dass der Standort bekannt gegeben werden muss. Auch EKGs können Patienten mit speziellen Handys, die sie an die Brust halten durchführen; die Daten werden automatisch an ein Call Center übermittelt und danach etwaige Sofortmaßnahmen eingeleitet.

Aber selbst im Kampf gegen die „Feinde" Einsamkeit und Isolation kann mit Hilfe der modernen Informationstechnologie (z. B. audiovisuelle Mobiltelefone) den alten Menschen mehr Lebensqualität offeriert werden. Es gibt auch schon spezielle Seniorenhandys mit wenigen, großen Tasten.

Für zwar gehbehinderte, aber geistig flexibel gebliebene Senioren bietet das Internet ersprießliche Kommunikations- und Unterhaltungsmöglichkeiten; auch mit Freunden und Verwandten. In diesem Zusammenhang sei auch erwähnt, dass es keineswegs überall ein „Zuviel" an Technik gibt. Man denke an jene große Zahl der liftlosen Altbauten in Österreichs Städten, die von behinderten oder alten Menschen bewohnt werden. Diese plagen sich über die nicht selten schlecht beleuchteten und unzureichend mit Geländern abgesicherten Stiegen. Die einander harmonisch ergänzende Verbindung von Technik und Mensch vermag hier höhere Lebensqualität für alle Beteiligten zu schaffen.

Die ökologische Schockwelle

Konterkariert wird das Potential aller lebensverlängernden Maßnahmen durch die ökologische Schockwelle. Gefährliche Abgase und Abwässer der Armenhäuser Europas und der übrigen unterentwickelten Regionen der Welt bedrohen ebenso wie z. B. Elektrosmog zunehmend unsere Gesundheit. Umweltschutzmaßnahmen erfordern ein Abgehen von nationalen Gesundheitsprogrammen. Krankheitskeime und Giftstoffe – ob gasförmig, flüssig oder fest – machen vor Staatsgrenzen keinen Halt. Um uns selbst zu retten, müssen wir Umweltschutzprogramme für die unterentwickelten Regionen der Erde entwickeln und finanzieren. Hier kann sich Globalisierung von ihrer wirkungsvollsten Seite zeigen; hier können multinationale Konzerne in eine künftige körperlich und wirtschaftlich gesunde Kundschaft investieren.

Derzeit verzeichnen aber die Kosten für die Behandlung von Krankheiten z. B. der Atmungsorgane – verursacht durch Luftverschmutzung – noch ungeahnte Expansionen.

Wirtschaftswachstum steht vor Umweltschutz, proklamierten noch 2003/04 wieder einmal die USA (der größte Abgasproduzent); neue Wachstumsstrategien sind wichtiger als sozialpolitisches Engagement. Vielleicht hat das Jahr

2005 mit den Naturkatastrophen in Amerika ein Umdenken auf diesem Kontinent eingeleitet.

Krise als Chance

Im altchinesischen Alphabet ist das Schriftzeichen für Krise nahezu ident mit jenem für Chance. Das ist kein Zufall. Denn tatsächlich steckt in jeder Krise zumindest eine Chance, wie am Beispiel der vier Mega-Schockwellen gezeigt wurde. Erfahrene Verhaltensforscher wissen, dass eine einzige spektakuläre Katastrophe Millionen Menschen die „Augen öffnen" kann und damit ein rasches Umdenken einleitet.

Aber noch ein weiteres Phänomen gilt es zu berücksichtigen. „Alle Wirtschaft ist Psychologie" stellte in den Wiederaufbaujahren nach dem Zweiten Weltkrieg der legendäre Schöpfer der Sozialen Marktwirtschaft und spätere Bundeskanzler der BRD, Ludwig Erhard, fest. Was er damit zum Ausdruck bringen wollte war, dass es überall auf unsere gefühlsmäßige Einstellung zu den Dingen ankommt. Daraus lässt sich auch erklären, warum so oft der Wirtschaftsoptimismus dem Boom vorausgeht. Sogar der in der Medizin vielfach bewunderte Placebo-Effekt erklärt sich aus der optimistischen Einstellung des Patienten, der an seine Gesundung glaubt.

Gehen wir also mit Optimismus, Augenmaß und Vorsorgeorientierung an die Gestaltung unserer Zukunft. Vergessen wir aber dabei nicht auf unsere in der Vergangenheit erworbenen Erfahrungsschätze. Denn schon der altchinesische Philosoph Konfuzius stellte vor über 3.000 Jahren fest: „Erzähle mir deine Vergangenheit und ich werde dir deine Zukunft deuten."

Zur Person: Univ.-Prof. DDr. Wolfgang Rohrbach, ständiger Konsulent von UNIQA in Serbien und Geschäftsführer der ASB-Akademie in Wien

Elisabeth Stadler

Sichere Zukunft – aber wie?

Altern hat Zukunft

Das Fernsehprogramm und die Werbung spiegeln die gesellschaftlichen Entwicklungen deutlich wider. Nach Jahren des durchgängigen Jugendkults zeichnet sich eine Trendwende ab. Langsam, aber sicher erobern Vertreter der älteren Generation die Werbespots, und zwar nicht nur die irgendwo preisgekrönten, sondern jene, die wir tagtäglich auf den Bildschirm bekommen: Von Uncle Ben´s Reis bis zur Bausparkasse – Menschen jenseits der Fünfzig spielen in der Werbung eine neue Rolle.

Auch Talkshows haben das Altersthema entdeckt. So lud der ARD-Talker Jürgen Fliege schon vor geraumer Zeit eine Runde rüstiger Hundertjähriger in seine Sendung ein. Diese waren sowohl körperlich, vor allem aber auch geistig äußerst fit und rege. Ihre Botschaft: Legen Sie ihren Lebensplan so aus, dass Sie die sich erweiternde Spanne der Jahre nach der Berufstätigkeit mit Dingen erfüllen, die Ihnen Freude machen.

Das hat Hendrikje van Andel-Schipper getan. Sie war im Sommer 2005 115 Jahre alt. Ihren Rekord-Geburtstag feierte sie gemeinsam mit Prinzessin Laurentien – einer Schwiegertochter von Königin Beatrix – bei einem Fußball-Match von Ajax Amsterdam, zu dessen Fans sie seit Jugendjahren zählt. Offizielle Gratulanten, ob Prinzessinnen oder Bürgermeister, werden in Zukunft viel zu tun haben, denn die Zahl der Hundertjährigen steigt kontinuierlich an.

Weichen sind gestellt

Die Anzahl der Menschen, die älter als 85 Jahre sind, wird sich bis 2050 weltweit von 26 Millionen auf 175 Millionen versechsfacht haben. Im gleichen Zeitraum werden sich die 100-Jährigen von heute sogar auf 2,2 Millionen fast verzehnfachen. Unter der Voraussetzung, dass die westliche Welt in den kommenden Jahrzehnten weder durch Kriege noch durch Seuchen dezimiert wird, sind die Weichen für die Alterung unumkehrbar gestellt.

Für Österreich hat die Statistik Austria folgende Hochrechnungen veröffentlicht: Mit knapp drei Millionen Menschen werden die über 60-jährigen Österreicher im Jahr 2050 mehr als ein Drittel der Bevölkerung ausmachen, über 55.000 Einwohner – darunter rund 40.500 Frauen – werden ihren 95. Geburtstag dann bereits hinter sich haben. Parallel zu dieser Entwicklung erfolgt auch in Österreich zuerst ein stetes Anwachsen der Gesamtbevölkerungszahl auf 8,43 Millionen im Jahr 2025, um nach diesem Extremwert innerhalb von drei Dekaden wieder auf 8,16 Millionen zurückzusinken.

Grund für die bevorstehenden demographischen Veränderungen sind neben der in die Höhe schnellenden Lebenserwartung die in den Keller fallenden Geburtenraten in ganz Europa. Frauen bringen heute nur noch durchschnittlich

1,17 (Slowakei), 1,29 (Italien und Spanien) oder 1,38 (Österreich und Japan) Babys zur Welt – durchschnittliche 2,1 Kinder wären allerdings notwendig, um die Bevölkerungszahl ohne Migration konstant zu halten. Und auch wenn sich – aufgrund einer besonders familienfreundlichen Politik etwa – plötzlich alle gebärfähigen Frauen entschlössen, je zwei Kinder zur Welt zu bringen, „würden sich Abnahme und Alterung der Gesellschaft trotzdem bis 2080 fortsetzen, weil die jetzige Elterngeneration so ausgedünnt ist", rechnet Bevölkerungsforscher Herwig Birg.

Neue Herausforderungen

Klarerweise können die kommenden Verschiebungen in der Altersstruktur nicht ohne Folgen bleiben: Sie werden ein Umdenken am Arbeitsmarkt und in der gesamten Wirtschaft, bei der Städteplanung und beim Wohnungsbau erfordern. Konsum, Kultur, Freizeit und Lifestyle müssen an die Mehrheit der Bevölkerung – an die Alten – angepasst werden. Die private Vorsorge wird eine immer größere Rolle spielen, denn den staatlichen Versorgungssystemen steht eine massive Belastung bevor.

Ganz Europa steht also sozialpolitisch vor einer neuen Herausforderung. Die Ausgaben für Alterssicherung und Hinterbliebene in beinahe allen Staaten der EU machen bereits jetzt mehr als 45 Prozent der Sozialausgaben aus.

Schon seit 1993 versuchen die europäischen Länder, das Wachstum der Pensionsausgaben zu drosseln. Folgende Änderungen wurden in den meisten großen EU-Staaten durchgeführt: Erhöhung des Pensionsalters, Vermeidung von Frühpensionen, Senkung des Pensionsniveaus.

Bei der Pensionshöhe liegt Österreich momentan im europäischen Mittelfeld. Obwohl die Pensionsausgabensumme als Anteil am BIP im Ländervergleich besonders hoch ist, belegen wir bei der Auszahlungshöhe im Vergleich zum aktiven Einkommen europaweit nur den siebten Rang. Ein durchschnittlicher Pensionist in Österreich erhält demnach knapp 65 Prozent dessen, was ein aktiv im Berufsleben stehender Österreicher verdient.

Die durchschnittlichen monatlichen Pensionen lagen Ende 2004 für Österreichs Männer bei 1.241 Euro, für Österreichs Frauen bei nur 726 Euro. Was die österreichischen Pensionsreformen 2003/2004 und die Pensionsharmonisierung 2005 von anderen Ländern der EU unterscheidet, ist einerseits die Kombination von mehreren Maßnahmen, die allesamt preissenkend wirken – andererseits sah man teilweise auch sehr kurze Übergangsfristen vor: Die Abschaffung der vorzeitigen Alterspension wegen Arbeitslosigkeit erfolgte in Österreich beispielsweise mit sofortiger Wirkung ab 2004.

Vorsorgen mit drei Säulen

Im Zuge dieser aktuellen Entwicklungen verstärkt sich neben der staatlichen Grundversorgung die Bedeutung der betrieblichen und der privaten Pensionsvorsorge. Bei der zweiten Säule, der betrieblichen Altersvorsorge, wurde bis

2005 ein Großteil der heimischen Betriebspensionen über die 1990 dafür eingerichteten Pensionskassen abgewickelt.

Die betriebliche Vorsorge

Seit dem Inkrafttreten der EU-Pensionsfondsrichtlinie im September 2005 dürfen Versicherungen mit der „Betrieblichen Kollektivversicherung" eine Alternative anbieten. Eine Änderung des Versicherungsaufsichtsgesetzes ermöglicht eine Gruppenrentenversicherung des Arbeitgebers für Arbeitnehmer auf Basis einer Betriebsvereinbarung, eines Kollektivvertrags oder einer Vereinbarung nach Vertragsmuster. Der Vorteil der Betrieblichen Kollektivversicherung liegt in der höheren Sicherheit – bereits erworbene Gewinnanteile können nicht mehr verloren werden.

Bei UNIQA folgt die Strategie der betrieblichen Vorsorge jener der klassischen Lebensversicherung: Zinsgarantie, garantierte Sterbetafeln, lebenslange Pensionszahlung und stetige Gewinnbeteiligungsansammlung.

Die private Pensionsvorsorge

Damit hat UNIQA auch im Angebot der dritten Säule, nämlich der privaten Vorsorge, attraktive Lösungen erarbeitet. Und das wird man gut brauchen können. Einem heute 21-jährigen Berufsanfänger werden bei Pensionsantritt von einem Tag auf den anderen einige hundert Euro pro Monat fehlen – sogar nach 45 Versicherungsjahren. Daher gilt: Je früher man zusätzlich vorsorgt, desto besser wird man später planen können. Im Idealfall machen sich also auch Eltern oder Großeltern Gedanken über das Fortkommen der zukünftigen Generationen.

Für die immer größer werdende „Pensionslücke" wird zu einem Teil im Rahmen der betrieblichen Vorsorge durch den Arbeitgeber eingezahlt – zum viel größeren Teil aber durch den Arbeitnehmer selbst, indem er für eine Privatpension sorgt.

Und das am besten so früh wie möglich, denn bei gleich langer Versicherungsdauer und gleich hoher Ansparsumme macht es einen eklatanten Unterschied aus, in welchem Alter man mit dem Investieren für die Privatpension beginnt. Die Großelterngeneration von heute ist zumeist ausreichend vom staatlichen Pensionssystem versorgt – für die Enkel wird es in 40 oder 50 Jahren aber nur eine staatliche Grundabdeckung geben, darüber sind sich Sozialwissenschaftler und Zukunftsforscher einig. Man kann jetzt schon ein verstärktes Vorsorgeverhalten der Österreicher spüren, es wird vermehrt für Familie und Hinterbliebene Vorsorge getroffen.

Vorsorgepyramide

Wie eben die Sicherung des Lebensstandards im Alter längst auf drei Säulen (Staat, Arbeitgeber und Arbeitnehmer) beruht, basiert auch die private UNIQA Vorsorge auf drei starken Teilen. Die UNIQA Vorsorgepyramide besteht aus einem starken und sicheren Fundament aus klassischer Lebensversicherung als Privatpension, aus einem Teil Pensionsvorsorge mit staatlicher Förderung und zum dritten aus einem Anteil an Investment mit hohen Renditechancen. Das Hauptaugenmerk wird dabei natürlich auf Sicherheit gelegt.

Es gibt immer wieder Kundenwünsche zu gewissen Vorsorgeprodukten, die sich in einem Zyklus von ein paar Jahren ändern. Grund für die schwankenden Wünsche ist meist die aktuelle Aktiensituation. Weil aber das tagtägliche Geschehen an den Weltbörsen jenseits der Verstehbarkeit für den Normalbürger liegt und die Vorsorge für den finanziell gesicherten Lebensabend meist einen Zeitraum von 30, 40 oder mehr Jahren betrifft, tun aktuelle Börsentrends eigentlich nicht allzu viel zur Sache.

In letzter Zeit geht das Vorsorgependel wieder in Richtung fondsgebundener Lebensversicherung. Die staatlich geförderte Vorsorge hat dazu beigetragen, die Österreicher etwas risikofreudiger zu machen. Im Trend liegen zurzeit fondsgebundene Produkte mit Garantie.

Die UNIQA Vorsorge-Angebote auf einen Blick:

Pension & Gestalten

Die Basis für eine sichere Zukunftsabsicherung ist für die meisten Österreicher immer noch die klassische Lebensversicherung. Die „Pension & Gestalten"-Vorsorge von UNIQA als gesundes und stabiles Fundament bietet dabei zwei hervorragende Möglichkeiten. Eine konservative Veranlagung auf der einen Seite, die nur zu etwa zehn Prozent in Aktien erfolgt (der Großteil wird in sichere Anleihen und Immobilien veranlagt) – sie garantiert eine höhere Rente, dafür sind aber die zusätzlichen Ertragschancen geringer. Beim „Pension & Gestalten"-Zukunftsplan andererseits ist die Garantierente etwas niedriger, dafür darf man aber höhere Gewinne als bei der konservativen Variante erwarten, weil bis zu 30 Prozent in Aktien investiert werden. In beiden Fällen gibt es für die monatliche Privatpension zahlreiche individuelle Gestaltungsmöglichkeiten.

Schutz vor Inflation

Durch Einschluss einer Indexklausel steigt die Pensionshöhe von Jahr zu Jahr parallel zum Index der allgemeinen Lebenshaltungskosten, das heißt, die Inflation „frisst" keinen Cent der garantierten Rente. Der Kunde wird also unabhängig von der staatlichen Pension und kann mit der klassischen Lebensversicherung im Ruhestand seinen gewohnten Lebensstandard beibehalten. Ein weiterer großer Vorteil bei „Pension & Gestalten": UNIQA weist den Kunden jedes Jahr die Gewinne aus der Veranlagung zu, die Privatpension wächst also von Jahr zu Jahr um ein weiteres Stück.

Vermögen & Vermehren

Die Österreicher setzen allgemein ungebrochen auf Lebensversicherung und Pensionsversicherung als Zukunftsvorsorge – für sich selbst und für die Familie. Die klassische Lebensversicherung „Vermögen & Vermehren" zeichnet sich durch sichere Veranlagung der Prämien aus. Der Kunde kann dabei aber den Auszahlungszeitpunkt selbst bestimmen und dann entweder das gesamte Vermögen auf einmal nützen (ohne Kapitalertragsteuer zahlen zu müssen) oder eine monatliche Pension beziehen. Mit dem regelmäßig über einen frei gewählten Zeitraum bezahlten Betrag lassen sich Sparziele Gewinn bringend erreichen.

TimeOut-Option

Und auch wenn man einmal kurzfristig knapp bei Kasse ist, ist das kein Malheur: Eine Prämienstundung ist bei UNIQA selbstverständlich möglich. Insgesamt kann der Kunde während der Vertragslaufzeit zwei Jahre lang mit den Prämien aussetzen bei vollem Versicherungsschutz. Wenn man also für einige Monate auf Jobsuche ist, in der Karenzzeit, beim Bezug von Krankengeld nach Wegfall des Gehaltes, wenn man sich weiterbilden will oder wenn man/frau etwa nach einer Scheidung kurzfristig in die finanzielle Bredouille kommt – ein „TimeOut" von der Prämienzahlung ist möglich, ohne zusätzliche Kosten.

Die TimeOut-Option kann ab sechs Monate bis zu maximal zwei Jahren in Anspruch genommen werden. Der Versicherungsschutz für den Kunden und seine Familie bleibt natürlich zur Gänze aufrecht, obwohl in dieser Zeit keine Prämien gezahlt werden.

Pension & Garantie

Weil die Bedeutung der privaten Vorsorge längst anerkannt ist, gibt es zusätzlich zur Privatpension auch eine Unterstützung von staatlicher Seite. Einerseits wird das eingezahlte Kapital durch die Versicherung zu 100 Prozent garantiert, andererseits werden die Prämien ab 25 Euro monatlich (für Kinder bereits ab 10 EUR monatlich), die der Kunde für seine Privatpension bezahlt, um die staatliche Förderung (zwischen 8,5% und 13,5%) aufgestockt. Im Moment liegt der staatliche Prämienzuschuss bei 9 Prozent. Gesetzliches Mindesterfordernis ist die Kapitalgarantie für alle einbezahlten Prämien plus die erstatteten staatlichen Prämien. UNIQA legt aber auch hier noch einiges drauf. Die Kapitalgarantie mit dem Vorsorgeprodukt „Pension & Garantie" gilt nämlich bei UNIQA auch bei nicht widmungsgemäßer Verwendung und umfasst Prämien und Förderung. Weiters wird wiederum eine Berechnung gemäß der zum Vertragsabschluss gültigen (und für den Versicherten günstigeren) Rententafel zugesichert. Und auch während der Aufschubphase, also dem Zeitraum zwischen Ende der Prämienzahlung und erstmaliger Auszahlung der Rente, wird derzeit eine Verzinsung von 2,25 Prozent garantiert – plus Gewinnanteile.

Fonds & Steigern

Mit der klassischen Lebensversicherung in ihren vielen Spielarten, sei es als Rente oder per einmalige Auszahlung, und der staatlich geförderten Zukunftsvorsorge mit staatlicher Prämie und erweiterten Garantien, ist also ein großer Schritt in Richtung sichere Zukunft gemacht. Wer daneben noch Kapital zur Verfügung hat, sollte zusätzlich in fondsgebundene Lebensversicherungen investieren.

Nicht umsonst ist dieser Bereich an der Spitze der UNIQA Vorsorgepyramide angesiedelt. Die Produkte zeichnen sich durch hohe Flexibilität und große Ertragschancen aus. UNIQA bietet dabei eine Auswahl an mehreren Portefeuilles – von sicherheitsorientierter Veranlagung mit Kapitalgarantie bis zu reinen Aktienportefeuilles.

Mit FL:aktiv – der Vorsorge einer neuen Generation – bietet UNIQA FinanceLife erstmals ein Veranlagungsprodukt, bei welchem der Anleger den Anteil der Garantieveranlagung selbst bestimmen kann. Dabei erfolgt das Investment sowohl in einem Portefeuille mit Kapitalgarantie als auch in einem Aktienportefeuille. Das besondere daran ist, dass der Anleger jederzeit den Anteil der Garantieveranlagung ändern kann, ohne dass hiefür zusätzliche Kosten anfallen. Ein Absicherungsmanagement rundet das Angebot hervorragend ab und schützt vor Überraschungen am Ende der Laufzeit.

Und das Angebot wird weiterhin laufend um neue fondsgebundene Lösungen ergänzt. Daher ist die laufende Betreuung und Servicierung ein äußerst wichtiger Faktor. Hier können die Anleger auf die umfassende Betreuung durch UNIQA Berater zählen, die ihren Kunden ganz konkret bei allen Fragen bezüglich individueller Zukunftsvorsorge mit Rat und Tat zur Seite stehen.

Früh genug beginnen

Mit „Kinder & Geben" hat UNIQA, den Wünschen vieler Kunden entsprechend, ein neuartiges Vorsorgemodell entwickelt. Schon mit einer geringen Prämie ab dem ersten Lebensjahr, kommen dann dank regelmäßiger Einzahlung und mit dem Zinseszinseffekt erstaunliche Ersparnisse zusammen. Etwa um dem Junior eine finanzielle Hilfe für die Ausbildung, für die Familiengründung oder zum Kauf des ersten Autos zu geben.

Bei der Kinder & Geben Pensionsvorsorge kann das Kind im Alter von 15 Jahren entscheiden, ob die garantierte Versicherungssumme zuzüglich Gewinnbeteiligung ausbezahlt wird oder etwa als Pensionsvorsorge weiter Gewinn bringend veranlagt wird.

Eine spezielle Form ist die „Kinder & Geben" Heirats-Vorsorge. Dabei ist natürlich die monatliche Prämie ebenso frei zu wählen, aber im Fall einer Hochzeit zwischen dem 18. und 25. Lebensjahr werden Versicherungssumme und Gewinnbeteiligung sofort fällig.

Spätestens mit dem 25. Geburtstag wird natürlich ausbezahlt, auch wenn es noch zu keiner Eheschließung gekommen ist. Besonders attraktiv bei „Kinder & Geben": Weil auch die beste Omi nicht ewig leben kann, übernimmt UNIQA die Prämienzahlung im Falle eines vorzeitigen Ablebens. Das Sparziel Pensionsvorsorge oder Leistung z. B. zum 25. Geburtstag bleibt damit in jedem Fall aufrecht, ebenfalls gleich bleibt die Berechnungsgrundlage für die Privatpension.

Weil pro Jahr die Menschen in Österreich im Durchschnitt um etwa 30 Tage älter werden, gibt es regelmäßige und gesetzlich vorgesehene Änderungen der „Rententafeln". Mit immer höherer Lebenserwartung verlängert sich auch die Ruhestandsphase, für die man vorsorgen muss. Und die Wissenschafter sind überzeugt, dass die verlängerten Lebenshorizonte mit einer Änderung des persönlichen Verhaltens einhergehen werden, so Warren Sanderson und Sergej Scherbov vom World Population Program des IIASA: „Ältere Menschen werden sich in Zukunft anders verhalten als heutige ältere Menschen, in vielerlei Hinsicht werden sie agieren, als wären sie deutliche jünger." Und dafür lohnt es sich, auch finanziell vorzusorgen.

Quelle: Next 2/2005/06 zum Thema Vorsorge

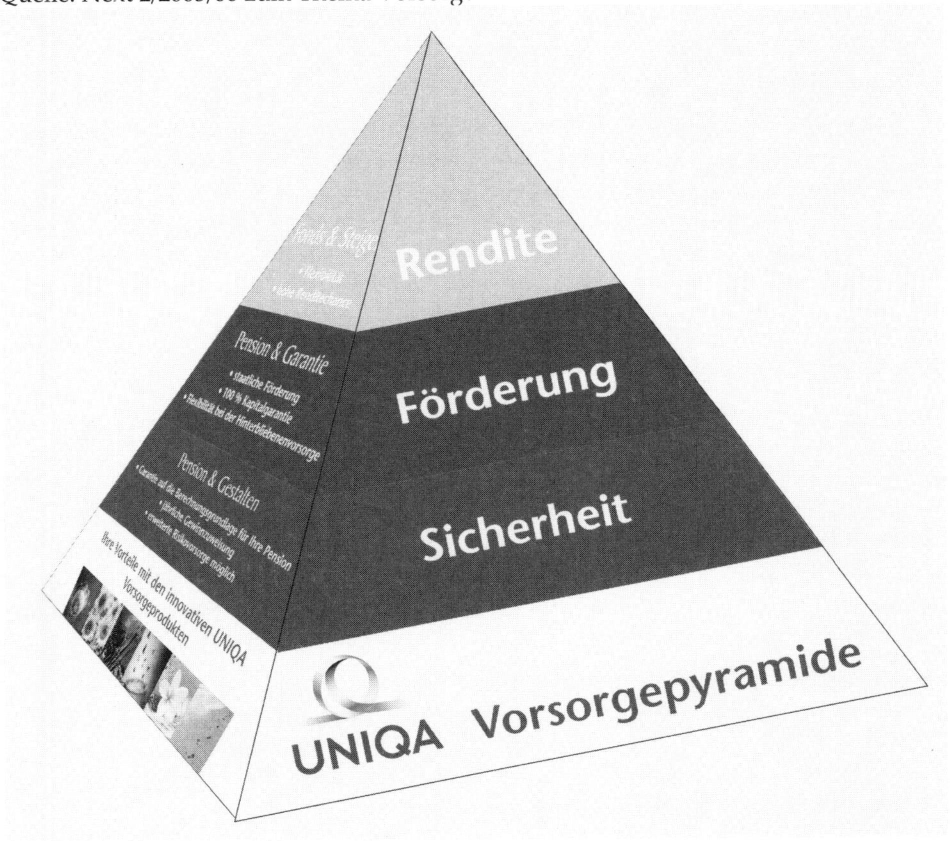

Zur Person: Elisabeth Stadler, Mitglied des Vorstands der UNIQA Personenversicherung AG

Bettina Kurz/Peter Eichler

Gesundheit: Sein eigener Coach sein, sicher alt werden

„In der einen Hälfte unseres Lebens opfern wir die Gesundheit, um Geld zu erwerben – in der anderen opfern wir Geld, um die Gesundheit wieder zu erlangen. Und während dieser Zeit gehen Gesundheit und Leben von dannen."

(Voltaire)

Gesund bleiben

Vorsorge ist in aller Munde. Wollen wir doch für das kommende Älterwerden „abgesichert" sein, um uns später keine Sorgen machen zu müssen. Neben der finanziellen Vorsorge dürfen wir jedoch die aktive Erhaltung unserer Gesundheit nicht vergessen. Gesundheit – fast ist sie eine Selbstverständlichkeit. Erst wenn uns etwas „fehlt", lernen wir diese zu schätzen. Dabei ist der Erhalt der Gesundheit und körperlichen Leistungsfähigkeit der wichtigste Eckpfeiler in der Altersvorsorge.

Was ist überhaupt Gesundheit?

Gesundheit ist nicht nur definiert durch die Abwesenheit von Krankheit. Die Weltgesundheitsorganisation bezeichnet Gesundheit als „Zustand des vollkommenen körperlichen, psychischen und sozialen Wohlbefindens". Eine tragende Rolle haben dabei Bewegung, Entspannung und Ernährung. Denn die beste, wichtigste und sicherste Altersvorsorge ist es, körperlich leistungsfähig und ausgeglichen zu bleiben. Körperliche Fitness und Gesundheit im Alter kann gleichgesetzt werden mit Selbstständigkeit und Lebensqualität. Das erst macht es erstrebenswert, ein hohes Alter zu erreichen.

Die Belastbarkeit des (älteren) Menschen hängt mehr von seinem biologischen als von seinem kalendarischem Alter ab. Kraft und Ausdauer im Alter zu haben ist die beste Lebensversicherung.

Zu wenig Bewegung bedroht die Gesundheit

Eine gesunde Lebensweise bekommt in unserer Gesellschaft zwar einen immer höheren Stellenwert. Von zum Teil sehr radikalen Gesundheitsempfehlungen bis hin zum Ablehnen von Älterwerden als Teil unseres Lebens ist eine breite Palette an Gesundheitstrends vorhanden. Aber meist in der passiven Form. Denn anfangs hinterlässt Bewegungsmangel keine sicht- oder spürbaren Veränderungen. So ist die kostbare Zeit in den Augen vieler Menschen sinnvoller nutzbar. „Der Körper wird es schon meistern", so der weitläufige Gedanke. Tatsächlich: Der Körper ist so genial konstruiert, dass er viel verzeiht und Raubbau oft mehrere Jahrzehnte lang toleriert und verkraftet. Irgendwann schafft er das aber nicht mehr. Der oft gesundheitsmissachtende Alltag geht jedoch weiter. Psychische und physische Überlastung sowie Krankheiten sind die häufige Folge.

Ein Blick zurück

Für unsere Vorfahren war die körperliche Betätigung für die Sicherung der Existenz lebensnotwendig. Der Steinzeit-Mensch jagte noch dem Mammut hinterher und legte täglich 15 bis 25 km zu Fuß zurück. Bewegung war damals eine Überlebensnotwendigkeit. Selbst zu Beginn des 20. Jahrhunderts wurden noch 90% der Arbeitsenergie durch Muskelkraft hervorgebracht. Heute brauchen wir nur mehr etwa ein Prozent. Denn Industrialisierung und Technisierung haben die Umweltbedingungen drastisch verändert: Autos, Rolltreppen, Computer und Aufzüge reduzieren die körperliche Bewegung. Heutzutage legt ein durchschnittlicher Mitteleuropäer gerade einmal täglich einen Kilometer zurück, während er jedoch durchschnittlich 15 Stunden am Tag sitzend verbringt. Dabei hat sich die Energieaufnahme erhöht und die geistige Beanspruchung sowie Stressfaktoren haben zugenommen. Wir bewegen uns immer weniger. Hingegen hat sich die Energieaufnahme drastisch erhöht. Was wir im Übermaß essen, verbrauchen wir nur mehr unzureichend. So kommt es meist zur Problematik von Bewegungsmangel, Stress und Fehlernährung. Das sind die Ursachen der sogenannten Zivilisationskrankheiten in den Industrienationen. Die gute Nachricht: Diese Krankheiten können verhindert, gelindert und zum Teil sogar wieder geheilt werden: Durch mehr Bewegung. Da jedoch mehr Bewegung für die Bewältigung unseres Alltags nicht mehr notwendig ist, müssen wir – wollen wir die Funktion des Körpers erhalten – unser Leben bewegter gestalten.

Mangel an Bewegung

Wie äußert sich Bewegungsmangel? Körperliche Aktivität hat einen entscheidenden Einfluss auf Funktion und Form des Körpers – und zwar in größerem Ausmaß als das Alter. Kommt es zu Funktions- oder Aktivitätsveränderungen, dann passt sich der gesamte Organismus diesen Veränderungen an. Der Funktionsverlust eines Organs wirkt sich immer auch auf den gesamten Organismus aus. Meist wird gleichzeitig mit dem Absinken der körperlichen Belastung die psychische Belastung größer – oft ausgelöst durch Stressoren in beruflichem und privatem Umfeld. Durch die ungünstige Verbindung von Bewegungsmangel und psychischem Stress kommt es zu hormonellen und biochemischen Veränderungen, die sich ungünstig auf die Gesundheit auswirken. Im Körper entsteht eine ständige Abwehr- und Kampfbereitschaft – eine Reaktion aus Urzeiten. Wir beantworten diese Reaktion jedoch weder durch „Flucht" noch durch „Kampf". Wir bleiben meist einfach sitzen. Die bereitgestellten Leistungs- und Stresshormone werden nicht benötigt. Das kann langfristigen zu ungünstigen Gefäßveränderungen, der Arteriosklerose, und damit zu Herzinfarkt und Schlaganfall führen. Die richtige Antwort auf diese chemische Reaktion wäre Bewegung.

Auch der Bewegungsapparat, sprich Muskeln, Knochen, Bänder, Sehnen, verlieren durch chronische Minderbeanspruchung zunehmend ihre Funktion. Ab dem 30. Lebensjahr büßt der Körper jährlich etwa ein Prozent Muskelmasse ein, wenn nicht dagegen gesteuert wird. So sind in einem Alter von 60 Jahren bereits 30% der ursprünglichen Muskelmasse verlorengegangen. Das Körpergewicht bleibt jedoch meist konstant oder erhöht sich. Statt der Muskelmasse speichert der Körper vermehrt Fettgewebe. Die Rückbildung der Muskulatur führt zunächst zu einem Kraftverlust, später auch zu einer geringeren Stabilisierung von Knochen und Gelenken sowie einer verringerten Elastizität von Bändern und Sehnen.

Das wiederum führt zu einer erhöhten Verletzungsgefahr bei bereits geringen Beanspruchungen und zu Haltungsbeschwerden und Rückenschmerzen.

Gesund bewegen

Wie kontrovers die Medizin zum Teil auch ist – in einem Punkt sind sich renommierte Sportmediziner/innen der ganzen Welt einig: Es gibt kaum eine Krankheit, die sich durch Bewegung nicht positiv beeinflussen lässt.

Den „Spielraum“ vergrößern

Die Anforderungen des täglichen Lebens werden mit zunehmenden Alter zwar nicht weniger. Aber wir können die Leistungsfähigkeit von Körper und Geist erhöhen. Durch verbesserte Körperfunktionen wiederum können Alltag und Beruf leichter und besser gemeistert werden. Körperlich fit zu sein heißt auch, eine Reserve zu schaffen, um die Anforderungen Ihres Lebens gut meistern zu können. Ein größerer körperlicher Spielraum bedeutet ganz einfach, eine Reserve zu haben für schwierigere Situationen. Stress oder eine Krankheit lässt sich mit einem gut konditionierten Körper einfach leichter in Angriff nehmen. Sie können Ihr Leben einfach besser meistern und mehr genießen mit einer guten Leistungsreserve.

Keine Frage des Alters

Egal wie alt Sie sind: Ihre Fitness können Sie immer steigern. Fitte Menschen gehen mit siebzig noch in die Berge, fahren Ski oder Rad und spielen mit ihren Enkeln. Sie haben kräftige Muskeln, Herz und Lungen sind stark. Sie haben ein gutes Immunsystem und strotzen vor Lebensenergie. Die gute Nachricht: Für einen Anfang ist es nie zu spät! Selbst wenn Sie 90 sind, können Sie noch erheblich an Kondition dazu gewinnen! Regelmäßiges Training ermöglicht Aktivität bis ins hohe Alter und bewahrt vor allem eines: Selbstständigkeit.

Trainieren oder verlieren

Unser Körper ist für Bewegung konstruiert. Deshalb funktioniert dieser in Bewegung auch am besten. Egal ob Herz-Kreislauf-System, der Bewegungsapparat mit Muskeln, Knochen und Gelenken, die inneren Organe und das Gehirn. All das können Sie durch Bewegung positiv beeinflussen. Wir müssen den Körper also permanent beanspruchen um ihn, zumindest so wie er ist, zu erhalten. Was wir nicht ständig fordern, wird eingespart. Alles was wir hingegen unentwegt beanspruchen, wird stärker und leistungsfähiger. Äußere Bewegung schafft innere Bewegung. Ihr Körper wartet ständig darauf, dass Sie Impulse setzen. Er macht genau das, was Sie von ihm verlangen. Fordern und benutzen sie ihn, baut er auf und behält seine Struktur. Bleiben diese Reize aus, baut er ab. Nach dem „Überlastungsprinzip“ ist es erforderlich, den Körper mehr als gewöhnlich zu beanspruchen um besser zu werden. Wenn ein Muskel nicht mehr oder nur unzureichend belastet wird, wird er schwächer und bildet sich zurück. Ein ständiger Bewegungsmangel ist die Ursache für die Degeneration unseres Körpers. Die Leistungsfähigkeit des gesamten Organismus wird so herabgesetzt.

Das Prinzip der „Überlastung"

Ein halbstündiger Spaziergang ist zwar eine höhere Belastung als Sitzen auf der Couch, aber in der Regel verbessert das nicht Ihre Leistungsfähigkeit. Zumindest nicht, wenn Sie gesund sind. Um überhaupt wirksam zu sein, muss der Trainingsreiz eine bestimmte Schwelle überschreiten.

Optimaler Wechsel von Belastung und Erholung

Training ist ein „Stören des Normalzustandes" durch eine Belastung. Nach der Erholung soll eine bessere Leistungsfähigkeit erreicht werden.

Der Körper und sein „Gedächtnis"

Ihr Körper wappnet sich immer für momentane Beanspruchungen. Um besser zu werden, müssen Sie ihn also auffordern, „mehr" zu tun. Ein Beispiel: Sind Sie ein/e trainierte/r Läufer/in, dann ist lockeres Walking zu wenig Trainingsreiz. Für einen völlig Untrainierten hat diese Belastung aber bereits einen „Überraschungseffekt" für den Körper. Herz, Lungen und Muskeln sind herausgefordert, den erhöhten Anspruch das nächste Mal zu erfüllen. Sie wollen der Anforderung einfach besser gewachsen sein. Ein geniales System! Genannt wird dieser Mechanismus Überkompensation. Kompensation heißt Ausgleich, Überkompensation demnach „Mehrausgleich".

Bewegter Alltag

Bringen Sie Bewegung in Ihren Alltag, bevor Sie mit Ihrem Trainingsprogramm starten. Je aktiver Sie ab sofort sind, desto leichter fällt Ihnen der Beginn eines Trainingsprogramms. Ein bewegter Alltag ist der erste Schritt in eine gute Richtung:

- Integrieren Sie Bewegung, wann und wo immer es möglich ist. Schon kleine Veränderungen bringen große Erfolge.
- Nicht neu, aber gut: Die Treppe anstelle des Fahrstuhles benutzen.
- Erledigungen in der Umgebung: Führen Sie alles zu Fuß aus.
- Tanzen Sie gerne? Tun Sie das doch einen Abend in der Woche!
- Sie sind an einem neuen Ort? Erkunden Sie die Umgebung zu Fuß!
- Spielen Sie öfters mit Ihren Kindern. Macht Spaß und bringt Sie in Bewegung.
- Im Büro mal wieder Kolleg/innen Botschaften persönlich überbringen.
- Parkplatzsuche: Nehmen Sie den weiter entfernten und gehen Sie ein Stück.
- Einkaufstour: Zu Fuß ist besser als Online-Shopping....
- Freund/innen treffen: Gemeinsamer Spaziergang statt dem Kaffeehaus.
- Walk & Talk: Besprechung mit Geschäftspartnern walkend im Park.
- Hausarbeit: Ja, jeder Schritt mit dem Staubsauger zählt!
- Gartenarbeit: Rasen mähen lässt auch Ihren Körper aufblühen.

- Bringen Sie so viel Bewegung wie möglich in Ihr Leben. So oft wie möglich, überall, zu jeder Zeit. Aber vielleicht haben Sie jetzt ja erst richtig Lust auf Bewegung bekommen ...
- Ihre Fitness-Zukunft: Gestalten Sie Ihr tägliches Leben aktiv. Finden Sie Aktivitäten, die Sie gerne machen und integrieren Sie diese in Ihr Leben. Sie werden sehen: Sie finden eine Menge an Bewegungen, die Sie gerne machen und die Ihr Leben bereichern.

Trainingskomponenten

Es gibt mehrere Komponenten eines gesunden Trainings:

Ausdauer

Ausdauer ist die Widerstandstandsfähigkeit gegen Ermüdung bei längerer körperlicher Belastung. Ausdauer ist die Basis Ihres Fitness- und Gesundheitsprogramms. Unser gesamter Körper wird mit Hilfe großer Muskelgruppen in Bewegung gebracht. Ausdauertraining wie (Nordic-)Walking, Radfahren oder Langlaufen stärken das Herz-Kreislauf-System.

Welches Ziel Sie auch immer haben: Allgemeines Ausdauertraining ist die Basis aller Sportarten.

Wieviel Ausdauertraining ist gesund?

Gesundheits-Minimum: zweimal pro Woche jeweils 30–45 Minuten (dazwischen jeweils zwei bis vier Ruhetage)

Gesundheits-Optimum: dreimal pro Woche jeweils 45–60 Minuten (dazwischen jeweils ein bis drei Ruhetage)

Tipp: Falls Sie zwischendurch nicht zum Optimalprogramm kommen, überbrücken Sie die Zeit einfach mit dem Minimalprogramm.

Macht mehr Training gesünder?

Ein Training über das „Optimum" hinaus macht Sie nicht gesünder. Mehr ist besser, wenn Sie Ihre Fitness noch weiter steigern wollen. Es gibt viele Gründe, mehr zu tun: Sie können dann einfach schneller, länger und weiter radeln, laufen und wandern.

Kraft

Noch vor wenigen Jahren wurde dem Krafttraining wenig Bedeutung beigemessen. Mittlerweile hat es eine wichtige Rolle im Fitnessprogramm: kräftigere Muskeln, stärkere Knochen, bessere Haltung, geringeres Verletzungsrisiko und ein strafferer Körper. Zudem bauen Sie durch Krafttraining Aktivmasse auf. Im Gegensatz zur Passivmasse Fettgewebe verbrennen Muskeln auch in Ruhe Energie.

Ihre Kraft sollten Sie zweimal pro Woche trainieren. Einmal pro Woche sorgt für Erhalt der Kraft, zweimal zur Verbesserung. Beispiele sind Übungen mit dem eigenen Körpergewicht, mit Hanteln oder Bändern.

Beweglichkeit

Ihre Beweglichkeit können Sie durch spezielle Dehn- und Mobilisationsübungen verbessern. Dehnen ist eine Art Muskel- und Gelenkspflege. Wenn Sie Ihre Muskeln beim Training beanspruchen, vergessen Sie nicht, diese auch regelmäßig zu pflegen. Egal wie alt Sie sind und ob sportlich oder untrainiert. Beweglichkeit verbessert das Körpergefühl, senkt das Risiko von Verletzungen und optimiert die sportliche Bewegung. Beispiele: spezielle Dehn- und Mobilisationsübungen (Stretching der Beinmuskulatur, Schultern kreisen, usw.)

Koordination

Durch Koordinationstraining verbessern Sie das Zusammenspiel von Gehirn und Muskulatur sowie die Zusammenarbeit der Muskeln untereinander. Koordination brauchen Sie für alle Sportarten, z. B. fürs Skifahren. Gute Koordinationsfähigkeit verhindert Verletzungen und Fehlbelastungen der Gelenke.

Beispiele: tänzerische Bewegungsformen, Ballsportarten, Training auf labilen Unterlagen (z. B. auf einem „Wackelbrett")

Tipp: Lassen Sie sich von einem Coach beraten und Ihr persönliches Bewegungsprogramm ausarbeiten.

Guter Einstieg

Beginnen Sie mit der Frage: Wo stehe ich jetzt? Wie viel Zeit widme ich im Moment meinem Training? Welches Ziel habe ich? Bin ich bereit mehr Zeit für Bewegung zu investieren? Welche Sportarten bereiten mir Freude? Wenn Sie Ihre Ziele kennen, ist es viel leichter zu beurteilen, welches Training für Sie am besten ist.

So kommen Sie in Form

Finden Sie eine Bewegungsform, die Ihnen Spaß macht. Das ist das Wichtigste! Qualität vor Quantität: Nicht möglichst viele Stunden und Kilometer sind entscheidend, sondern die Qualität des Trainings und die Freude dabei. Ausdauer ist die Grundlage Ihres Trainings. Die Intensität (= Stärke) Ihres Trainings muss unbedingt Ihrer Leistungsfähigkeit angepasst werden, um Überlastungen zu vermeiden

Gewissheit durch den Fitness-Check

Für die meisten Menschen ist die Aufnahme eines Fitnesstrainings gesundheitlich völlig unbedenklich. Wichtig ist aber auch zu wissen wie belastbar Sie sind und ob Ihr Sport optimal für Sie ist. Wenn Sie Ihren momentanen Zustand kennen, macht das Training auch Sinn. Dann können Sie die Bewegung optimal dosieren und die Zeit ist bestmöglich investiert.

Ein medizinischer Fitness-Check vor Trainingsbeginn empfiehlt sich vor allem dann, wenn Sie älter als 35 Jahre sind, schon einige Jahre keinen Sport mehr gemacht haben, oder wenn Sie sich nicht ganz wohl fühlen. Wenn Sie an Erkrankungen leiden oder gesundheitliche Probleme haben, sollten Sie das auf jeden Fall mit Ihrem Arzt vor Trainingsbeginn besprechen. Nur ein sportmedizinischer Fitness-Check macht es möglich, Ihr Training ganz genau auf Ihre Belastungen abzustimmen.

Aufbau nach Maß

Sie brauchen nicht viel Zeit für ein gutes Training. Die wichtigsten Komponenten sind Freude und Konsequenz. Mäßig, aber regelmäßig! Um Fortschritte zu machen, sollten Sie regelmäßig trainieren, den Trainingsreiz steigern, sowie Zeit für Regeneration und Anpassung einräumen.

Wie oft?

Mehrere kleine Trainingseinheiten über die Woche verteilt sind besser als eine große. Zwei- bis dreimal sollten Sie anfangs trainieren, um sich erfolgreich Ihrem Ziel zu nähern. Wenn Sie später öfter pro Woche trainieren, werden Sie rascher fit und können mehr Abwechslung in Ihr Trainingsprogramm bringen. Besonders am Anfang sollte aber zwischen den einzelnen Trainingseinheiten jeweils ein Ruhetag sein. Sie können aber z. B. Montags ein Ausdauertraining absolvieren und am Dienstag Ihre Bauch- und Rückenmuskeln kräftigen.

Wie weit?

Es ist einfacher, Abwechslung in Ihr Training zu bringen, wenn Sie Ihr Training über die Zeit messen als über absolvierte Kilometer. Machen Sie sich keine Gedanken über Entfernungen. Was zählt, ist die Trainingszeit (z. B. dreimal 30 Minuten pro Woche) und Ihre optimale Trainingsherzfrequenz.

Wie lange?

Wenn Sie nach und nach länger trainieren, verbrennen Sie mehr Energie, Sie verbessern Ihre muskuläre und aerobe Ausdauer, erhöhen die Effektivität Ihrer Fettverbrennung und gewöhnen sich an längere Belastungen. Erhöhen Sie Ihre Trainingsdauer aber nur alle sechs Wochen. So kann sich der Körper anpassen. Je intensiver Ihr Training ist, desto kürzer sollte es sein. Ein lockeres Training darf ruhig auch einmal länger dauern. Eine Stunde reicht aber in jedem Fall, außer Sie haben ein spezielles Ziel …

Wie intensiv?

Die Intensität (= Stärke) Ihres Trainings muss unbedingt Ihrer Leistungsfähigkeit angepasst werden, um Überlastungen zu vermeiden. Für den Gesundheitssport ist das Training im Grundlagenausdauerbereich optimal. Bei welcher Herzfrequenz dieser Bereich bei Ihnen liegt, erfahren Sie beim Sportmedizinischen Check. Wichtig: Je intensiver das Training, desto länger muss die Pause sein!

Wann?

Die beste Trainingszeit ist jene, die Ihnen am besten passt. Vielleicht stehen Sie einfach gerne frühmorgens auf und trainieren. Oder Sie lassen Ihren Tag gerne mit etwas Bewegung ausklingen. Wie auch immer Sie sich am wohlsten fühlen, ist es richtig für Sie!

Wo?

Ob Sie gerne im Wald sind, zuhause trainieren oder ein Fitnessstudio besuchen. Bewegen Sie sich dort wo Sie sich am wohlsten fühlen!

Wie steigern?

Wenn Sie beginnen, optimieren Sie zuerst Ihren Alltag. Dann beginnen Sie mit den ersten Trainingseinheiten. Es gibt keine starren Regeln und jeder Körper reagiert anders. Hören Sie auf Ihren Körper und finden Sie heraus, was Ihnen gut tut!

- Es dauert 4–6 Wochen, bis Sie ein spürbar höheres Level erreichen. Wenn Sie Ihr Training steigern wollen, gehen Sie so vor:
- Erhöhung der Einheiten (z. B. statt zwei nun drei Trainingstage pro Woche)
- Erhöhung des Umfangs (längeres Training, z. B. Dauer um zehn Minuten erhöhen)
- Erhöhung der Intensität (z. B. ein Training mit etwas höherer Herzfrequenz)

Was?

Finden Sie Bewegungen, die Ihnen Spaß machen. Das ist das Geheimnis zum Erfolg. (Lassen Sie sich von einem Coach beraten.)

Den richtigen Treibstoff tanken

Essen ist unser Treibstoff. Die Art der Nahrung die Sie zu sich nehmen, wirkt sich direkt auf den Erfolg und den Wohlbefinden und Gesundheit aus. Eine Ernährungsweise reich an Gemüse, Obst, Vollkornprodukten sowie guten Fetten (z. B. wertvolle Pflanzenölen) und hochwertigem Eiweiß (z. B. Fisch) ist eine gute Altersvorsorge. Denn Ernährung hat auf den Alterungsprozess einen positiven Einfluss. Wer schon in jungen Jahren Wert auf eine gesunde Lebensweise legt, wird langsamer altern.

Anspannung braucht Entspannung

Bessere Fitness führt zu einem besseren Stressabbau und zu einer höheren Stresstoleranz. Ihre innere Energie wird ausgewogener, das Gleichgewicht von An- und Entspannung wiederhergestellt. Entspannung kann ein Spaziergang sein, ein Ausdauertraining, bewusst Nichts zu tun, oder spezielle Entspannungsmethoden (wie Mentales Training und Meditation). Lassen Sie sich von einem Coach unterstützen.

Belastung und Erholung im Gleichgewicht

Ein optimales Wohlbefinden und körperliche und geistige Gesundheit können nur erreicht werden, wenn Belastung und Erholung einander die Waage halten. Die beste Altersvorsorge ist es also, mit den eigenen Ressourcen gut hauszuhalten. Den Körper nicht nur besitzen, sondern auch zu benützen und für entspannenden Ausgleich zu sorgen. Dann steht einer guten Lebensqualität (im Alter) nichts mehr im Wege.

Zur Person: Dr. Peter Eichler, Mitglied des Vorstandes der UNIQA Personenversicherung AG

Zur Person: Bettina Kurz, UNIQA VitalCoach

Sophie Karmasin

Jung und Alt ist keine Frage des biologischen Alters

Alter am Prüfstand

Im vorliegenden Beitrag soll das Thema Generationen in Hinblick auf Lebensstil und nicht, wie möglicherweise vermutet, unter dem Blickwinkel des biologischen Alters untersucht werden: Es soll der Frage nachgegangen werden, inwiefern sich gesellschaftliche Gruppen noch über das Alter unterscheiden und daher auch beschreiben lassen. Wie wichtig ist das Alter für die Art, wie man über gesellschaftliche Grundwerte denkt, welche Lebensziele man hat oder wie man Glück und Zufriedenheit definiert? *Ist also Alter noch eine aussagekräftige Kategorie, die gesellschaftliche Subkulturen gestaltet und trennt?*

Zur Diskussion dieser Frage werden zuerst allgemeine gesellschaftliche Entwicklungen beschrieben, als Grundlage dient die „Erlebnisgesellschaft", wie sie basierend auf Bourdieu detailliert von Schulze beschrieben wird (vgl. Schulze, 1992). Anhand der Einstellung und Haltung zum Thema Innovation wird dieses Gedankenmodell im Weiteren anhand einer empirischen Untersuchung erläutert.

Individualisierung und Eigenverantwortung als Konsequenz der gesellschaftlichen Auflösungstendenzen?

Wir leben in einer Kultur der Individualisierung, Menschen wollen sich als Individuen wahrgenommen fühlen und nicht als Teil einer sozialen Gruppe: *„Was sich damals artikulierte, erscheint bei einer kultursoziologischen Betrachtung zum heutigen Zeitpunkt als Beginn einer Selbstbesinnung der Menschen auf sich selbst. Der Siegeszug einer Lebensphilosophie begann, deren Kernidee darin besteht, das Subjekt zum Maß aller Dinge zu erklären. ‚Ich tue, was mir gefällt.' "* (v. Pierer, v. Oetinger,1997)

Wir befinden uns in einer Zeit, in der soziale Gruppen nicht mehr hinreichend über Schicht, Alter oder Geschlecht definiert werden. Menschen gleicher sozialer Herkunft zeigen oft ganz andere Befindlichkeiten und sind in unterschiedlichen Lebenswelten angesiedelt. Soziale Gruppen können heute immer weniger über Schicht oder Soziodemographie beschrieben werden, Beschreibungen über Modelle der Lebenswelt sind weit aussagekräftiger. Auch in verschiedenen eigenen empirischen Untersuchungen konnten wir nachweisen, dass Alter oder die Berufsgruppe einen geringen erklärenden Einfluss auf beispielsweise die Präferenz für eine politische Partei besitzt als die Zugehörigkeit zu einer Lebenswelt.

Durch die stärkere Individualisierung unserer Gesellschaft ist die Entwicklung zu mehr eigenem Gestaltungsspielraum, aber auch zu mehr Eigenverantwortung erwartbar und erkennbar: Durch die Überzeugung, dass wir es sind, die agieren und gestalten, als autonome Personen, nicht bestimmt durch eine Norm und Rolle, wächst auch das Bewusstsein für Fragen der Nachhaltigkeit. So ist zum Beispiel die starke Steigerung der privaten Pensionsvorsorge und privaten Krankenversicherungen als Ausdruck einer selbstverantwortlichen Lebensgestaltung (und der notwendigen Rückbesinnung auf individuelle und nicht staatliche Vorsorge) zu bewerten. Wir werden aber sehen, dass das Ausmaß der eigenverantwortlichen Lebensgestaltung weniger mit dem Alter/der Generation zu tun hat als mit der Lebenswelt, der eine Person entstammt.

Von einer Defizitgesellschaft zur Erlebnisgesellschaft

Wir befinden uns in einer Kommunikationsgesellschaft, in der es in Zukunft noch stärker darum gehen wird, wie Informationen, politische Inhalte, Marken etc. kommuniziert und inszeniert werden, nicht nur und oft weniger darum, welche Inhalte zugrunde liegen. Es kommt viel mehr auf den Zeichenwert als auf den realen Wert an. (vgl. Karmasin, 1993)

Wir gehen daher davon aus, dass soziale Differenzierung heute über Unterschiede im Erleben und der unterschiedlichen Definition von Ästhetik funktioniert. Wir entscheiden immer weniger auf der Basis von objektiven und funktionalen Argumenten, sondern auf der „Basis" von Erlebniswelten.

Bei Konsumentscheidungen stellen wir heute immer weniger die Frage: Kann ich mir X leisten, sondern vielmehr: Welches Konsumerlebnis passt am besten zu mir, welches entspricht meiner Person am besten?

Basierend auf den Überlegungen von Schulze (1992) haben wir das Modell „Die Erlebnismilieus", die für Deutschland entwickelt und geprüft wurden, inhaltlich auf Österreich übertragen und adaptiert.

Das Lebensstilmodell „Die Erlebnisgesellschaft", das von Karmasin. Motivforschung für Österreich entwickelt wurde, gliedert sich in vier Erlebnismilieus. Dieses Modell wurde erstmals in Österreich empirisch überprüft und wird zur Zielgruppenbeschreibung und Markenanalyse eingesetzt.

Schulze gliedert eine Gesellschaft mithilfe zweier Achsen:

- Einfachheit – Komplexität, also Niveau
- Jung – Alt bzw. Ordnung versus Spontanität

Charakteristische Faktoren der Erlebnismilieus (1)

Die Erlebnisgesellschaft in Österreich 2005

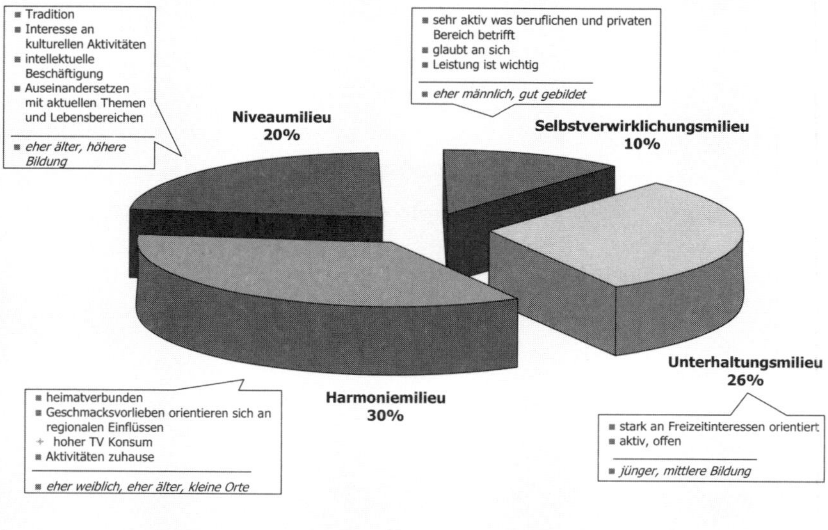

%-Werte

Rest auf 100%: nicht zuordenbar

Basis: Repräsentative Stichprobe in Österreich, Männer und Frauen ab 14 Jahren, face to face at random

n=1000

Lebenswelten im Vergleich

Dieses Modell gliedert die Bevölkerung nach ihrem Geschmack, nach dem, was die Menschen als schön und als ein wirkliches Erlebnis definieren. *„Der Geschmack paart die Dinge und Menschen, die zusammen gehören."* (Pierre Bourdieu, zitiert nach Schulze, 1992)

Vier Lebenswelten lassen sich aufgrund unterschiedlicher Freizeitinteressen, Vorlieben für Medien und Musik und Werteorientierung beschreiben.

Im <u>Niveaumilieu</u> findet man das Leben schön, wenn man seinen Status kultiviert und anspruchsvoll genießen kann. Man schätzt das Perfekte und Tiefergehende, man hasst das Primitive, Barbarische und zu Schnelle. Kultur, Tradition und Bildung sind wichtig, Leistung, Anerkennung und ein reflektiertes Verhalten spielen eine große Rolle. Themen in Zusammenhang mit Nachhaltigkeit wie Umweltschutz und soziales Engagement sind für diese Gruppe ein wichtiges Thema.

Für Mitglieder des <u>Harmoniemilieus</u> sind Geborgenheit, Sicherheit und Schutz vor Fremdem und Neuem zentrale Werte.

Sie lieben Gemütlichkeit und konzentrieren sich auf das Zuhause.
Sie sind eher passiv, bevorzugen gewohnte Muster.
Sie haben eher eine fatalistische und pessimistische Lebenseinstellung.
Sie lehnen das Unerwartete, Veränderungen, Außenseiter und Abweichung generell ab.
Sie zeigen den höchsten TV-Konsum, gleichzeitig auch das geringste Interesse an Tageszeitungen.

Individualität, Freiheit, Offenheit stehen für das <u>Selbstverwirklichungsmilieu</u> an erster Stelle. Sie wollen ihre eigenen Ziele verwirklichen.

Sie haben eine positive Grundeinstellung, sie betrachten die Zukunft und das Leben als anregende Herausforderung.
Sie lehnen Spießer, das Konventionelle, das Massenhafte ab.
Das Leben kann sowohl ruhig und tiefgehend, aber auch aktiv und laut sein, je nach eigenem Geschmack. Sie schätzen triviale, aber auch anspruchsvolle Unterhaltung.
Sie sind die Internet Profis und wickeln auch Bankgeschäfte schon häufig im Internet ab. Sie haben den höchsten Ausstattungsgrad und das höchste Interesse, was mobile Kommunikation und technisches Equipment betrifft.

Im <u>Unterhaltungsmilieu</u> findet man das Leben schön, wenn es viel Action, Spannung und Abwechslung bietet.

Streben nach Stimulation und Vermeiden von Langeweile sind daher oberste Lebensprinzipien.
Die Freizeit ist besonders wichtig, Leistung, Anerkennung und Wertorientierung sind sekundär.
Langeweile und Routine sind die Feindbilder.
Die Angehörigen sind Lust-Shopper und genießen es, einzukaufen.

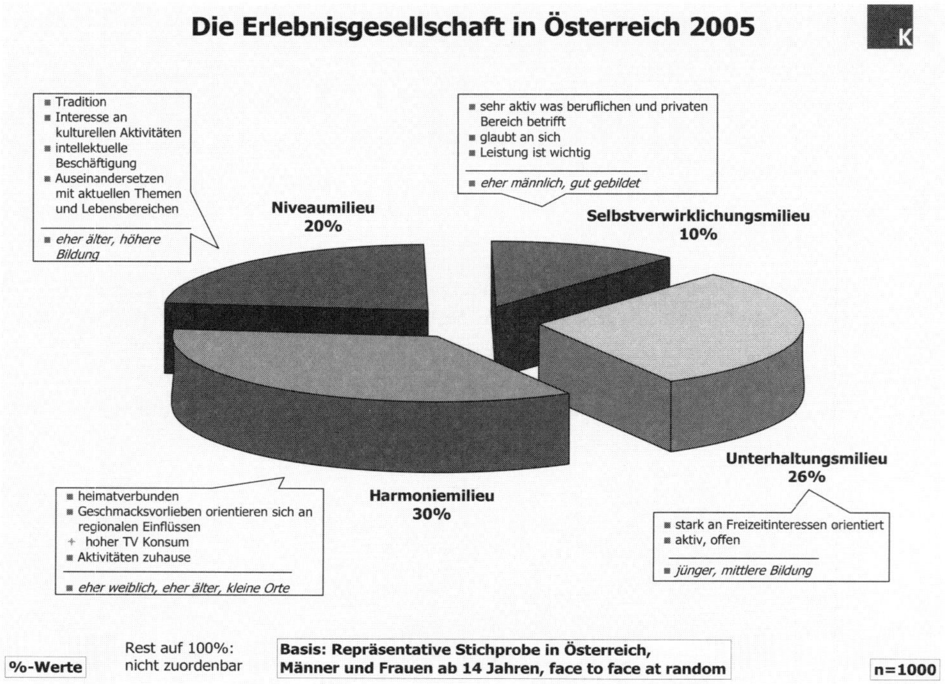

In verschiedenen Untersuchungen wurde bestätigt, dass eine Segmentierung über die Erlebnismilieus aussagekräftiger und trennschärfer ist als eine über das Alter. Auch in Zusammenhang mit der Präferenz für politische Parteien ergab sich, dass die Zugehörigkeit zu einer Lebenswelt mehr zum Wahlverhalten beiträgt als das Alter.

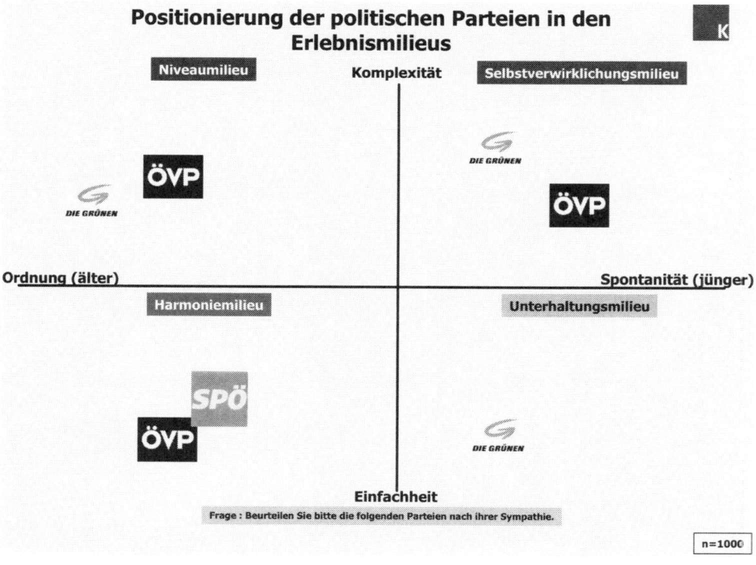

Die Ansprache über das Erlebnismilieu und die dazugehörenden Werte und stilistischen Präferenzen ist also effizienter als eine eindimensionale Orientierung an Altersgruppen. Es bleiben heute nur mehr wenige Themen und Verhaltensweisen übrig, die empirische Unterschiede in den Altersgruppen zeigen: die Internetnutzung, das Interesse an UMTS-Handys, geschlechtsrollenspezifische Verhaltensweisen und Stereotypien, die Haltung zur EU.

Die Mehrzahl der Konsumentscheidungen, aber auch politischen Orientierung ist nicht mehr altersabhängig.

Eine Verknüpfung der Erlebnismilieus mit Wertefeldern zeigt zusätzlich die inhaltliche Validität der Erlebnismilieus. Anhand dieser Analyse lässt sich erkennen, dass abgesehen von unterschiedlichen stilistischen Präferenzen die einzelnen Milieus auch über unterschiedliche Wertefelder und Inhalte anzusprechen sind:

Anhand der vorliegenden empirischen Analysen wird deutlich, dass bei allen kommunikativen Strategien, sei es politisch oder kommerziell, eine Orientierung an Lebenswelten effizienter ist als über das biologische Alter. Dadurch wird eine zielgruppenspezifischere Ansprache möglich, welche die Effizienz kommunikativer Maßnahmen steigert.

Ein Thema, das besonders mit unserer wirtschaftlichen Zukunft zusammenhängt, ist die Einstellung zu Innovation. Gerade bei diesem thematischen Umfeld liegt die Vermutung nahe, dass der Einfluss des Alters entscheidend ist. Aus diesem Grund möchte ich eben dieses Beispiel erläutern, um zu dokumentieren, dass auch das zukunftsträchtige Thema der Innovation nicht mehr altersspezifisch zu betrachten ist.

Innovation als Kitt, der unsere Welt zusammenhält

„Das Alte ist immer das Neue von gestern und das Neue ist aber auch immer das Alte von morgen" (Werner, 1997)

Fortschritt und Wandel sind der Motor unserer Gesellschaft und Kultur, wir streben immer eine Verbesserung an, Stillstand bedeutet in den meisten Fällen Passivität und Misserfolg. Die meisten Märkte leben heute von Innovationen. Wir folgen einer Steigerungslogik, Wettbewerb findet über Innovationen statt: Produktivität, Ertrag, Lebensstandard müssen ständig optimiert werden, es gilt „immer besser, immer schneller, immer günstiger, ästhetischer, auffälliger und glücklicher" zu sein.

Produktleistungen müssen in regelmäßigen Abständen getoppt werden – meist nicht aufgrund der nachvollziehbaren Leistungsverbesserung, sondern um ein Zeichen in Richtung Dynamik und Innovation zu setzen: Die ganz neue Rezeptur von Katzenfutter („noch saftiger") wird zweimal jährlich kommuniziert, obwohl es fraglich ist, ob die Zielgruppe (die Katzen) dies nachvollziehen kann.

Innovationen sind auch Teil eines Images, auch weil eine nachvollziehbare Verbesserung eines Produktes oft nicht mehr möglich ist: Schneller als 250 km/h ist bei PKWs selten relevant.

In diesem Zusammenhang ist es aber wichtig zu analysieren, was genau unter Innovation zu verstehen ist, oder auch, welche Felder in Bezug auf Innovation einbezogen werden müssen.

Innovationen, ob im kommerziellen, kommunikativen oder politischen Zusammenhang, sind in verschiedenen Bereichen möglich:

- ein Manko ist vorhanden (die Erfindung von wirksamen Fleckensprays)
- eine Verbesserung eines Produktes, Dienstleistung (Joghurt mit noch mehr Früchten)
- die Preiswürdigkeit eines Produktes, einer Leistung (Hofer)
- Effizienzsteigerung, Zeitersparnis (Mobilkommunikation)
- auf einer Bedeutungsebene, Markenebene (Red Bull)
- auf der Ebene des Erlebnisses, des subjektiven Glücks (Club Mediterrané)
- bei Abläufen und Organisationen (Ikea)

Innovationen sind also nicht nur auf einer funktionalen Ebene ein Thema, sondern immer mehr auf einer darüber liegenden Marken- und Werteebene, eben auch, weil die relevanten Produktinnovationen immer schwieriger werden.

Innovationen sind jedenfalls für Österreichs Wirtschaft entscheidend, um nicht in Preiskonkurrenz zu Billiglohnländern zu verfallen und einen Mehrwert zu generieren. Innovation darf gerade in Österreich nicht nur über technologischen

Fortschritt verstanden werden. Die Produktion in Österreich stagniert, die Produktivität nimmt aber immer mehr zu, sodass es immer weniger Beschäftigungsmöglichkeiten gibt, wodurch zusätzlich die Nachfrage nach Produkten sinkt. Ein Innovations-Teufelskreis, der als Konsequenz technologischer Fortschritte sinkende Beschäftigung nach sich zieht.

Innovation also nur mit technologischen Kategorien der Produktivitätssteigerung zu betrachten, wäre gerade für Österreich nicht Erfolg versprechend und stimmig. Innovation kann für Österreich nicht im Sektor der Produktion liegen, die Lohnkosten sind und werden vermutlich nie mit anderen Ländern vergleichbar sein. Die österreichische Wirtschaft wird sich daher nur über Innovationen auf verschiedenen Ebenen entwickeln und profilieren können. Dem Feld Innovation sollte also besondere Beachtung geschenkt werden und es sollte auch in all seinen Facetten betrachtet und analysiert werden.

Innovation muss also auch in Zusammenhang mit

- Organisationsentwicklung
- Markeninnovation
- Kommunikationsstil, -kanäle
- Design, Ästhetik
- Dienstleistungssektor (Pflege, Gesundheitsdienste, Coaching, Weiterbildung, Vereinbarkeitsfrage)

vorangetrieben werden.

Die Innovationsfreudigkeit eines Landes kann aber nur als Zusammenspiel von Wirtschaft, Politik, Medien und Mentalität in der Bevölkerung betrachtet werden.

Im Weiteren möchte ich mich mit der Haltung der Bevölkerung zu Innovation beschäftigen und insbesondere auf mögliche Altersunterschiede und Differenzen in Bezug auf die Erlebnismilieus eingehen. *Stimmt die Hypothese (das Stereotyp), dass besonders junge Menschen an Innovation interessiert sind?*

Haltung zu Innovationen in der Bevölkerung [1]

Innovation ist ein in der Bevölkerung grundsätzlich positiv besetzter Begriff. Spontan wird Innovation primär mit neu, Erneuerung, neuen Ideen und Verbesserung in Verbindung gebracht, also mit dem Ergebnis von Innovationen.

Ca. ein Drittel der Bevölkerung (und mehr als 50% des Harmoniemilieus) kann aber mit Innovation nichts anfangen.

[1] Auftraggeber: ÖVP Parlamentsclub
Aufgabenstellung: Im Zuge dieser Untersuchung wurde die Einstellung der österreichischen Gesamtbevölkerung zum Thema Innovationen erhoben. Besonderes Augenmerk wird auf die Innovationsfreudigkeit der ÖsterreicherInnen gelegt. Zusätzlich erfolgte die Abfrage der Erlebnismilieus.
Untersuchungsdesign: Es wurden telefonische Interviews durchgeführt.
Stichprobe: 500 Personen, repräsentativ für die österreichische Bevölkerung ab 16 Jahren
Untersuchungszeitraum: 27. 9. bis 3. 10. 2005

Auch in der generellen Haltung zu Innovationen wird deutlich, dass 73% der Bevölkerung eine positive Einschätzung abgeben, der Rest äußert sich ambivalent.

- Die Bewertung des Begriffs Innovation ist erstaunlicherweise altersunabhängig, steht aber in Zusammenhang mit Bildung.
- Die Zusammenhänge mit den Erlebnismilieus sind hingegen sehr aussagekräftig: Das Harmoniemilieu zeigt die schwächste Zustimmung, das Selbstverwirklichungsmilieu die positivste Bewertung.
- Als Begründung für eine positive Sicht wird insbesondere angeführt, dass Innovationen wichtig für die Zukunft sind und eine Chance für Weiterentwicklung darstellen.
- Im negativen Sinne gibt man an, dass „neu nicht gleich besser" ist bzw. man skeptisch ist, Risiko und Unsicherheit dominieren (insbesondere Harmoniemilieu).

Es zeigt sich also auch beim Thema Innovation, dass das Alter keine aussagekräftigen Ergebnisse liefert, während der Zugang über die Lebenswelten/Erlebnismilieus interessante Zusammenhänge generiert. Es ist also weniger wichtig, wie alt man ist, um sich für Innovation zu interessieren und einen positiven Zusammenhang herzustellen, sondern wichtiger, welcher Lebenswelt man angehört.

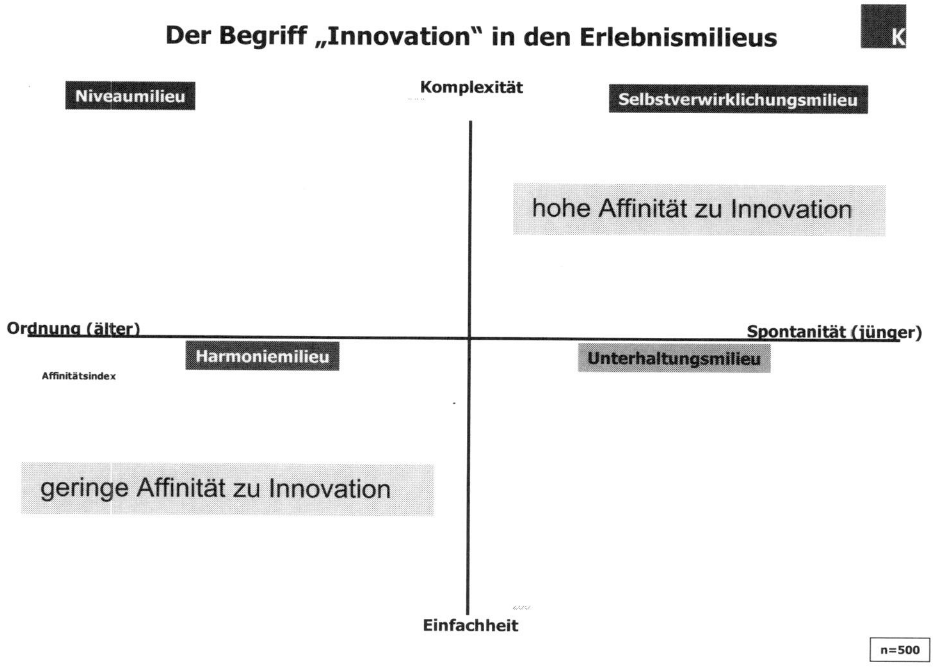

Das inhaltliche Umfeld von Innovationen

In der gestützten Beschreibung des assoziativen Umfeldes von Innovation dominiert Forschung und Entwicklung (83%) bzw. Erneuerungen (74%), der Aspekt des Modernen und Visionären wird weiters von mehr als 60% angesprochen, über die Zuordnung zu Aktivität (56%) wird Innovation als Erfolgsmotor der Wirtschaft verstanden (62%).

Obwohl Innovation in der Bevölkerung differenziert und auch als wirtschaftlich relevant eingestuft wird, zeigt sich aber auch ein problematischer Aspekt des Begriffs Innovation in der Detailanalyse: Er wird auch von fast 50% als Worthülse bezeichnet, insbesondere vom Harmoniemilieu. Der Begriff wird auch für 61% gerne von Politikern verwendet (insbesondere Selbstverwirklichungsmilieu), 42% verbinden Innovation bei näherer Nachfrage mit Risiko.

Auch in der gestützten Abfrage der Wichtigkeit von Innovationsthemen dominieren die Innovationsbereiche, die mit den unmittelbaren Nutzen in Verbindung stehen:

- Medizin (89%)
- Umwelttechnologie (82%) bzw. Energiebereich (77%) (hier könnten die aktuellen Ölpreise ein Einflussfaktor sein)
- erstaunlich hoch auch der Wert für Biotechnologie (69%)
- alle anderen Bereiche werden hintangestellt, wobei Gastronomie, Kunst und Kultur mit ca. 30% an letzter Stelle gereiht werden

Die Diskrepanz zwischen der Wichtigkeit von Innovationsthemen und der besonderen Kompetenz Österreichs ist in jedem Bereich verbesserungsfähig, wobei aber aus der Sicht der Bevölkerung Österreich bei den wichtigen Themen ein innovatives Image zeigt:

- Medizin (69%)
- Energiebereich (46%), Umwelttechnologien (57%)
- gerade in den typisch österreichischen Branchen wie Gastronomie, Tourismus, Kultur erreicht Österreich im Vergleich zur (eher geringeren) Wichtigkeit der Themen gute Werte

Innovationsfreudiges Klima?

Bildung ist das zentrale Element und Ausgangspunkt eines innovationsfreudigen Klimas für die Bevölkerung (90%).

Investitionsfreudige Unternehmen (78%), Unternehmergeist (70%), staatliche Förderungen (72%) sind daneben fast genauso wichtig.

Die Bevölkerung schätzt die generelle gesellschaftliche Haltung zu Veränderung und Kreativität (68%) als Basis für ein innovationsfreudiges Klima aber ebenso wichtig ein.

Die Bevölkerung erkennt also die Innovations-Trias Unternehmen, Universitäten und Politik an, aber sieht auch das gesamtgesellschaftliche Klima, nämlich die offene Haltung zu Kreativität und Neuem als entscheidend für ein innovationsfreudiges Klima an.

Österreich im Vergleich

Die österreichische Bevölkerung ist selbstbewusst in Bezug auf seine Innovationskraft: 72% sind der Ansicht, dass Österreich im internationalen Vergleich ein innovatives Land ist.

Die Haltung der Bevölkerung zu Innovationen habe sich auch für 42% verbessert, ist für 46% gleich geblieben, hat sich nur für 8% verschlechtert.

In ähnlichem Ausmaß hat man auch den Eindruck, dass sich die Einstellung zu Innovationen seitens der Wirtschaft verbessert hat (50% Verbesserung, 38% gleich geblieben, 10% Verschlechterung).

Nur die Politik habe sich, was die Innovationsbereitschaft betrifft, kaum verändert (22% verbessert, 47% gleich geblieben, 27% verschlechtert).

Die ÖVP erreicht mit 29% zwar den höchsten Wert, aber liegt mit dieser Positionierung nicht sehr deutlich vor SPÖ (25%) und den Grünen (22%).

Erstaunlich ist der Anteil von 28%, der keiner Partei hohe Kompetenz in Sachen Innovation zuschreibt.

Innovationen Fördern wird von der Bevölkerung nach anderen politischen Zielen gereiht: Arbeitslosenzahlen senken, Pensionsabsicherung oder Bildungspolitik, aber auch Energiesparmaßnahmen Fördern werden wichtiger erachtet als das Innovationsthema. Auch in der Relevanz verschiedener politischer Ziele wird deutlich, dass Innovationen Fördern noch zu wenig mit einem persönlichen Nutzen verbunden wird, Innovation darf nicht als Selbstzweck verstanden werden.

Ausdruck einer Lebenswelt

Innovation weckt auf einer oberflächlichen Ebene positive und richtige Assoziationen in Richtung Forschung und Erneuerung mit einer modernen zukunftsgerichteten Anmutung.

Für ca. ein Drittel der Bevölkerung verspricht der Begriff Innovation aber spontan nichts, und wird in der Detailanalyse von fast 50% als politische Worthülse abgetan.

Wichtig scheint es also, den Begriff Innovation für die Bevölkerung nutzenorientiert und anschaulich zu transportieren.

Zusammenhänge mit dem Alter sind nicht erkennbar, während aber die Haltung zu Innovation in Zusammenhang mit der Lebenswelt steht. Insgesamt wird deutlich, dass das Harmoniemilieu mit Innovationen nur schwer anzusprechen ist, während das Selbstverwirklichungsmilieu und das Niveaumilieu besonders offen für Innovationen sind (beides ÖVP-affine Milieus).

Die Haltung zu Innovation ist nicht vom Alter, aber von der Lebenswelt abhängig. Politische Kommunikation wird sich in Zukunft in Zusammenhang mit dem Thema Innovation an Lebenswelten und nicht an soziodemographische Gruppen richten müssen. Die Haltung zu Innovation hat also nichts mit jung oder alt zu tun, sondern mit lebensweltlicher Orientierung.

Zur Person: Dr. Sophie Karmasin, Karmasin Motivforschung

Literaturverzeichnis

Karmasin H., 1993: Produkte als Botschaften, Wien

v. Pierer H., v. Oetinger B., 1997: Wie kommt das Neue in die Welt?, München, Wien

Schulze G., 1992: Die Erlebnisgesellschaft, Frankfurt

Werner J.,1997: Ora et labora; In: *v. Pierer H., v. Oetinger B.* (Hrsg.), Wie kommt das Neue in die Welt?, München, Wien